THE PRACTICE ON RESTRUCTURING OF
ENTERPRISE FINANCIAL DEBT

企业金融债务
重组实务

主 编 / 张劲松

副主编 / 求夏雨 沙涛

中国市场出版社
China Market Press
·北京·

图书在版编目（CIP）数据

企业金融债务重组实务/张劲松主编. —北京：中国市场出版社，2016.11
ISBN 978-7-5092-1515-9

I. ①企… Ⅱ. ①张… Ⅲ. ①企业债务-债务重组-研究 Ⅳ. ①F275.1

中国版本图书馆 CIP 数据核字（2016）第 206000 号

企业金融债务重组实务

QIYE JINRONG ZHAIWU CHONGZU SHIWU

主　　编	张劲松	
责任编辑	张　瑶　顾斯明	
出版发行	中国市场出版社	
社　　址	北京月坛北小街 2 号院 3 号楼	邮政编码　100837
电　　话	编辑部（010）68032104　读者服务部（010）68022950	
	发行部（010）68021338　68020340　68053489	
	68024335　68033577　68033539	
	总编室（010）68020336	
	盗版举报（010）68020336	
邮　　箱	474885818@qq.com	
经　　销	新华书店	
印　　刷	北京世嘉印刷有限公司	
规　　格	170 mm×240 mm　16 开本	版　　次　2016 年 11 月第 1 版
印　　张	24.25	印　　次　2017 年 1 月第 2 次印刷
字　　数	380 000	定　　价　78.00 元
书　　号	ISBN 978-7-5092-1515-9	

编委会

主　　编：张劲松　中国银监会法规部副主任
副 主 编：求夏雨　中国农业银行大客户部总经理
　　　　　沙　涛　中国农业银行高级经理

编写人员：王希迎　周　冰　文建秀　刘俊文
　　　　　陈　恒　卜祥瑞　谢晓静　于晓庆
　　　　　张学明　高　璇　张湘珩　张定开
　　　　　申兆军　廖家生　买寒玉

　　我从大别山走来，带着山野的天真和纯朴，步入学堂。从县城到省城，再到古城西安求学。一个偶然的机会，我分到京城，进入中国人民银行总行工作。带着父母的嘱托、怀着青春的梦想，上班第一天就起草国务院领导的工作汇报。20 世纪 90 年代，在国有企业改革脱困的热潮中，我跟随吴晓灵副行长与国家经贸委蒋黔贵副主任、国家有色局郭声琨副局长等搞政策性破产、债转股、减员增效。我北上辽宁参与沈阳冶炼厂破产，南下山东推动山东重汽改革，参与了有色企业下放、军队企业不再经商、军队保障性企业移交等工作。另外，我还与国家发改委姜伟新副主任等一起从事资源枯竭城市改革、糖厂关闭破产等工作，在企业与经济改革领域积累了一定的经验。

　　随着金融监管体制改革的推进，我分到银监会，加入了监管体制改革的核心团队，参与了人民银行与银监会的职责划分，起草了银行业监督管理法，制定了非法集资处置工作方案。特别是与国家林业局刘金富、吕红频等一起深入林区和林业职工家里进行调研，妥善化解了长达八年的天然林保护区金融债务问题，受到林区广大民众的好评。随着军工企业改革脱困、监狱企业改革、华侨农场改革等工作提上日程，在银监会刘明康、唐双宁、蔡鄂生等同志，以及国防科工委张云川、张洪飚、张维民等同志，国资委王勇、李伟、邵宁等同志的领导下，我负责金融债务具体处置方案的起草制定，配合有关部门有力地支持了军工改革脱困等工作。同时，我还参与了最高人民法院金融不良资产处置司法政策的制定，维护金融债权，都得到了业界的认可。

　　随着经济进入新常态，经济下行压力加大。由于种种原因，一些企业面临诸多危机，其中金融债务危机较为突出。在银监会尚福林主席和曹宇副主席、刘福寿主任以及国资委孟建民副主任、沈莹总会计师等的指导和大力支持下，我牵头组织了中冶纸业集团、中国二重集团、中国中钢集团等大型中央企业的金融债务重组工作。虽然困难重重，压力巨大，但我们还是顶着压力，想尽一切办法，比较成功地化解了近千亿元的企业债务危机；另外，我还研究起草了国有林区和国有林场的金融债务化解方案，煤炭、钢铁企业的去产能金融债务处置方案。这些措施有力地支持了实体经济和林业的发展，维护了金融秩序，促进了职工就业，受到了金融机构和企业的一致好评。这是在当前十分困难的环境下，冲出一条血路，开辟一个新的战场，是一件非常不容易的事，这里凝聚着中国农业银行、中国银行、中国工商银行、中国建设银行、国家开发银行、进出口银行、交通银行、光大银行、民生银行等金融机构，中国二重集团、中钢集团、诚通集团等企业负责人，以及德阳市人民政府赵辉市长和德阳市中级人民法院法官等的智慧和担当。企业金融债务重组的成功实践，也为我们研究起草银监会《中国银监会办公厅关于做好银行业金融机构债权人委员会有关工作的通知》奠定了基础，为在全国推行金融债权人委员会工作，指导困难企业走出困境，支持实体经济发展，维护金融债权安全提供了宝贵的经验。

作为金融债务重组的具体牵头人，我们有责任和义务把我们所遇到的困难和总结的经验教训告诉大家，让还在迷茫中的企业和人们看到希望，给他们指条路，就像夜空中的萤火虫，给人以光明和希望。茫茫宇宙，苍海桑田，我们只是历史长河的一个瞬间，大海中的一朵浪花。不变的是道，是仁、孝、信、义、宽、和的中华文明，秉承先祖南宋抗金名相张浚悲天悯人的情怀，牢记先祖大思想家张南轩先生传道济民的教诲，我大胆地做了一点努力，一点偿试，一些坚持。尽管这些努力、偿试和坚持只是祖国建设大厦中的一颗螺丝钉，中华民族伟大复兴历程中的一个环节，但是我们愿意不忘初心，为此而努力，这正是中华民族生生不息的重要源泉。因为，我们深爱这片土地，深爱我们的家园，深爱中国人民，深爱中华文明。愿天佑我中华：多一点希望，少一点迷茫；多一点相助，少一点相食；多一点宽容，少一点责罚；多一点幸福，少一点苦难。这就是我们编写这本书的目的所在。是为序。

张劲松

2016 年 10 月 18 日晚于京华

第一部分 理论与实务指引

THE PRACTICE ON RESTRUCTURING

OF

ENTERPRISE
FINANCIAL DEBT

01

理论与实务指引

Chapter 01

第一章

当前企业的债务困境概述

第一节　企业债务困境现状与产生的原因

一、企业债务困境现状

　　20 世纪 80 年代以来，企业陷入债务困境成为困扰中国社会和经济的主要问题之一。由于 1985 年后采取的"拨改贷"政策，90 年代企业的融资来源集中于银行信贷，不良贷款由 1997 年末的 1.69 万亿元大幅上升至 2000 年末的 3.68 万亿元。当时，企业大面积亏损，不少行业产能利用率不足 40%；经济体内部出现严重的债务问题，三角债问题严峻，银行坏账率高企；财政压力巨大，甚至出现外债压力。我国政府积极着手治理企业的债务，采取了一系列政策：政策性破产、债转股、减员增效等，利用金融手段支持企业改革脱困，安置职工，化解金融债务，上述举措在很大程度上帮助企业走出债务困境，甚至扭转了企业亏损的局面。但近年来，新一轮企业债务危机的爆发成为困扰我国当前经济和社会发展的重要因素。

(一) 企业负债率逐年攀升

近年来，各项统计数据表明，我国企业负债率较高，且呈现不断攀升之势。

2014年11月29日召开的"2014搜狐财经变革力峰会：寻路中国"论坛中，中国社科院副院长李扬曾公开预警，"中国企业的负债率过高，远高于发达国家的水平，高于OECD国家的平均水平，我们的比例达到115%，OECD国家平均为90%，所以中国的问题只要企业一出问题马上所有问题都会暴露，这是我们的一个大问题"[1]。由此，企业高负债率问题引发了业界热议。

在2015年10月27日开幕的2015年浦江创新论坛上，国家发展改革委国家规划顾问委员会委员、前世界经济与政治研究所所长余永定发表了题为"新常态、新挑战——目前中国经济面临的几个重要问题"的演讲，指出中国公司的债务问题是必须严重关注的重要问题。根据国外机构的研究，中国的公司债务目前大约是16万亿美元，这是非常高的数字；公司债务占GDP比重已经高达140%~160%（有些国外投行研究认为大概是160%，根据中国社会科学院研究结果，中国的公司债务占GDP比重是140%~150%），从公司债务绝对数量来说，超过了美国，这是我们目前面临的严重挑战。根据其对未来公司债务占GDP比率的发展趋势做出的推算，未来这一比率将超过200%，这是非常危险的。[2]

2016年5月，国际货币基金组织（IMF）第一副总裁戴维·利普顿在北京大学汇丰商学院举办的2016年中国留美经济学年年会发表的题为"中国再平衡——企业债务方面的国际经验"演讲，也印证了上述数据与观点。他在谈及中国债务问题时指出，"总体而言，中国债务总额相当于GDP的225%左右。其中，政府债务约占GDP的40%。家庭债务约占40%。按照国际标准来看，这两者都不是特别高。而企业债务问题则是另一番景象：约占GDP的145%，不管以何种标准来衡量都非常高"[3]。

---

[1] 李扬. 中国企业负债率过高远高于发达国家水平 [EB/OL]. http://business. sohu. com/ 20141129/n406500650. shtml，发言实录由搜狐财经整理。

[2] 余永定. 必须解决通缩收缩问题以维持经济增速 [EB/OL]. http://finance. sina. cn/ hy/20151027/121023593423. shtml，由"新浪财经"根据论坛会议实录现场速记整理。

[3] 戴维·利普顿. 新常态、新挑战——目前中国经济面临的几个重要问题 [EB/OL]. ht- tp://mt. sohu. com/20160613/n454092285. shtml，发表于金融界网站。

（二）当前企业面临的债务困境的特点

当前我国企业面临的债务困境与 20 世纪 80 年代面临的债务困境相比化解难度更大。

首先，企业债务结构更加复杂。与 20 世纪末以"三角债"为主的企业债务结构相比，当前企业债务中企业债券占据更大比例，而且数量在持续迅速增长。与此同时，到期一次性还本付息这种企业债券的特殊偿还方式加剧了企业陷入债务困境的风险。

其次，我国企业目前具有违约风险的债务金额巨大。2015 年 6 月，标准普尔发布的中国企业债务的研究报告显示，中国企业债务规模达 14.2 万亿美元，占全球三成的份额。[1]

最后，我国企业的管理水平至今没有得到本质的提升，且企业自身盲目从事金融创新活动与"影子银行"的风险叠加，加剧了企业债务的不可控性。例如与 20 世纪不同，当前众多企业设立了企业下属的财务公司且"影子银行"业务的规模与日俱增，尤其是个别央企通过透支账户，把债务链条延长，使银行和企业自身对债务的控制能力大大削弱。

二、当前企业债务困境产生的原因

受市场内外部的影响，企业的运行需要大量的运营资金的支持，如果资金调配出现问题，则会导致企业债务问题的出现。在我国，企业债务困境的产生，不仅有企业自身原因，还有企业外部经济环境对企业的影响。

（一）企业债务问题的结构性因素

1993 年，我国确立了建立市场经济体制的目标，并根据这个目标对企业进行市场化改革。由此，企业制度本身与市场作为资源配置的基本机制之间产生了矛盾。在企业制度的安排没有得到根本性改变的前提下，我国率先改革了企业资金供应方式。企业为了实现自身的发展，通过向金融机构和银行间债券市场大量举债，盲目扩张，从事多元化经营，加之内控机制和风险防

---

[1] 钟文. 中国企业深陷债务困局产能过剩行业成重灾区 [EB/OL]. http://money.163.com/16/0419/04/BL0481LV002534NU.html, 载中国企业报。

控意识较为薄弱，导致企业规模迅速膨胀，但债务风险不断加大。在经济下行的形势下，企业市场竞争能力减弱，亏损额和负债逐渐增加，利润率不断下降，导致资金紧张甚至资金链断裂，引发债务危机。

（二）部分行业产能过剩严重

在发生企业债务兑付危机的高危领域，负债问题在一些产能过剩行业的大型企业表现得尤为突出。我国企业正面临严重的债务危机，四大产能过剩行业（煤炭、钢铁、有色和水泥）的存量有息负债达 5.4 万亿元，其中银行贷款 2.8 万亿元，债券 1.6 万亿元，信托等非标约 1 万亿元。[1]根据财政部发布的全国国有及国有控股企业经济运行情况，截至 2016 年 5 月末，国有企业资产总额 1 248 133.7 亿元，同比增长 15.1％；负债总额 827 573 亿元，同比增长 17.7％。[2]随着越来越多的央企债券刚兑被打破，央企债台不断垒高。公开数据显示，截至 2016 年 3 月底，违约债券规模达到 127 亿元，超过 2015 年全年的 120 亿元[3]。

统计数字并不能准确地反映我国企业的真实负债情况。其原因在于，企业由于各种原因还承担着大量的社会负担，也就是说，企业的资产结构中有大量的非经营性资产，如企业建设的住房、学校、医院、后勤设施等。据粗略统计，非生产性实物资产一般占企业总资产的 15％～20％，同时用于离退休职工和冗员职工的养老金和失业保险金的支出也属于具有保险金积累性质的资产，在价值上同样不属于生产性资产。如果扣除这些非经营性资产，我国企业的负债率还将大幅提高。除此之外，企业还要承担包括企业对企业的商业负债，也就是"三角债"。企业的债务问题不仅表现为负债率高，更为严重的是企业偿债能力比较差，存在大量的不良债务。

当前企业过剩产能主要集中在重工业，供给与需求出现期限错配，绝对过剩、结构过剩和周期性过剩相互叠加，过剩产能的化解难度更大。当前机械制造、水运、造船、钢铁等企业多陷于产能严重过剩格局，在短期内很难摆脱增产不增收、增收不增利的困境，少数亏损企业的困难将长期存在。

---

[1] 姜超，周霞，朱征星，张雯. 四大产能过剩行业负债 5.4 万亿 98 年有什么经验? 发表于凤凰财经综合。

[2] 财政部. 2016 年 1—5 月全国国有及国有控股企业经济运行情况。

[3] 钟文. 中国企业深陷债务困局产能过剩行业成重灾区，载中国企业报。

（三）企业自身管理问题

当前在企业整体化管理中，治理结构不合理成为制约企业发展的重要因素。首先，在我国实行市场经济改革后，企业管理人员对市场经济发展的形势认识不到位，导致企业不合理决策的增加，从而对企业发展造成了不利影响。其次，在企业整体管理过程中，存在集权管理的现象，没有真正建立现代化的企业治理结构，缺乏相应的专业人才进行企业系统化管理。最后，企业资金管理是核心管理部分，但部分企业未按照信贷资金的实际用途使用资金，对资金的使用缺乏有效管理，导致资金的运用出现问题。

（四）企业融资渠道不畅通

企业面临融资难是导致企业陷入债务困境的一个主要因素，主要体现在以下四个方面：一是因为有关部门实施信贷规模管理，导致金融机构发放信贷资金的积极性和主动性受到影响，一定程度上加大了企业融资的难度；二是由于利率市场化的推进，一些金融机构为了自身的利益和防范风险的需要，对一些较为困难的企业上浮利率，加剧了企业的财务成本和压力；三是企业为了生存和发展，在正规金融机构不能满足融资需求的前提下，被迫通过"影子银行"和民间高利贷的方式获得高成本融资；四是在经济下行的背景下，企业经营风险增加，一些银行出于防范自身风险的需要，提前采取了抽贷、压贷的措施，特别是个别银行利用信贷优势，虚假承诺，收回贷款后不再续贷。而有的企业是从民间机构手中高利率获取资金用于偿还银行贷款，一旦银行不再继续发放贷款，企业资金链就会断裂，甚至破产。

（五）企业缺乏有效的监管约束机制

一些企业高级管理层由监管部门任命，自身对企业经营管理缺乏责任意识和担当意识，本身经营管理水平有待提高，特别是对企业的生产、经营缺乏主人翁意识，一味追求企业规模，盲目发展，盲目扩张，从中渔利。而企业的监管者不能及时制止企业高管人员的不理性行为，及时调整企业主要负责人，导致一些企业的问题长期得不到有效解决，这在一定程度上积累了企业债务的风险。

第二节　企业摆脱债务困境的方式

经历了 20 世纪 80 年代的经济危机，经过十余年的发展，我国企业再一次面临债务问题严峻的现状。理论上说，如果企业有足够的盈利能力，债务危机并不是负债经营的必然结果。只有当企业盈利能力比较低时，负债经营才会演变为债务危机。所以，企业债务负担过重只是表象，问题的本质是企业运营的低效率。企业摆脱债务困境的方法，归纳起来主要有三种：一是通过市场化债转股方式降低企业杠杆；二是大力发展直接融资，提高直接融资比重；三是通过企业债务重组，有效化解企业和银行之间的矛盾。

20 世纪末，我国为防范和化解金融风险，促进企业改革发展，对部分企业实施政策性债转股。总体来说，前一轮政策性债转股取得了积极成效，在化解金融风险、推进国企建立现代企业制度等方面取得一定的突破；但也存在一些问题，如转股的资产管理公司难以行使股东权利等。目前，实施新一轮债转股，应当充分借鉴以前债转股的经验教训，用市场化、法治化的手段，帮助困难企业解决债务危机。同时，又要通过债转股的方式，使债转股的股东依照公司法真正行使股东权利，帮助企业真正建立现代企业制度。

直接融资对完善目前我国企业资产负债结构，降低社会融资成本，可以起到非常大的作用。在经济总体下行的情况下，企业的杠杆率不断上升，企业还付利息的压力巨大，一些企业还面临债务违约风险。在这种情况下，大力发展直接融资，特别是股权融资，能够为实体的企业提供长期的资本支持，改善企业资产负债结构，减轻现金流压力和经营困难，同时也能够降低其融资成本。

当前，化解企业债务危机最有效的方法，是通过债务重组方式解决企业债务困境。企业通过债务重组，能够有效地降低企业资产负债率，缓解企业面临的财务困境，为企业的重新发展提供机会。并且能够改变债权人的资产结构，帮助债权人维护客户关系，还可以最大限度地回收债权。企业债务重组的运用在债权人资产的保护、权利的发挥以及企业得以继续经营等方面都发挥着十分重要的作用，其重要性对企业的发展不言而喻。

第三节　债务重组——中国企业的再生之路

针对我国企业过度负债的现状，债务重组是解决企业过度负债的重要的、有效的途径之一。债务重组通过调整企业的债权债务关系，促进企业制度创新，优化企业资产结构和产权结构，重建市场运行的微观基础，使企业形成自我调整资产负债水平的机制，提高社会资源的配置效率，对债权人和债务人而言，是一种双赢的举措。债务重组也有利于实现保全企业资产价值、维护金融安全、盘活国有企业的存量资源、维持职工就业和实现债务清偿的多重目标。中国二重、中冶纸业、中钢集团等大型企业虽曾遭遇债务危机，但通过债务重组获得新生，为中国困难企业的再生提供了宝贵的经验。

具体来说，债务重组可以大大缓解企业负债情况，降低资产使用成本。一般情况下，国企用来交换的资产属于闲置资产，其本身可创造的经济利益较少，然而通过交换可以增加资产的价值，降低资产的使用成本，提高资产的使用效率。并且可以通过使用部分闲置的资产来抵债，实现了闲置资产的盘活。对于债权人而言，以非现金资产清偿或将债务转换为资本清偿，可以减轻债权人的经济负担，减少资金占用量，降低资金使用成本。通过债务重组，债权人能够收回一定的货币资金或有效的非货币资金，因而可以缓解由于企业拖欠债务而导致的债权人资金紧张，也可以帮助减少因拖欠而必须进行的举债，减轻财务费用负担。

债务重组方式包括即期清偿、延期清偿、将债务转为资本不需要清偿等。实践中，可以根据重组企业的具体情况，选择最适宜的方式，降低付款风险，尽可能地增加企业的现金流，增强企业获利能力，降低经营风险。不论是在市场主导型金融体系还是银行主导型金融体系下，爆发债务危机的企业基本面临三种救济路径：一是债务重组→协议和解→走出困境，二是债务重组→破产重整→走出困境，三是不进行债务重组→法庭程序→破产清算。

面对企业的债务危机，债权人出于保全其债权的考虑，可以通过法律程序要求债务人破产来清偿其债务。但是债务人在破产清算时，其资产价值往往和持续经营时的资产价值相差很多，债权人可能会因此遭受重大损失。因此，除非发生债务危机企业的股东及债权金融机构对企业未来不抱任何希望，才会不采取任何行动，而任由企业直接进入破产清算程序，一般情况下，股东、管理层和债权人会积极行动，争取通过前两种方式的债务重组模式来解决企业的当前困境。于是，债务重组作为一种能够减轻债务企业的负担使其渡过难关，继续妥善地经营下去，并具有偿还债务能力的手段，作为市场经济的产物应运而生。

Chapter 02

第二章

金融债务重组概述

第一节　金融债务重组在中国的实践历程

一、债务重组的概念

　　早在 1997 年，时任中国人民银行副行长的陈耀先同志在全国企业兼并破产和职工再就业银行工作会议上的讲话就提出了债务重整（组）的概念，提出要加强政策研究，选择少数城市探索企业债务重整（组）、托管以及消化银行不良资产的新路子。

　　实践中，关于债务重组的概念，各界观点不统一，有的认为债务重组指不良贷款/债权重组，有的认为指债务人/企业重组。部分商业银行认为，债务重组有广义与狭义之分。广义重组是指债务人/企业重组，是对债务企业构成要素的重新配置，与"企业快相"——资产负债表相对应，包括资产重组、债务重组、股权并购等子类型。狭义重组是指债务重组，具体表现为减债、延期、再融资等，通常是企业整体重组方案中的一个部分。而债权重组，是债务重组的对应概念，但使用范围又比债务重组更窄，因为它无法涵盖债务企业的再融资行为。国外先进的商业银行提倡重组优先，主张前瞻性地主动开展重组业务，其核心理念是对陷入债务困境的企业"早诊断、早治疗"。业界对此有一个很形象的比喻，可以称为"治病论"：走着或者扶着进医院的病人，再走出医院的概率远远高于被担架抬进医院的病人。之所以特别强调广义重组的概念，是因为它蕴含了与传统清收手段不同的处置思路，拓宽了资产处置的工作范围。直接追偿、诉讼清收等传统手段关心不良贷款的即时受偿，难点在于债务企业财产线索的查找，而广义重组关心不良贷款的未来受偿，难点在于对困境企业的救助。为帮助债务企业走出困境，债权银行要了解的不仅仅是债务企业的财产状况，更要站在债务企业的立场，对债务企业的经营方向，资产、负债、所有者权益结构调整问题做出通盘考虑。

关于债务重组业务的理解，一直存在全额清收和减少损失两种标准，在商业银行的重组项目审查审议过程中时有争议。全额清收标准的假设前提是，能够重组的企业应该是好企业。如果重组涉及债务延期（重新约期），全额清收标准要求贷款本息无损失，重新约期不能和减免息同时运用。如果重组涉及债务转移，全额清收标准要求新的承债人具备正常信贷投放业务的客户准入条件，其真实授信额度不能超过理论测算值。部分商业银行认为，全额清收标准的假设前提不成立，贷款出现不良纪录说明债务企业本身已经陷入困境，不在正常轨道上运营。坚持全额清收标准，或许会减轻银行从业人员的责任，但会大幅抑制重组业务的发展空间，也会使困境企业得不到及时救助，造成社会资源的浪费和银行实际损失的扩大。部分商业银行主张，应该采用更为现实的减少损失标准，只要债务企业重组后的价值大于即时清算价值，或者说，企业的未来价值大于现在价值，那么单纯从商业利润角度考虑，重组业务就有用武之地。当然，在判断未来价值时，应该按照银行资金的平均收益率水平计算机会成本，扣除资金占用期间的时间价值。减少损失标准在业界有一个著名的"马理论"基础：债务企业是马，在正常状态下，债权银行靠马干活（运营）挣钱，现在马病了，债权银行面临一个选择：是杀马卖肉，还是给马治病？只要活马价值大于马肉价值，那就应该给马治病，哪怕治了以后马只是病情减轻，并未完全康复。

财政部制定的《企业会计准则（2006）》明确，债务重组的定义是指，"在债务人发生财务困难的情况下，债权人按照其与债务人达成的协议或法院的裁定做出让步的事项"。本书所称债务重组是金融债务重组，是指在债务企业发生财务困难难以偿还到期金融债务的情况下，按照市场化原则，由债权金融机构与债务企业进行协商，对原合同规定的权利与义务进行重新安排的行为。与《企业会计准则（2006）》明确的债务重组概念相比，本书的定义有相同之处，也有一定差异，相同之处在于：一是都有统一的前提条件，是在债务人发生财务困难的情况下，才能开展的重组行为；二是都有双方协商，达成协议的过程；三是都体现了重组活动实质上就是做出让步的意思表示；四是重组方式基本相同，本书主要规范的是债委会主导的协议重组方式和"协议并司法程序"的重组方式，《企业会计准则（2006）》明确了协议和法院裁定两种方式，表述虽然不同，但本质上是一致的。不同之处在于：一是范围不同。本书所指债务仅指金融债务，二是本书还要求债务企业具备"难以偿还到期金融债务的情况"，我们认为，难以偿还到期债务可以理解为当期不能偿还债务，也可以理解为预期不能偿还到期债务。

二、债务重组的历史之路

（一）政府主导下的债务重组

1994 年，国务院 59 号文件曾要求进行债务重组探索，该文件规定："对濒临破产的企业，企业所在地的市或者市辖区、县的人民政府可以采取改组企业管理层、改变企业资产经营形式、引导企业组织结构调整等措施，予以重组"。按照比较通行的做法，企业债务重组的基本思路是从存量调整和增量注入两个路径入手。

首先，存量资产的调整，实践中的主要做法有：财政性债务股本化（贷改股、财政部门委托借款和企业欠税转为国有资本金投入）、职工集资转为内部职工持股、关联企业间债券转为股权、对部门不良债务实行停息挂账、分离企业非经营性资产交专门机构托管、银行债权打折转让或直接冲销等。

其次，增量资本的注入，实践中的主要做法有：债务托管和企业改组寻求上市、筹集国企振兴基金、国有产权转让所得等。

在此期间，各地政府大胆探索，发展出另外一些债务重组的做法，如：企业债务托管、将企业内部职工债权转为股权、冻结债务、市场化谈判、债务转移等。上述做法的结果是，全国企业的资产负债率下降到 1998 年的

64.41%，但是老工业区企业的资产负债率依然居高不下，亏损严重，特别是银行的资产负债状况仍持续恶化。

不难看出，这一阶段的债务重组大多是在政府主管部门的发起和推动下，使用财政资源和运用行政手段调节财政，其目的是争取一次性清理企业不良债务，降低企业资产负债率，但忽略了重组后的预期收益或效率，银行缺乏参与动力。该阶段的重组方式更大程度上是将拯救企业的成本转移至银行，缺乏与银行的有效沟通机制，导致银行的抵触。

(二) 国有银行集中处理不良资产

受亚洲金融风暴影响，1998 年中央政府债务重组的工作重心开始转向银行重组，已解决改革以来形成的占银行总资产 20%～25% 的不良资产，并结合企业重组出台系列政策，开始实行"债转股"，即政策性债转股。在此背景下，1999 年，四大金融资产管理公司应运而生。

国家经贸委（现已被撤销）产业政策司于 2001 年编撰的《债转股工作进展情况》显示，在国家经贸委向金融资产管理公司和开发银行推荐的 601 户企业中，确定实施债权股的企业有 580 户，债权总额为 4 050 亿元，占各商业银行和开发银行剥离贷款总额 13 939 亿元的 29%。截至 2001 年上半年，经国家经贸委、财政部、中国人民银行联合审核后，国务院已经批准 483 户企业实行债转股，涉及转股额 2 940 亿元；其中有 60 户新公司已经依法登记注册。[1]

2000 年 11 月国务院出台的《金融资产管理公司条例》在经营范围、政策优惠、合法权利保护方面强化了金融资产管理公司的地位，并设专章对金融资产管理公司债转股做出了规定，但债转股在实践中依然暴露出诸多缺陷。地方政府不断探索，现已不再局限于追求一次性的债务清理，而是和债权人一起寻求重组后的资产优化、资本扩张和长期效益，由此产生了一些新的债务重组的方法。

第二节　金融债务重组在国外的实践历程

相对于法定破产重整，债务重组具有简单灵活、费用较低和相对隐秘等

---

[1]　国家经贸委产业政策司. 债转股工作进展情况 [J]. 中国经贸导刊，2001 (8).

特点，在欧美地区以及日韩等亚洲国家较受欢迎，并得到 IMF、世界银行等国际组织认可。现对国外相关国家债务重组的模式、原则和做法介绍如下。

一、国外债务重组的模式

英、美、日等发达国家在债务重组的实践中，逐渐探索出三种不同模式，即债权银行主导模式、政府主导模式、专业机构主导模式。其中，债权银行主导模式应用最广，机制最为成熟。

（一）债权银行主导模式

这一模式起源于英国，目前在日本、韩国以及泰国、马来西亚等东南亚国家得到广泛应用。它具有三个特点：一是有权威的协调机构来推动债务重组，如伦敦方案中的英格兰银行；二是银行之间达成相关协议，按照协议开展债务重整工作；三是选出牵头债权银行，由其来具体跟进和监督庭外重整方案的执行。

（二）政府主导模式

在这种模式中，政府发挥主导作用。如法国在 1974 年成立了产业结构调整部际委员会，由 15 位政府部门负责人组成，下设秘书处，受理雇员 400 人以上企业的债务重整。此外，法国政府还设立了债务重整公共基金。

（三）专业机构主导模式

这种模式通过资产管理公司或其他专业机构来处理银行不良债权，20 世纪 80 年代，美国通过资产重组托管公司（RTC）处理了大量不良债权。2003 年，日本通过《产业再生机构法》，成立了股份公司性质的产业再生机构。通过收购银行债权参与企业重整，完成后再逐步退出。

二、债务重组的基本原则

20 世纪 70 年代，英格兰银行联合商业银行救助了大量濒临破产但仍有经营价值的大中型企业，并在救助过程中形成了业界公认的处理模式，即伦敦方案。国际破产从业员协会（INSOL）在伦敦方案基础上的进一步制定了债务的八项全球性原则：

◆ 原则一：当债务人陷入财务困境后，所有债权人应合作设定债务"暂停期"，并在期间内了解债务人信息，对债务人问题进行评估，制定解决方案。

◆ 原则二：在债务暂停期，所有债权人应停止回收或减免债权。

◆ 原则三：在债务暂停期，债务人不应采取可能影响债权人（集体或个人）预期回报的行为。

◆ 原则四：当以同一口径与债务人协商时，债权人利益会实现最大化。成立协调委员会有助于债权人相互配合，必要时还可聘请顾问团队来协助债务重整。

◆ 原则五：在债务暂停期，债务人须及时向债权人提供财务和经营方面的信息，确保债权人有效掌握债务人实际状况。

◆ 原则六：为促进债务重整，债权人须依据法律及暂停期起始日债权余额的比率，确定面临损失时债权人之间的负担比例。

◆ 原则七：关于债务重整方案以及债务人资产负债和经营方面的信息，为全体债权人所共有，对非关系人不得公开。

◆ 原则八：对债务人追加融资时，追加融资部分可优先受偿。

三、债权银行主导债务重组的流程

20 世纪 90 年代末，韩国、马来西亚等国家在 IMF 和世界银行的协助下，建立了债权银行主导的债务重组机制。2001 年 9 月，日本金融界、产业界代表及专家学者也起草了《重整的相关指导意见》（以下简称《指导意见》）。债权银行主导的债务重组一般包括以下步骤：

1. 设立协调机构

机构成员多来自央行、银行监管机构等部门。该机构的目的一是协调债权人之间以及债权人与债务人之间的纠纷；二是制定一套债务重组的标准协商程序。

2. 达成银行间协议

债务重组要依据业内统一制定的协议进行。如韩国《金融机构之间促进公司重整的协议》，协议会对适用条件、债权人会议、重整方案等做出规定。

3. 确定适用对象

债务重组的企业须具备一定条件，如韩国的《企业重整促进法案》规定重整企业贷款须达到 500 亿韩元。日本的《指导意见》规定债务重整企业须满足四个条件：一是与多家金融机构有债权债务关系，且资不抵债；二是主营业务存在盈利可能；三是如果适用法定重整程序，将面临较大声誉风险；四是采取债务重组方式，债权人可收回更多债权。

4. 建立议事组织

债务重组，应成立债权人委员会，债权人主要是债权银行，也包括其他债权人。但韩国将债权不足授信额度 5% 的机构排除在债权人委员会之外。

5. 确定牵头行

在债权人委员会中，一般由最大债权银行担任牵头行，负责债权人会议的召集，代表债权人与债务人谈判，监督债务重整方案的执行等。

6. 设置债务暂停期

债务人提出请求后，债权人会议应对暂停执行债权做出决议，暂停期多为 1~3 个月。债务重整申请的受理与债权人会议的召集，可由牵头行负责，也可由协调机构来组织。

7. 进行评估与监督

债权人委员会可派遣财务专家对债务人进行评估，专家应提出评估意见，并拟定重整方案。债权人委员会还可选派会计师监控债务人的现金流向。

8. 制定债务重整方案

方案可由牵头行与债务人协商拟定，也可由财务顾问起草。日本的《指导意见》规定重整方案须包括以下内容：一是经营困难的原因；二是债务重整计划的内容、手段；三是债转股、新注资等增资措施；四是资产、负债、损益的规划；五是基于以上四点的资金计划、偿债计划。

9. 确定表决方式

不同国家的表决方式有所不同，在马来西亚，暂停债权须全体债权人出席并一致通过，处分资产须代表债权金额 75% 以上的债权人出席，过半数通过。在泰国，重整方案仅需债权人过半、所代表债权总额占到 3/4 同意即可实行。

10．执行债务重整方案

为保证债务重整方案有效执行，债委会须指定监督人，通常由牵头行担任。如韩国规定主导债权行应定期对企业管理情况进行评估。若评估后发现无经营正常化的可能，应立即向法庭申请破产清算。

11．完善保障机制

政府应着力化解债务重组过程中的争议。当债权人无法达成协议时，马来西亚规定由资产管理公司收购异议债权人的债权，韩国则规定异议债权人可以要求债权人委员会收购其债权。日本对债务重组给予税收优惠，银行债权放弃部分可计入亏损而免于征税，债务人也可享受免税优惠。

第三节　金融债务重组的必要性

近年来，随着市场经济的发展、经济体制及经济结构的改革和调整，一些企业出现的高额负债、大面积亏损和资产流失等问题，已经严重影响了国民经济持续稳定的发展和整体效益的提高。之所以有必要研究通过债务重组解决现有困难企业危机的方法，主要出于两方面的考虑：一是债务重组有利于解决债务危机，二是符合国家各项政策精神的要求。本书认为，困难企业实行债务重组非常重要且具有现实意义。

一、债务重组有利于解决债务危机

企业金融债务重组是防控金融风险的有效方法。近两年，银监会指导银行业金融机构先后对中冶纸业、中国二重、中钢集团等大型央企共计近千亿元的金融债务进行了重组，获得了困难企业、金融机构、地方政府和有关部门的高度认可。实践证明，金融债务重组恢复了企业活力，为困难企业走出困境赢得了时间。同时，银行金融债权也得以递延保全，实现了防范和化解金融风险的监管目标。

企业金融债务重组是稳妥化解产能过剩的有效工具。2016年中央经济工作会议指出，稳妥化解产能过剩是实施供给侧结构性改革的主要任务之一。要尽可能多兼并重组、少破产清算。借助企业金融债务重组的方式，可以有序推动整合有效产能，去除过剩产能，实现市场出清，最大限度地降低去产能、去库存、去杠杆过程中可能引发的经济波动，保障职工就业，维护社会稳定，是实现稳妥化解产能过剩目标的必然选择。

企业金融债务重组是扩大有效供给的有效途径。李克强总理多次指示，既要清除"僵尸"企业，又要支持有实力、有前景的企业渡过难关、焕发生机。通过企业金融债务重组，对市场前景较好但暂时有困难的企业，及时扶上一把，最大限度地降低其资产负债率和财务成本，支持其恢复持续经营和盈利能力，不但可以增加实体经济的有效供给，而且可以充分盘活沉淀在低效领域的信贷资源，加大对实体经济有效供给的金融投入。

2016年初，银行业监督管理部门在总结多项债务重组经验的基础上，总结了债务重组普遍适用的原则、政策、方法、流程等，以进一步指导企业金融债务重组工作，既有利于维护信用环境，又有利于企业走出困境。

二、债务重组符合国家各项政策的要求

当前国内经济下行压力较大，部分企业连年亏损、现金流极度紧张，对中国经济稳健发展带来一些不稳定因素。银行体系不良贷款压力显著上升，商业银行不良贷款余额持续增加，不良贷款率连续上升。

2016年中央经济工作会议指出，认识、适应和引领经济发展新常态是当前和今后一个时期我国经济发展的大逻辑，推进供给侧结构性改革是适应我国经济发展新常态的必然要求。2016年的银行业监督管理工作会议也指出，必须深入学习领会和贯彻落实中央治国理政新理念、新思想和新战略的精髓要义，分析银行业面临的发展机遇和挑战，找准银行业工作的方向、重点和着力点。既要深刻认识到党的十八届五中全会提出的创新、协调、绿色、开放、共享等五大发展理念给银行业健康发展带来的历史机遇，也要认识新旧动能转换、新旧模式转型、新旧路径接续可能带来的发展阵痛；既要深刻认识宏观政策要稳、产业政策要准、微观政策要活、改革政策要实、社会政策要托底等五大政策实施给银行业持续发展带来的重要支持，也要深刻认识到五大政策配套实施带来的操作影响；既要深刻认识去产能、去库存、去杠杆、

降成本、补短板，推进供给侧结构性改革给银行业良性发展带来的长期利好，也要深刻认识到具体落实带来的短期风险，尤其是"僵尸"企业退出需要银行妥善处置，这将直接考验银行的风险管理能力、经营管理能力、稳定盈利能力、资本补充能力。只有认真研究，认识到位，才能未雨绸缪，从容应对。所以，银行业监督管理部门必须认真学习贯彻党中央、国务院的政策精神，切实解决好对当前形势"怎么看"，对新常态下银行业工作"怎么干"的问题。

银行业监管管理委员会明确了 2016 年的行业监管工作总的指导思想：全面贯彻落实党的十八大和十八届三中、四中、五中全会以及 2015 年的中央经济工作会议精神，深入学习习近平总书记系列重要讲话精神，坚持稳中求进的总基调，按照"五位一体"总体布局和"四个全面"战略布局的要求，认真遵循创新、协调、绿色、开放、共享五大发展理念，坚持认真执行宏观政策要稳、产业政策要准、微观政策要活、改革政策要实、社会政策要托底五大政策导向，认真落实去产能、去库存、去杠杆、降成本、补短板五大工作任务，着力整合银行资金支持供给侧结构性改革，着力降低社会融资成本优化金融服务，着力防范重点风险，守住风险底线，着力加强党的建设提高队伍素质，为促进经济平稳增长、社会健康发展贡献金融新动力。

第四节　企业金融债务重组的实践

一、企业金融债务重组可能采取的路径

（一）自主重组

自主重组适用于债权金融机构较少的情况，由债权金融机构与债务企业自行协商，启动重组程序，依法开展债务重组活动。

（二）协议重组

债务规模较大且债权金融机构较多的企业开展债务重组的，应当由债权金融机构组成金融债权人委员会（以下简称债委会），由债委会与债务企业、

担保人或第三人以及其余相关方进行协商，在各方达成共识的前提下，签订债务重组协议，并以此为依据开展债务重组活动。

协议重组方式主要适用于企业集团的债务重组行为。从近十年的重组实践看，德隆系、三九集团、华源集团、聚友集团等组织的重大重组活动涉及多家债权银行，多采取债委会主导的协议债务重组方式，实践中单个商业银行对不良资产开展的债务重组大多是自主重组。2001 年 3 月，世界银行发布的《中国企业的破产研究——改革破产制度的必要性和途径》研究报告，分析了我国现行企业破产制度存在的问题，提出了 29 条改革建议，其中包括："协议式法庭外重组的法律框架应予加强，以便银行从事理性的债务处理，如到期贷款的延期和减少贷款本金等，以帮助避免有挽救可能的企业的破产。"该研究报告提出的建议，与本书拟定的目标一致。

至于多大规模的企业需要建立债委会，因各地经济水平及发展情况差异较大，可以由各地的银行业监督管理机构灵活掌握。

国内外的重组经验表明，财务困难企业是通过破产还是庭外重组主要取决于两个因素：第一，股东和债权人都会由于庭外解决而受益，只要庭外重组产生的成本低于破产的成本；第二，只有债权人对成本节约的利益分配达成共识，低成本的替代计划才有可能被采用。一般而言，只要这两个条件得到满足，困境企业便会采取庭外协议重组的方式进行处理。中钢集团债务重组就是协议重组的典范。

（三）协议重组与司法重组相结合

协议并司法重组，即债委会与债务企业在前期债务重组达成一致的基础上，共同进入破产重整程序。2006 年修改的《中华人民共和国企业破产法》中引入了国际上通行的重整制度，这是我国破产立法上的一大进步和突破，具有里程碑意义，为处于困境中的公司摆脱困境、实现重生提供了一条有效的途径。

破产重整制度是一种积极的企业拯救制度，通过司法程序对经济活动的适度干预，可以维护社会的稳定并实现整体社会利益的最大化，既能够使普通债权人得到公平清偿，同时也能够创造条件使债务人从困境中获得新生，符合现代破产法律制度的最高目标。重整制度以拯救处于困境的企业为目标，坚持把社会利益作为首要的价值取向，通过调整、平衡债权人、股东以及其他利益相关方的利益关系，使得困境企业能够继续存续，免于因陷入破产清算而带来社会动荡。这也正是重整制度得以诞生并迅速发展为各国破产立法重要支柱的理念基础。

在前期由债委会主导进行协议重组，各方达成重组框架性协议的基础上，债委会与债务企业应当共同协商进入破产重整程序，此时债委会仍应发挥沟通协调作用，以维护所有债权人的利益为目标，开展债务重组活动。进入破产重整程序后，重整程序应当严格按照《中华人民共和国企业破产法》的规定进行。

中国二重破产重整项目中，重组工作前期，在中国银行业监督管理委员会、国务院国有资产监督管理委员会的指导与支持下，以中国农业银行、中国银行、光大银行为主席行，组织涉及中国二重的近20家金融债权人成立了中国二重金融债权人委员会，与国机集团、中国二重展开了长约9个月的庭外重组谈判。该谈判的核心目标为：在不影响中国二重正常生产经营的前提下，通过债务重组妥善解决其巨额债务，同时解决各金融机构的不良贷款问题。

经过艰苦谈判，各方于2015年9月11日在银监会的组织下达成了框架下的重组方案，其核心内容为在短期内（2015年年内）以"现金＋留债＋以股抵债"清偿全部计息金融负债。但是，由于受到《中华人民共和国商业银行法》关于商业银行不能主动持有工商企业股权的限制，以及其他相关法律限制和操作障碍，各方一致认为，上述重组方案的实施必须借助《中华人民共和国企业破产法》所规定的重整制度。

由此可见，协议重组与司法重组相结合的方式能够有效解决法律限制和实际操作障碍，是必不可少的重组路径。

第一种重组路径涉及主体较少，操作流程较为简单，其关键在于企业与债权金融机构在达成合意的基础上完成重组工作。本书将着重针对后两种路径进行探讨。

二、企业金融债务重组应把握的关键要点

企业金融债务重组往往牵涉面广，参与主体多，涉及的利益关系复杂，沟通协调难度大。本书认为，积极有效地推进企业金融债务重组，需要有效

把握以下几点。

（一）坚持债务重组的市场化方向

2016 年中央经济工作会议指出，化解产能过剩要采取企业主体、政府推动、市场主导、依法处置的办法。因此，债务重组必须始终坚持市场化原则，由银企等相关各方按照自愿平等的市场规则进行谈判协商，达成重组方案，以市场化手段开展审计、资产评估、尽职调查、引入资金、削减债务、盘活资产等各项重组活动，使重组方案真正体现各方诉求，实现合作共赢。本书建议，相关职能部门在尊重市场的前提下，发挥协调推动作用，而不是越俎代庖，搞命令式债务重组。

（二）因企施策确定债务重组安排

债务重组应当根据每家企业的行业属性、业务特点、财务状况等具体情况，因企施策，有针对性地研究制定重组方案。在重组启动途径上，可以由债权银行与债务企业联合提出，也可以由相关政府职能部门提出。在重组方式上，可以选择自主重组、协议重组、协议并司法重组等不同方式。在重组手段上，可以灵活采取现金受偿、保留债务、转移债务以及以资抵债等多种手段，确保债务重组的顺利达成。

（三）发挥债权人委员会的主体作用

2016 年全国银行业监督管理工作会议明确提出，债务规模较大并有 3 家以上债权银行的企业应当成立债权人委员会。企业金融债务重组应大力发挥债权人委员会的作用，充分利用这一平台，促使金融债权人达成共识，形成集体维权、集体协商、集体帮扶企业的一致行动局面，防止个别金融债权人为一己私利损害银行业整体利益。与此同时，债权人委员会的运行规则应当规范明晰，其筹备、成员组成、组织架构、议事规则、表决机制等都要充分尊重大多数债权人的意愿。

（四）形成支持重组的多方合力

各方互利互让、互相配合，是顺利实施债务重组的关键。为此，企业要大力加强内部治理结构建设，提高经营管理水平，并视情况引进战略投资者；

企业主要股东或履行出资人职责的机构要在行业发展政策和资金等方面给予支持；地方人民政府要在税费减免、流动资金支持、维护企业社会稳定、抵质押登记等方面创造有利条件；银行要在贷款期限、贷款利息方面提供灵活机制；银行业协会和资产管理公司要充分利用自身资产处置优势，积极参与其中。只有各方大力协作，才能形成合力，保障债务重组的顺利推进。

（五）注重监管指导与引领

近几年企业金融债务重组的经验表明，监管部门的协调指导对于债务重组的顺利达成不可或缺。没有监管部门的及时指导与协调，债权人之间很容易因为利益纷争出现各自为阵、互相拆台的情况，导致债务重组陷入僵局。因此，银行业监管部门要根据实际情况承担起指导协调金融债务重组的职责，牵头利益各方协调研究，指导成立债权人委员会，搭建规范合理的运行机制，协调统一债权人行动，推进债务重组的有效实施。

三、企业金融债务重组应注意的几个问题

企业金融债务重组是一项实践性、操作性很强的工作。从前期企业金融债务重组的实践来看，要有效实施金融债务重组，提升重组效率，在实际操作中，还需注意以下问题。

（一）积极引进新资金支持

在重组过程中，如何给予困难企业新的资金支持显得尤为重要。要解决困难企业的资金问题，债权人委员会可以通过组建银团贷款或者建立联合授信机制等方式，及时向企业"输血"，以外部"输血"带动企业自身"造血"功能的恢复和提升，激活企业发展动力，从而实现在较短时间内完成债务重组的目标。

（二）妥善处理债券类金融债权

企业除了因贷款、票据贴现、账户透支等行为形成普通金融债务之外，还会因发行短期融资券、中期票据等形成债券类金融债务。考虑到债券兑付容易引发金融市场高度关注，债券类金融债务的处理方式与普通金融债务可

能会有所不同，如将其纳入重组范围，可能会影响重组谈判的推进速度。因此，关于债券类金融债务是否纳入企业金融债务重组范围，可由债权人委员会根据企业实际情况自行协商确定。

（三）协调好金融债务与非金融债务

虽然金融债务通常是企业债的主体，但企业重组毕竟还会牵扯到非金融债务的处理。对于非金融债务，应要求债务企业积极与非金融债权人协商解决。按照公平对待债权人的原则，促进金融债务重组与非金融债务重组的无缝对接，全面盘活企业的有效资产和业务经营，确保金融债务重组取得成功。

（四）关注企业的逃废债行为

在经济下行期，企业可能通过转移资产、变更经营主体等方式逃废企业债务。在重组过程中，如果发现企业有逃废债行为，应当及时要求企业进行整改。如果未能及时整改，债权金融机构可以停止债务重组活动，依法追究债务企业及相关人员的法律责任。

四、企业金融债务重组一般应经历的阶段

债务重组是个漫长且艰难的过程。一般需要经过三个阶段：一是债务重组的准备阶段，主要包括重组的提出、重组的启动、债委会的筹备及债委会的成立等；二是确定重组方案阶段，主要包括聘请中介机构、开展尽职调查、进行偿债能力分析、提出重组初步方案、银企双方开展谈判、确定重组方案；三是重组方案的实施，主要包括签订债务重组协议、履行债务重组协议、办理相关手续等。本书将在接下来的三章中对进入债务重组的三个阶段需要开展的工作进行逐一介绍。

金融债务重组的准备

　　债务重组的准备阶段是债务重组能否顺利启动并开展的关键，是正式开始重组前的准备工作的具体实施阶段，重组中许多重要的、基本的决定在这个时期做出并得以实施。债务重组是一个多方参与的过程，主要参与者包括政府相关部门监管机构、银行业协会、债权金融机构、债务企业等。从债务企业的角度说，一个企业要想通过债务重组的方式摆脱困境，在准备阶段务必拿出诚意和决心，把自家的真实"家底"告知债权金融机构，这是关键。只有这样，主要债权金融机构才能为之所动。从债权金融机构的角度说，主要债权金融机构应站在银行利益和企业发展的双重角度，理解企业的诉求，并与之进行深入沟通，掌握企业的真实情况，如果认为企业有重组价值，能够通过重组帮扶企业渡过难关，可以择时提起开展债务重组的建议，并联络其他主要债权金融机构，商议债委会的相关事宜，可自行发起成立债委会，明确主席单位和副主席单位，启动债务重组程序。如果债权金融机构推动债务重组有困难，银企双方可以通过书面形式尽快向银监会或银监局提出重组意向，由银监会或银监局牵头或委托银行业协会启动债务重组程序。无论以哪种方式启动重组，债权金融机构都是债务重组中占据绝对主动地位的一方，因此，重组的筹备一般都以债权人方面为主，重组筹备是债权人间互相协商的过程。本阶段的工作内容实质为债委会的筹备、成立，主要工作内容是明确设立债委会的基本思路，并就债权人协议基本条款等原则性问题达成一致。

第一节　金融债务重组的提出

一、适用债务重组的企业范围

对困难企业进行债务重组，首先要认识困难企业的分类：（1）有负债，但经济效益好，有能力偿还全部贷款和债务；（2）负债经营，目前无还款能力，但具有经营潜力，经过重组，可能偿还贷款；（3）负债沉重，经营状况差，无力偿还贷款，但并未达到资不抵债的程度；（4）负债累累、资不抵债、经营效率极低，企业处于破产边缘。本书探讨的企业债务重组主要针对以上第（2）、（3）类企业，第（1）类企业并无重组必要，第（4）类企业应当根据《中华人民共和国企业破产法》进入破产程序。

通过对上述应当纳入重组范围的企业的归纳，本书认为，企业进行债务重组的条件如下。

（一）企业出现财务困难或者陷入债务危机，不能清偿到期金融债务

判断企业是否需要债务重组，首先必须对企业现状以及企业财务状况具有初步判断，现对相关概念进行辨析。

1. 财务困难

从经济学角度看，企业的财务困境是一个渐进与连续的过程，而不是一个截然两分的状态，即不存在某一点，可以将企业分成陷入财务困难和未陷入财务困难这两类。财务困难的客观累积性表现为期间概念，它反映企业一定时期在资金筹集、投放、分配等各个环节上所出现的失误。例如，在投资决策方面，由于投资渠道不通畅，不能保证投资计划顺利实施，以至于投资效益不能如期实现；或因投资决策失误，造成资金回收困难；或因筹资结构与投资结构配比不当，造成还款期过于集中。在营销方面，由于市场定位不准，或促销手段落后或售后服务跟不上，以至于产品滞销。诸多因素的综合

影响，导致企业在一定时期内现金流入量少于现金流出量，以致于企业不能按时偿还到期债务而引发债务危机。可见，企业债务无法履行是财务困难的必然特征，债务危机是企业财务困难的突出表现形式之一。

2. 债务危机

企业的生产经营活动实际上是通过对各种资源，包括股东投入的资本、适度的负债、各种生产资料要素、劳动力要素、社会资源等的有机组合，创造有价值的产品和服务。上述生产经营的全过程，从物流的角度来看是采购原材料、加工等过程；而从资金流，即从财务角度来看，实际上是一个资金在企业流进和流出的过程，即资金通过企业的筹资活动、投资活动和经营活动流进和流出企业。在资金流入方面，企业通过发行股票、发行债券、向银行借款等筹资活动，出售资产、出售有价证券等投资活动，以及出售产品及服务收取现金、利息和股息等经营活动使现金流入企业；在资金流出方面，企业通过回购股票、支付股息、偿还借入资金等筹资活动，购置资产、购买有价证券等投资活动，以及购买原材料、支付工资、支付股息和利息等经营活动使现金流出企业。

在企业正常运行的情况下，因筹资活动、投资活动、经营活动而流入的现金流应该大于因这些活动而流出的现金流。但是如果企业现金流入小于流出，在债务到期时，债务人的确无力偿还债务，出现债务延期、债务人拖欠甚至宣布不偿还债务等情况，并由此引发一系列的连锁反应，便引发了债务危机，甚至导致企业破产。我们知道，破产是企业无法继续经营下去的一种临界状态，而债务危机是企业在达到这个临界点之前的某种状态。也就是说，债务危机是企业丧失偿还到期债务的能力，无法支付到期债务或费用的一种经济现象。企业对债务危机的处理应以维护企业持续经营和建立新的债权债务关系为目标。

3. 资不抵债

资不抵债是指企业的总负债大于总资产，净资产为负值的情况，这也意味着企业的股东权益为负值，是一个存量的概念。企业在发生债务危机时并不一定资不抵债，其资产总额可能大于负债总额，不一定亏损，甚至盈利的情况也有可能出现。债务危机主要是由于资金周转不灵、现金流量分布与债务到期结构分布不均衡等，导致暂时不能偿还到期债务，或者是企业资金链断裂而产生的流动资金危机。此种类型的债务危机也是本书研究的重点。但是，企业出现的债务问题若不能及时化解，将逐步削弱盈利能力进而出现亏损。企业持续亏损，导致资金链断裂，最终将形成资不抵债，甚至破产。可见，企业债务危机的形成具有累积性，爆发时企业也可能已经资不抵债。

4. 不能偿还到期金融债务

"不能偿还到期金融债务"，应当既包括不能偿还当期金融债务的情况，也包括预测未来一定时间内不能偿还到期金融债务的情况。这就需要债权金融机构对困难企业的现金流情况提前做出分析判断，提前采取有效措施。如果到企业的有效资产不能覆盖金融债务，出现资不抵债时，再采取债务重组方式很可能会丧失挽救企业的最佳机会，也会导致债权金融机构的损失更大。

(二) 企业具有经营潜力，有一定的重组价值

重组企业主要是指暂时出现财务困难，但企业产品或服务有市场、发展有前景的企业。这类企业现金流出现问题，难以偿还到期金融债务，可以通过债务重组恢复生产经营能力。如果企业发生非暂时性困难，连续多年亏损，已经停产或者半停产，产品无市场，发展无前景，没有重组价值，则应当列为"僵尸"企业。2015 年 12 月 9 日的国务院常务会议指出，对不符合国家能耗、环保、质量、安全等标准和长期亏损的产能过剩行业企业实行关停并转或剥离重组，对连续亏损三年以上且不符合结构调整方向的企业采取资产重组、产权转让、关闭破产等方式予以"出清"，清理处置"僵尸"企业。因此，启动债务重组之前，相关主体，尤其是金融债权机构应当对企业的运营能力及还款能力进行初步评估，以判断企业是否具有经营潜力及重组价值。

(三) 企业发展符合国家宏观经济政策、产业政策和金融支持政策

对于进行债务重组的企业，企业自身发展要符合当前和今后国家宏观经济政策、产业政策和金融支持政策，这是必要条件之一。救助一个企业不仅要看其现在的价值，更要关注其未来价值。我国正处在产业结构调整的关键时期，产业发展的宏观经济政策对企业的发展起到非常重要的作用。如果一个企业所属行业处于退出性行业，即使当前的重组价值再高，也不能做出重组的打算，比如"僵尸"企业。我国的金融政策始终跟随着国家宏观经济政策的变化而进行调整，在符合产业经济政策的同时，也要符合金融机构的金融支持政策，如中国二重，作为装备制造企业，虽然资产负债率高，现金流

紧张，但该企业具有国际领先的核心技术，处于行业垄断地位，重组后，企业是符合金融支持政策的。如果重组企业未列入银行支持的行业范围，对该企业重组是没有任何意义的。

实践中，在企业是否符合重组条件的实际认定方面，各债权金融机构可充分结合债务企业实际风险状况灵活掌握，避免出现不符合条件的企业参与债务重组，增加债权金融机构时间成本，加大金融机构信用风险的情况。同时，应鼓励符合条件的困难企业采取债务重组的方式摆脱当前困境。

二、提出债务重组的主体

债务重组需要债务企业、债权金融机构、国有资产管理部门、宏观经济调控部门、行业主管部门、地方政府及资产管理公司，以及中介机构、企业投资者等多方面的主体，共同参与和推进。

（一）金融债务重组建议应当怎样提出

理论上讲，债务重组是市场行为，应由债权银行与债务企业自行协商发起，这样做符合市场化原则和精神。但从三九集团、德隆集团、中冶纸业、中钢集团、中国二重等近几年的重组案例看，均是在银行业监督管理机构和国家相关部门的推动下才发起和启动的。当然，本书首先非常鼓励双方能够自愿达成重组共识，自行开展债务重组活动，如果自行重组有困难，可以由银行业监督管理机构和国家相关部门推动，启动债务重组。

重组历史上，债务企业逃废银行债务的问题十分严重，其形成原因非常复杂，是多种因素共同作用的结果，既有我国市场信用法律制度和政策制度不完善、债务企业信用观念淡薄等因素，也有债权人风险防范意识薄弱、自我保护能力不强等原因。2006年，中国银行业协会发布《逃废银行债务机构名单管理书（试行）》，明确将"企业通过重组方式损害银行的行为"认定为逃废银行债务，并提出监督和管理措施。但近年来，债务企业通过重组方式逃废银行债务的行为并没有得到遏制，反而愈演愈烈，极大地损害了金融债权机构的利益。

根据《中华人民共和国银行业监督管理法》，国务院银行业监督管理机构为全国银行业金融机构、经其批准设立的非银行金融机构的监督管理部门，对非银行金融机构的业务活动行使监督管理职责。

因此，为更好地保护债权金融机构的合法权益，维护金融经济秩序，支持实体经济的发展，本书认为，企业金融债务重组需要有明确的行政主管部门参与，在债权金融机构和债务企业自行推动债务重组有困难时，银行业监督管理机构或银行业协会应当承担起启动债务重组的重任。

(二) 提出金融债务重组建议的主体

在企业金融债务重组的过程中，涉及债务企业、债权金融机构、国有资产管理部门、宏观经济调控部门、行业主管部门、地方政府及资产管理公司等多方参与主体，本书将主要探讨谁可以作为提出金融重组建议主体的问题。

1. 债务企业

债务企业作为债务重组最重要的主体，最了解自身状况，当然可以作为提出债务重组建议的主体。当企业产品销售持续下滑，预计利润和现金流不能覆盖融资利息时，应当及时对其自身情况进行深入分析，及早做出是否需要进行债务重组的打算。必要时可以考虑聘请财务顾问、会计师、评估机构等中介机构对企业进行"会诊"，分析原因所在，拿出可行的方案，便于债务重组的提出。从实践经验看，多数债务企业是愿意进行债务重组的，因为这样做可以减轻企业的财务负担和融资成本。

2. 主要债权金融机构

主要债权金融机构作为债务企业的主要债权人，当然可以成为提出债务重组建议的主体。本书认为，提出对企业实施金融债务重组的金融机构最好是债权金额较大，银企关系较好，有意愿配合债务企业开展重组活动的债权银行。

由于大部分陷入债务危机的企业牵涉的债权金融机构多达数家甚至几十家，一般以商业银行为主。这些债权金融机构分布于全国各地，机构分散，债权数额相差很大，因此召集全部债权金融机构研究重组事宜不现实。本书认为，主要债权银行在数量上可以是1～2家，也可以是5～6家；在层级上可以是债务人所在地的各分支银行，也可以是债权银行总行（在较大集团性重组的案例中比较常见）。

其中一家债权银行可以召集主要债权银行会议，其他主要债权银行应当配合。会议的主要目的是通过债权人之间的沟通，初步商议是否提出并启动重组事宜。与会债权银行共同参加会议，共同讨论，可以说明启动债务重组的可能性和可行性，并通过这样一种方式确定下来。

同时，本书认为，那些债权比例较大、比较集中的主要债权金融机构一起成立发起小组，协商债务重组事宜，共同提出重组提议，也是很好的方式。通过大家的充分讨论与协商，各主要债权银行对重组相关问题更容易取得一致意见。债务重组发起小组可由债权金额较大的债权人筹建，组成人员从主要债权银行中产生。如果重组启动成功，发起小组将承担债委会筹备组成立前与重组有关的所有工作，可以为筹备债委会奠定良好的基础。

发起小组要通过各种渠道进一步收集债务企业的相关信息，特别是债务数据信息。这个阶段，由于债权金融机构还没有大规模的统一行动，发起小组掌握的各种情况往往并不全面。在债务人股权结构、债务数额、经营实际状况等方面还存在很多未知数，发起小组可以要求企业提供上述所列的相关资料，尽可能多地了解这些基本信息，为重组工作做准备。

同时，发起小组要立即开始与主管部门进行沟通，听取主管部门的意见，争取各主管机构的支持，这是一项非常重要的工作。实际上，鉴于债务人债务危机的蔓延和发展，主管机构在此时往往也已有所警觉，密切关注着事态的发展，此时债务重组发起小组与主管部门的接触不仅必要，而且必须。这里涉及的主管机构包括中国银行业监督管理委员会、中国证券监督管理委员会、国有资产管理部门、宏观经济调控部门、行业主管部门、人民法院及其各自的下属机构，等等。

3. 地方人民政府部门

本书认为，国家的宏观经济调控部门、国有资产监督管理部门、行业主管部门以及地方人民政府肩负着推动经济发展、确保社会大局稳定的重任，在企业出现困难时，有义务也有责任协调债权金融机构和监管部门，帮助困难企业走出困境。所以，在债务企业与债权金融机构协商困难时，债务企业也可以直接向省级以上宏观经济调控部门、国有资产监督管理部门、行业主管部门或设区的市级以上地方人民政府提出申请，由政府相关部门协调银行业监督管理机构，牵头债权银行和债务企业，共同发起债务重组。

在债务危机爆发的最初阶段，社会各界，包括银行债权人、媒体、股民、投资者甚至地方政府等各方面往往猝不及防，短期内难免以最直接、最简单的应对措施匆忙上阵。如各银行债权人集体"逼债"，在收贷的同时拒绝再释放新的资金；公司股民疯狂抛售股票；各媒体为抓住新闻点，铺天盖地的各种报道层出不穷。而这些激烈的短期行为又互相刺激，形成恶性循环，无形中为债务危机推波助澜。面对各方面的短期激烈行为，在某些情况下，主管部门介入，召集有关方开始重组，无疑会对维护社会安定团结、稳定大局以及拯救企业具有重大意义。

需要说明的是，由于企业的危机危及社会安定和行业安全、波及面广、影响严重等情况，相关主管部门如不出面予以协调，可能会导致更严重的后果，给社会带来不稳定因素。目前来看，虽然前期是由主管部门发起，但后续具体过程仍然是按商业化原则处理，基本也是按市场规则办事，而不完全是行政主导。

在发起重组和重组实施的过程中，主管部门与债权人之间，甚至与债务人之间，都要时刻保持沟通渠道的畅通，债权人应在市场化的原则下，随时就任何可能出现的问题接受主管部门的指导。

4. 金融资产管理公司和地方资产管理公司

金融资产管理公司和地方资产管理公司作为处置不良资产的专业机构，在企业重组方面具有一定的专业优势。

国际上广义理解"金融资产管理公司"（asset management corporation，AMC）的实质是指，由国家出面专门设立的以处理银行不良资产为使命的金融机构，具有特定使命的特征，以及较为宽泛业务范围的功能特征。在国际金融市场上共有两类：从事"优良"资产管理业务的 AMC 和从事"不良"资产管理业务的 AMC，前者外延较广，涵盖诸如商业银行、投资银行以及证券公司设立的资产管理部或资产管理方面的子公司，主要面向个人、企业和机构等，提供的服务主要有账户分立、合伙投资、单位信托等；后者是专门处置银行剥离的不良资产的金融资产管理公司。

为化解银行危机，各国政府、银行和国际金融组织采取了各种措施，以解决银行体系的巨额不良资产问题，避免新的不良资产的产生。20 世纪 80 年代末，美国储蓄贷款机构破产，为维护金融体系的稳定，美国政府成立了重组信托公司（RTC）以解决储蓄贷款机构的不良资产问题，从此专门处理银行不良资产的金融资产管理公司开始出现。进入 90 年代以来，全球银行业不良资产呈现加速趋势，继美国之后，北欧四国瑞典、挪威、芬兰和丹麦也先后设立资产管理公司对其银行不良资产进行大规模的重组。随后中欧、东欧经济转轨国家（如波兰成立工业发展局）和拉美国家（如墨西哥成立 FOBA-PROA 资产管理公司）以及法国等也相继采取银行不良资产重组的策略以稳定其金融体系。

在上述国际化金融浪潮的背景下，作为中国金融业根基的国有银行业，存在大量不良贷款。中国人民银行的一项统计表明，国有商业银行不良资产总额大约为 22 898 亿元，约占贷款总额的 25.37％。巨额的不良资产，对银行自身的稳健与安全将产生直接损害。为了化解由此可能导致的金融风险，我国于 1999 年相继设立了 4 家金融资产管理公司，即中国华融资产管理公司（CHAMC）、中国长城资产管理公司（GWAMC）、中国信达资产管理公司（CINDAMC）和中国东方资产管理公司（COAMC）。

根据《金融资产管理公司条例》，金融资产管理公司，是指经国务院决定设立的收购国有银行不良贷款，管理和处置因收购国有银行不良贷款形成的资产的国有独资非银行金融机构。

有别于其他金融机构主要以增量方式支持经济增长，资产管理公司的独特之处是通过盘活存量服务经济发展，解决存量中的资源错配问题，收购处置金融机构的不良资产，救助问题实体企业，通过盘活存量，化解金融风险，支持实体经济发展，而重组是最为有效的存量盘活工具之一。鉴于金融资产管理公司的特殊法律地位，金融资产管理公司作为企业债务重组的主要推动力，债务企业可在与其协商一致的基础上，共同提出重组。金融资产管理公司作为金融债权机构之一，应充分重视与债务企业、债权银行、其他债权机构、主管部门的有效沟通。

随着经济下行压力的增大，银行不良资产不断上升，为有效解决地方银行发生的不良资产，地方资产管理公司应运而生，以改善地方性银行自身的财务状况和资产质量，进而降低甚至化解地方金融风险。地方资产管理公司不仅具备资质，具有丰富的债务重组经验以及运营团队，而且容易获得地方政府的支持，可以作为提出债务重组的主体，并提供相关专业服务。

5. 相关主体共同提出、政府参与

应该说，银企双方在长期的业务合作中，都会保持较好的合作关系，关系融洽，合作愉快。一旦企业出现问题，银行的风控部门就会掌握主动权和话语权，银企关系会变得不甚友好，如果要求债权金融机构和债务企业共同提出债务重组的问题，银企双方均可能会认为操作难度较大。如果债务企业或者债权金融机构单独提出债务重组事宜，不可避免会面临实际操作上的障碍。

从债务企业的角度讲，如果债务企业先向债权金融机构提出重组建议，会有三个担心：一是担心债权金融机构不但不会同意，还会单方面对债务企业采取抽贷、压贷，甚至提起诉讼的措施；二是担心债权金融机构会提出很多有利于自身利益的条件，才会答应一起提出债务重组事宜；三是担心其他金融机构一旦得知企业要债务重组的消息，也会对债务企业采取法律措施。

从债权人的角度讲，如果主动提出债务重组诉求，因重组事宜涉及金融机构内部多个部门，内部审批难以通过，可能会导致债权金融机构单方面主动采取压降措施，导致债务企业出现实质性风险。

综上，单独从每一个利益主体看，它采取的任何行动都是维护自身利益的积极行为，符合法律精神，不应当被阻止，但如果单独主张债权的行为同时会造成企业更加困难，其他债权金融机构利益受到更大的损失，这不是国家、政府、银行业监管部门、债权金融机构、债务企业希望看到的局面。所以，各债权金融机构应当站在维护自身利益，同时挽救困难企业的立场上，抱着合作共赢、荣辱与共的理念，正确看待债务重组工作。故本书认为，债务企业向主要债权银行提出时，要表现出诚意，应当尽可能地提供以下资料：一是企业或者企业集团的股权架构图；二是企业集团主要股东的资产情况；三是企业集团所有金融债务和非金融债务情况；四是近期或年度金融债权到期情况；五是所有子公司的银行账户情况；六是近两年企业集团的合并报表和单个企业的财务报表情况等。债权金融机构要抱着负责的态度与债务企业认真研究债务重组的可行性，做出是否提出债务重组的决定，不允许债权银行因此而对债务企业采取过激行动。在该阶段，主要债权银行和债务企业应当承担起相应的责任和义务。

在实际操作中，可以由债权金额较大的一家债权金融机构与债务企业协商，单独提出；也可由多家主要债权金融机构与债务企业协商，共同提出。

（三）提出重组的方式

本书认为，无论由银企双方协商启动，还是通过上述某种方式向银行业监督管理机构提出重组，原则上都应当通过发送函件的形式，且应当附有初步的重组思路。提出重组的主体应当在对债务企业的股权结构、债务数额、经营实际状况等基本信息进行初步调查的基础上，形成初步的重组思路。地方政府部门在提出重组时，还应表明自己的态度，以及明确地方政府可以提供的支持政策，以便于银行业监督管理机构在此基础上与债权金融机构进行有效沟通。

第二节　金融债务重组的启动

一、启动债务重组的时机

现阶段，债权金融机构对债务重组时机的认定和把握并不统一。有的商业银行认为，贷款进入不良后才可以开展债务重组活动；有的商业银行认为，贷款出现潜在风险后，不管是否在不良资产中反映，均可以进行债务重组行为。

在企业出现初步危机的时候，如果能够适时介入，就可以有效地挽回甚至保留企业的核心价值，给予企业重生的机会。许多企业在资金链出现问题的情况下，营运情况并不明朗，及时介入对挽救企业和最大程度保护债权金融机构利益都非常重要。

国际货币基金组织（IMF）第一副总裁戴维·利普顿在北京大学汇丰商学院举办的 2016 年中国留美经济学年年会上发表的题为"中国再平衡——企业债务方面的国际经验"的演讲中提及发达国家、转型国家和新兴国家债务重组可供借鉴经验时，所说的第一条便是"迅速采取有效行动，否则问题只会恶化"，他指出，"今天的企业债务问题可能成为明日的系统性债务问题。系统性债务问题可能会导致经济增长进一步放缓，或者出现银行业危机，或者两者都出现"[1]。

相比企业股东，债权金融机构明显处于三个不对等的地位：信息不对等、管理不对等和时间不对等。对企业的了解没有企业股东深入，对企业管理经营没有企业股东和管理层专业，了解企业危机处理的时间要晚。根据《中华人民共和国企业破产法》及相关司法解释，债权人对企业的介入，一是需要

---

[1] 戴维·利普顿. 新常态、新挑战——目前中国经济面临的几个重要问题［EB/OL］. http://mt.sohu.com/20160613/n454092285.shtml，发表于金融界网站。

企业出现债务违约行为并符合资不抵债和出现清偿困难的判断标准，二是需要向法院提交违约证据，三是需要在法院组织下成立债权人会议。在这之后，债权人才能行使对企业的相关权力。基于现行立法的证明责任及民诉有关程序在特定的情景下很难满足企业紧急情况的要求，在时间上的滞后介入，往往造成各债权银行或其他金融机构"被迫提前介入"的情况，在利益诉求不一致的情况下，各债权银行会单独行动，在发现企业出现运营困难的时候"落井下石"，提前收贷催贷，查封资产，甚至采取更激进的"杀鸡取卵"回收行动，查封企业的核心价值资产或抽取流动资金，成为重组计划的"紧箍咒"。不但使企业的经营状况加速恶化，还给下一步的债务重组带来困难。从以往的历史经验和教训来看，启动债务重组宜早不宜迟，债权金融机构介入重组越主动，时机越早，重组难度越小，成本也越低，反之，难度会增大，成本也会越高，对于国民经济的影响也就越大，政府的各种预期措施也难以取得预期效果。因此，各债权金融机构特别是金额较大的债权金融机构要认真分析企业的经营和财务状况，提前预警企业风险信号，及时提出并启动重组程序，实现各债权人统一行动，及时提早介入危机企业，掌握最佳的重组时机，避免出现债权人各自为战的局面。

二、启动债务重组的方式

根据以往的操作经验，本书建议，应当采取召开会议的形式启动重组，以便更高效地推动债务重组工作。债务重组的启动往往需要各方主体共同决策，如债权金融机构、债务企业以及相关部门和机构，只有在各方合意的基础上才能有效推动重组工作。如果通过其他方式，各个主体之间单独沟通，不仅工作量大，耗费时间长，且难以达成有效合意。

关于债务重组的启动，本书认为，如需通过债务重组解决债务危机，首先是债务企业应当及时与主要债权银行进行沟通协商，达成共识。由主要债权银行发起成立债委会，通过债委会就企业债务重组进行研究，并请银行业监管机构、政府有关部门出席会议，提供支持。此外，如果债务企业涉及债务巨大，情况复杂，主要债权银行单独牵头组织债委会难以协调债务重组事宜，可以由主要债权银行向银行业监督管理机构、政府有关部门报告，提请银行业监督管理机构、政府有关部门共同主持会议，有关债权金融机构、债务企业共同参加，充分协商，达成共识，并形成会议纪要，在银行业监督管理机构、政府有关部门的指导监督下，有序推动债务重组工作。这也是中冶纸业、中国二重、中钢集团等债务重组工作得以顺利推进的重要经验之一。

三、相关主体在企业金融债务重组中的作用

（一）债务企业方面

债务企业是债务重组最重要的主体，首先应该反思出现债务危机的原因，如是市场和内部管理原因，应该加大市场开拓能力，改进公司治理结构，提高市场开拓能力和经营管理水平，不能因为有政府、金融机构等多方支持的"外科手术"，就放弃对内部管理方面做"内科手术"；不能因为金融机构可以做出让步，企业自身就不拿出诚意、付出代价。如果企业现有的有效资产无法覆盖金融机构的债权，企业应该采取甩卖资产、引进战略投资者或财务投资者等措施，注入资金，解决现金流问题，而不能一味地要求债权金融机构不抽贷、不压贷。如果是政策性原因，应及时向国家有关部门争取重组政策。特别需要说明的是，企业不能在重组前或重组过程中，出现转移资产等逃废债行为，应杜绝"假重组、真逃债"的现象。

（二）股东方面

当企业出现债务危机时，股东是有责任和义务帮扶企业渡过难关的。首先，股东应给予企业资金支持，如增加资本金注入，解决企业资金链的临时断裂问题，解决员工的安置问题；其次，要帮扶企业，在市场开拓、优质资产注入、内部管理等方面给予支持；最后，要合理规划困难企业的未来发展方向，帮助企业彻底脱困。

（三）行业主管部门方面

企业的发展离不开行业主管部门的政策支持，特别是一些国家鼓励发展的行业。同样，行业特征明显的企业发展如果出现困难，仍然离不开行业主管部门的支持。如光伏行业，国家鼓励发展时，全国多家企业争相上马光伏项目，受全球经济不景气和贸易壁垒影响，导致产能过剩，国内多家大型企业出现债务危机，如果行业主管部门不能主动作为牵头部门解决企业困境，

帮助困境企业解决临时资金困难、引导并购企业资源等，势必会影响整个行业的健康发展。

(四) 地方政府方面

国内的债务企业通常是一些规模庞大的企业集团，这些支柱企业的兴衰往往直接关系到当地人民的民生、就业、产业链发展等，这也是政府最为关心的问题。如果地方政府能够全力支持企业走出危机，进行重组，会增加危机企业重组成功的可能性，因此，企业发展和政府支持密不可分。企业的发展离不开土地、税务、工商、公安等部门的支持。在企业出现经营临时困难时，如果个别债权人擅自行动，对困难企业采取过激行为，提起诉讼，很有可能会引发企业的整体危机。地方政府在这方面应该有所作为，在企业方或者主要债权人向政府或法院提出申请时，暂缓受理困难企业被诉案件，在不违反法律规定的情况下，希望法院能够先与诉讼人进行沟通，及时联络被起诉企业，避免因诉讼引发企业债务危机。在企业开展脱困转型努力时，往往会遇到员工分流、员工安置等问题，政府应当协调相关部门解决好这些事情。在企业重组过程中，当需要办理资产转让、设定抵押等事项时，政府应当协调产权交易所、工商等部门，高效妥善处理。

(五) 债权金融机构方面

金融机构可以在贷款期限、贷款利息、融资等方面给予支持。企业债务重组最重要、最关键的一步是金融债务的重组，债权金融机构是金融债权重组的核心主体，没有金融机构的支持和通力配合，债务重组无法完成。所以，债务重组需要金融机构多方面的配合和支持，主要包括两方面的内容：一是调整贷款期限、调低贷款利息、提供融资等支持，这里讲的"融资支持"是指存量融资的继续支持和新增融资的资金支持；二是单个金融机构对债委会工作的支持，对此后面会详细介绍。

(六) 专业化机构方面

重组工作可能会涉及不良资产处置问题。金融资产管理公司和地方资产管理公司在不良资产方面有丰富的经验，可以发挥不良资产处置优势，积极参与企业债务重组工作，帮助债权金融机构顺利完成债务重组工作。

（七）法院方面

参与债务重组的地方法院应当按照《最高人民法院关于依法开展破产案件审理积极稳妥推进破产企业救治和清算工作的通知》（法〔2016〕169 号）和最高法院于 2016 年 6 月 15 日召开的关于依法审理破产案件，推进供给侧结构性改革典型案例新闻通气会的会议精神，支持实体经济发展；在债务企业和债权金融机构就债务重组达成共识前提下，不得擅自改变债务企业和债权金融机构达成的协议精神；地方法院应当建立服务大局意识，担负以司法手段支持实体经济的责任。

第三节　债委会的组建

一、债委会制度的产生

债权人委员会制度的产生与各国企业破产、重组制度等密切相关。债权人委员会（类似于破产法上的"债权人会议"、"债权人大会"）制度作为一种债权人自治制度，负责协调决定企业破产、重组等程序的重要事务，以有效维护债权人的利益。债权人委员会是企业重组、破产等程序中债权人的意思表示机构，它通过重大事项的决定和监督，来维护债权人自身利益。债权人委员会统一协调各债权人运用市场原则对企业债务进行重组，通过对企业加强财务和资金监管，维持企业正常的生产经营，逐步恢复企业的履约能力，化解风险，维护债权人的合法权益，最大限度地保全风险资产。

破产法上的债权人委员会并非破产程序的必设机构，由债权人会议自行决定是否设立，债权人委员会由债权人会议推选的债权人代表和一名债务人的职工代表或者工会代表组成。债权人委员会成员不得超过九人。债权人委员会成员应当经人民法院书面决定认可。债权人委员会作为债权人会议的代表机构，在破产程序中代表债权人全体之利益监督破产程序的进行。债权人委员会向债权人会议负责并报告工作，但它有自己的职权范围和权利义务，不是债权人会议的代理人。从其与管理人的关系上看，是监督与被监督的关系。

区别于破产法上的债权人委员会，在国内企业中国二重、英利集团、东盛系、粤海、APP、德隆系、啤酒花等企业的债务重组实践中，逐渐发展形成了法院外的债权人委员会，即本书所称的债委会。本书所称的债委会是协议重组过程中的主导机构，为启动债务重组程序的必设机构，是为各金融债权人采取联合统一行动，维护债权人合法权益而成立的，是债权人解决债务危机的决策机构。参与债委会的各债权人以协议形式明确各自的权利义务，并以协议或决议方式决定债委会的职责、议事规则以及与重组相关的其他事项。债委会在行使职权过程中应依照公平、公正、公开对待全体成员单位的原则统一维权，尊重成员单位的合法权益。

2016 年 7 月 6 日，中国银行业监督管理委员会发布的《中国银监会办公厅关于做好银行业金融机构债权人委员会相关工作的通知》（银监办便函〔2016〕1196 号，以下简称《通知》），对于企业金融债务重组过程中债委会的相关工作做出了规定。

二、债委会的筹备

债委会筹备阶段的主要工作内容是明确设立债委会的基本思路，并就债权人协议基本条款等原则性问题达成一致。

（一）确定债委会的组成成员

通常来讲，在债委会筹备阶段，先期由参与债务重组的债权金融机构组成筹备组，具体实施债委会的筹备工作。筹备组首先对参与债务重组的债权人的范围进行充分讨论界定，并做出基本判断，明确主席单位和副主席单位。一般来讲，主席单位和副主单位由债权银行自助协商选举产生。债权银行对主席单位、副主席单位有重大分歧的，可以提请银行业监管机构协调确定。

《通知》明确要求，"债务企业的所有债权银行业金融机构和银监会批准设立的其他金融机构原则上应当参加债委会；涉及非银监会批准的金融机构债权人的，债委会可以建议其加入债委会"。

本书认为，因债委会的成立，旨在构建金融债权机构一致行动的平台和机制，所以，原则上所有金融债权机构均应加入债委会，以便防止个别债权机构单独行动，影响处置大局。对于加入债权人委员会的成员，有特殊情况的，债权人委员会也应当充分听取意见，采取适当措施，予以妥善处理。

(二) 确定重组的原则及工作设想

重组原则是重组的最根本问题，应当在债委会筹备阶段充分讨论、透彻思考，结合市场实际条件给出合理、合法、可行的结论。重组的原则是指在未来整个重组工作进程中，有关各方都要严格遵循并付诸实施的重组基本理念。国际市场中的债务重组，一般都会有一条基本的准则，就是"公平对待所有债权人"。我国的债务重组，应当在公平、平等原则的基础上，遵循市场化方式，各个债权金融机构一致行动，最大限度地维护金融债权机构的权益，实现银企共赢，并与非金融债务有效衔接。

重组工作设想具体指重组的步骤、工作的基本思路和重组的方式、方法等。在重组准备阶段，大多数债权金融机构均从自己掌握的债务企业的经营情况和财务状况出发，关注自己的债权保全情况以及回收的可能，在此种情况下，很难有效推进整体债务重组工作。在债委会筹备阶段对于工作设想的确定就是为了统一与会各债权金融机构的思想，就重组的基本步骤和方法在互相交流、充分沟通的前提下确定"基调"，达成一致行动的意愿。

除企业自身的资产质量外，企业债务重组的成败还有很多关键的影响因素，如企业无形资产情况、债权人不合作、债务重组方案在司法程序中未能得到通过、债权结构复杂等，建议在债委会筹备期，对可能影响重组的相关事项进行充分讨论，并准备相应预案。

(三) 讨论重组范围

《通知》已对债权人的范围提出明确意见。讨论重组范围主要是指讨论纳入重组的债务人范围。一般来说，纳入重组范围的债务人要考虑两个层面的情况：一是"必须"纳入重组范围的企业；二是"有必要"纳入重组范围的企业。企业集团的债务重组往往涉及整体重组还是集团部分成员重组的问题，债委会要站在充分考虑债权人利益的角度考虑这个问题，必要时可以咨询财务顾问、法律顾问的意见。

(四) 讨论与成立债委会相关的主要问题

一是明确债权人协议的基本条款。债权人协议是债委会存在的基础和法律性文件，是债务重组整个工作的基石。重组筹备期，要对债权人协议的主要条款进行讨论和起草，特别是债权人之间的约定、债委会议事规则等关键条款。

二是明确成立债委会。筹备会议还要做出正式成立债委会的决定，并确定即将召开债委会成立大会。

三是讨论债委会机构的基本设置。筹备会议应讨论确定债委会的机构设置，并提出具体人选以备债委会成立大会表决。例如主席单位由谁担任、副主席单位设几席、监管小组如何设置、工作小组如何设置等。

四是讨论聘请中介机构事宜。债务重组的过程漫长，工作复杂，这期间需要专业机构的协助。如果债委会希望聘请顾问，需要在筹备期就开始物色合适的人选，以保证中介机构能够及时介入。

(五) 召开筹备会议

主席单位应召集副主席单位召开筹备会议，对债委会开展重组工作的相关事项进行表决和讨论，如讨论确定债委会的组织架构、工作原则、工作机制；讨论债权人协议的条款及签署；讨论需要债务人签署的承诺函；启动重组的具体工作安排；讨论聘请中介机构事宜；讨论工作组职责及成员名单等。

三、债委会的成立

债委会的成立是启动重组程序的标志，是债权金融机构、债务企业主要负责人、政府相关部门共同合意后的结果；也可以是在银行业监督管理机构的直接指导下，由债权金融机构、债务企业主要负责人、政府相关部门共同协商的结果。

(一) 可以充分发挥银行业监督管理机构的指导作用

作为银行业金融机构的监管机构，银监会（或其下属机构）对金融债权机构同时具有监管和保护的职责。在银监会或银监局的指导下成立债委会，有利于保证金融债权机构债权人的一致行动，如银行推动债委会的成立有困难，在必要的情况下，银监会或银监局应主动承担协助推动的相关工作。在重组过程中，银监会不但应承担债委会成立、重组方案初定等事项的指导工作，还可以从大局出发，出面在各银行债权人之间进行一定的协调，促成重组方案的达成。这样，不仅可以最大限度地维护债权金融机构共同体的利益不受损失，也有利于实现银企共赢。债委会成立后，各金融机构可以以债委会的名义聘请中介机构对债务企业生产经营和资产负债情况进行调查摸底，并提出具有可操作性的资产债务重组方案，同时更容易得到相关部门及地方政府的支持。

（二）应当召开债委会成立大会

召开债委会成立大会是债委会成立的重要标志。召开债委会成立大会的前期准备和组织工作均应由债委会筹备组完成。参与债委会成立大会的主体应当包括所有债权金融机构，通常委派 1～2 名负责人参加，并视情况邀请银行业监管机构、银行业协会、政府有关部门等参与，具体需要根据重组规模、复杂程度等具体项目情况确定。

债委会成立大会的主要议程包括以下三个方面：一是确定债委会成立事宜，根据债务重组案例，应确定债委会成立会议的主要内容包括相关领导讲话、正式宣布债委会成立等；二是宣布筹备组确定的重组工作相关事项，如债委会的组织架构、工作原则、工作机制，以及聘请中介机构等；三是签订债权人协议并宣布其正式生效。债委会成员单位要将经盖章签字的债权人协议带到会场，交给主席单位，由主席单位办理后续手续。

四、债委会的运行

（一）债委会的层级

对于商业银行来讲，债委会可以在总行或者分行层面组建。《通知》明确指出，"债委会原则上由企业所在地的债权银行业金融机构组建。涉及中央企业以及重大复杂的企业集团，可以在总行层面组建债委会"。

中央企业，长期以来是中国国民经济的重要支柱。按照中国政府的国有资产管理权限划分，中国的企业分为中央企业（由中央政府监督管理的企业）和地方企业（由地方政府监督管理的企业）。2003 年国务院国资委成立之初，国务院国资委所管理的央企数量是 196 家，经过重组，至 2015 年 3 月，国资委直接管理的央企数量是 112 家，加上保监会、银监会、证监会直接管理的金融央企，一共为 124 家。截至 2015 年 12 月 12 日，国务院国有资产监督委员会网站公示的"央企名录"显示，我国现在共有中央企业 106 家。本书所称的中央企业，不仅包括上述 106 家中央企业，还包括由其行使出资人职责的下属企业以及全资子公司。

在确定债委会层级时，对于"重大复杂"企业的确定，因各地经济水平及发展状况差异，我们认为，应当由各银监局灵活掌握，并报地方政府确定实施。

对于债权金融机构内部，在总行层面，建议由银行内部客户管理部或者资产保全部作为牵头部门参与组建债委会，在分行层面，应当由银行内部客户管理部或者资产保全部参与组建债委会。总行层面和分行层面银行内部的参与部门最好保持一致，以便于工作上的沟通。

此外，债务企业的重组因其涉及范围较广，在重组过程中需要各个债权银行之间的相互配合，更需要各个银行内部的有效沟通。为避免因银行内部沟通不足、沟通无效或沟通有障碍影响重组进度，无论债委会在哪个层面组建，债权银行的总行和分行之间均需建立有效的授权沟通机制。本书认为，如果债委会在总行层面组建，则应当由总行进行决策，分行予以执行；如果债委会在分行层面组建，则分行应当在总行的指导下进行决策。

(二) 债委会的组织架构

主席单位和副主席单位可以组成主席团，主席团可以定期召开会议，对重大事项进行协商，并做好与债务企业、银行业监督管理机构以及相关主管部门的沟通协调工作。主席单位应当由经验丰富且具有实际债务重组操作经验的债权金融机构担任；副主席单位的选择及数量可以根据需要由债委会自行决定。

债委会下设工作组，一般由主要金融债权机构派员组成，具体组成人员数量及成员条件由债委会筹备会议讨论确定。工作组是债务重组工作的日常办事机构，在债委会会议休会期间，负责处理所有日常工作，包括但不限于与债务企业、债权金融机构、中介机构以及有关部门沟通，组织召开债委会会议等。工作组产生的费用，可以列入债务重组费用。

此外，债委会可以根据需要设立监管小组、谈判小组。为了更好地监管债务人的资金、业务的运营状况，监管小组可由债务企业在某地区的相关债权人推选成员组成，其基本职责为监督、管理债务企业，及时反映债务重组中出现的新情况、新问题。关于债委会谈判代表的组成，建议总行层面由部门总经理级别的人员组成，分行层面由部门总经理或者副行长组成。

(三) 债委会的工作原则

《通知》明确指出，债委会应当按照"市场化、法治化、公平公正"的原则开展工作。债委会实施债务重组的，应当采取多方支持、市场主导、因企施策、保持稳定的措施，帮扶困难企业走出困境，积极争取企业发展的有利条件，使企业恢复盈利能力，实现银企共赢。

债委会成立的目的在于构建债权人一致行动人的平台和机制，通过必要的、风险可控的收回再贷、展期续贷、并购重组等方式，最大限度地帮助债务企业实现近期解危、远期解困。债委会在开展工作的过程中，应当以金融机构的整体利益为目标，通过对重大事项的共同决策，建立一致行动机制，做到对各个债权金融机构公平公正。债委会可以集体研究重组处置措施，如通过制定清晰可行的资产保全计划，稳妥有序地推动债务企业重组整合或退出市场，充分盘活沉淀在重组企业和低效领域的信贷资源；通过组建银团贷款或建立联合授信机制等方式，支持公司治理良好、产品有市场、发展有前景、但当前投入不足的企业。

（四）债委会的工作机制

《通知》指出，"债委会重大事项的确定，原则上应当同时符合以下条件：一是经占金融债权总金额的三分之二以上比例债委会成员同意；二是经全体债委会成员过半数同意"。

债务重组原则和重组方案等重大事项的表决比例，是参照《中华人民共和国企业破产法》的相关规定，结合债务重组实践惯例确定的。经表决通过后的债务重组方案，对所有债委会成员单位产生法律效力，所有成员必须遵照执行。

在债委会中参与表决的主体为各债权金融机构，均为重组过程中的债权人，其法律主体地位具有一致性，因此一般应当参加表决。参与表决的各债权金融机构因利益诉求不同，为有效地推进重组的顺利进行，同时保护大多数金融债权人的利益，如果有特殊事项出现意见分歧，债委会可以请求银行业监管机构协调处理上述问题。

（五）债委会的沟通机制

债委会和企业双方应当确定联络人和谈判代表，建立顺畅的沟通机制。日常事务由联络人通过书面、电话、电子邮件、传真等方式进行联络；重要事项的沟通，由双方的谈判代表召开见面会议，进行沟通谈判（必要时可现场录音），形成会谈备忘录。

五、我国的债委会制度及实践中遇到的问题

(一) 债委会在国内的运作尚无明确的法律规定

目前我国的债权人委员会领域存在法律空白。企业债务重组过程中引入的债权人委员会，仅仅是各债权人自发自愿组织起来的、松散型的联合维权组织，并不具备民事主体资格：既无民事权利能力，也无民事行为能力，各债权人因债务主体、担保情况、受偿意愿等的不同导致其各自利益存在很大差异。要想让没有法律地位和权力的债权人委员会来协调各债权人，难度较大。

(二) 地方政府往往会对债委会的维权工作实施行政干预

在债务重组过程中，地方政府往往占有主导地位。有的地方政府为了尽快摆脱企业债务危机对本地的影响，从地方利益、局部利益出发，只考虑维持企业经营和员工稳定问题，不考虑债权金融机构的利益，对债委会的诉求置之不理，部分地方政府还有想利用尚未出台的"债转股"政策来消除银行债务的错误认识，甚至动用经济、行政、法律手段，迫使重组企业出售资产或转让股权，从而削弱了债权人拯救企业的努力，这实质上是一种典型的逃废银行债务行为。

(三) 债权金融机构维权步调难统一

由于债权人委员会制度在我国尚无法律规定，因此在债委会成员单位之间，鉴于利益诉求不同，部分成员会对债务企业和担保企业抢先起诉，抢先查封资产、抢先冻结账户，这种做法成为重组计划的"紧箍咒"。不但使企业的经营状况更加恶化，还会给下一步的债务重组带来困难。

(四) 债券、理财融资等金融产品问题的解决难度较大

由于债券、理财融资等金融产品涉及公开市场和个人投资者，社会影响大，存在刚性兑付的可能。但从法律角度分析，贷款、债券、理财融资都是普通债权，按照"同债同权"的原则，债券、理财融资不应享受优先受偿的权利，不应刚性兑付。如果刚性兑付，势必会损害其他债权人的利益，不符合法治精神。

六、国外债委会的运行经验及对我国的借鉴意义

国际上许多国家和地区建立了完善的债委会制度，作为法院外的化解方式，替代破产清偿程序，在帮助企业摆脱财务困境、保障银行债权方面发挥了重要作用。其中的一些做法值得我国商业银行借鉴。

(一) 国外债委会的主要形式

国外的债委会主要采取以下三种方式：一是设立债权人委员会这一常设机构。如日本、德国、英国和美国等国家将债权人会议作为最高权力机构，代表全体债权人行使日常性、常规性的参与权和监督权。二是由部分债权人负责处理债务。如意大利的破产法仅规定设立由部分债权人组成的"债权人委员会"，不认可由全体债权人组成的债权人委员会。三是不设立由债权人组成的任何机构。如法国的新破产法采取债权人代表的方式，从社会中介机构中选定律师、会计师、审计师等作为"债权人代表"，自始至终参与破产程序。

(二) 国外的经验做法

1. 立法体系完善

国外的债权人委员会运行体系有完善的法律保障。例如，英美等国在企业破产法之外单独制定了破产预防法。法院外通过债权人委员会解决债务危机已经成为破产程序的一种重要补充和替代方式，当事人可以根据实际情况自行选择，互不冲突。而我国目前企业债务重组领域的法律制度较少，甚至相关法规存在较大的局限性，如《中华人民共和国民事诉讼法》规定：保护民事权利诉讼的时效是两年，若双方是法人，申请执行的期限为六个月；由于在重组期间暂停诉讼，债权人委员会的约定可能导致超出诉讼或执行期限，从而使债权人丧失申请法院保护及向法院申请强制执行的权利。

2. 占有主动地位

在国外，债权人能在债务重整过程中抢得先机占有主动，如在日本，当企业出现债务危机时，若干债权人能够快速组成债权人委员会指导管理债务人的财产，并着手调查导致破产的原因，在此基础上缔结具有集体合约性质的基本契约，并及时制定包括增资措施、财务规划、偿债计划在内的重整方案。而在

我国，债权人委员会不具备民事主体资格，债权人委员会对成员单位无法形成法定约束力。如从近年来商业银行暴露的多头贷款大客户逃废债务情况来看，纳入银行逃废债企业黑名单的多头贷款客户，大多已经破产。这种局面往往是由于企业经营发生劣变时债权人未能起到及时有效的干预作用造成的。

3. 独立行使职能

国外债权人委员会可以独立地行使职能，如在美国，政府对企业的行政干预较少，当企业出现债务危机时，债权人委员会作为权力机构，会雇佣律师以及独立会计师，对公司的财务状况做独立的调查核算，并独立形成债务重整方案。在我国，有的地方政府为尽快摆脱企业债务危机对本地财政的影响，从地方局部利益出发，动用行政干预手段迫使重组企业出售资产或转让股份，限制了债权人委员会作用的发挥。

4. 实战经验丰富

许多国家在利用债权人委员会制度处理企业债务重组上有着多年的经验积累，使债权人委员会具备了较为成熟的组建和运行模式，如20世纪90年代英国著名的"伦敦方案"，成功地挽救了许多濒临破产但仍有经营价值的大型企业。在我国企业重组案件中，债权人委员会债权维护方法单一，缺少成熟的组建和运行方案，同时成功的案例借鉴作用不强，导致我国债权人委员会制度在实际运行中效果大打折扣。

（三）对我国的借鉴意义

1. 完善配套机制，加强沟通

一是建立健全债权人委员会制度的相关制度，对民事诉讼法、破产法、公司法等相关法规进行补充修订，以适应债权人委员会组建和运行的实践需要。二是加强与企业、政府及司法部门的协调，把债权人委员会的各项决议及时传达给企业和相关部门，通过沟通联动，放大债权人联席会机制的运行效果。值得欣慰的是，中国银监会根据中央经济工作会议精神及当前形势的需要，出台了《通知》，该《通知》确定债委会为"自愿性、临时性、协商性的自治组织"，首次明确了债委会的法律地位，为做好债务重组工作奠定了坚实的法律基础。

2. 在筹备阶段，筑牢组织架构

商业银行作为债权人委员会的主体，其作用主要表现在以下两个方面：

一是设立专业权威的协调机构，负责具体落实和推进债权人委员会组建工作；二是要明确委员会的主要职责，发挥主债权行作用，制定实施工作细则，甄选银行业机构法律、风险等领域的专业人才，拟定债权人协议。

3. 在运行阶段，充分行使职能

债权银行要对大客户实现风险控制关口前移，具体做法包括：一是在企业债务重整过程中占据主动，既确保债权安全，又助力企业发展；二是充分结合国内外成功案例，做到信息共享、集体会商、统一授信、共同进退；三是全面掌控多头贷款企业并购重组重大项目投资等情况，及时采取风险应对措施，对确需打击的逃废银行债务的企业提出统一的处置方案。

第四节　债权人协议

一、债权人协议的法律地位

债权人协议是债委会存在的基础和重组必备的法律性文件，是债务重组整个工作的基石。债权人协议是为保护和维持企业的正常运作，有效构筑风险防火墙，最大限度地保障债权人利益，在相关主管部门的认可及指导下，依照统一维权以及公平、公开、公正对待所有债权人的原则，有关债权人在统一行动、联合维权的问题上达成共识，并就企业债务重组的事宜进行了充分协商后，为保证企业债务重组顺利进行而达成的协议。参与重组的各债权人应当以协议形式明确各自的权利义务，并以协议或决议方式决定债委会的职责、议事规则以及与重组有关的其他事项。

二、债权人协议的必备条款

债权人委员会的债权人须共同签订债权人协议。自德隆集团重组以来，至近期中国二重破产重整案件，在协议重整初期，均通过金融债权人签署债权人协议作为基础法律文件，根据实践经验，该协议应当约定以下事项：

（1）鉴于条款：鉴于条款应当对债务企业现状、拟纳入重整范围的主体、是否具有重组价值、重组进展情况、重组原则等进行简要说明，并体现各方意思自治的原则。

（2）定义条款：应当对重组涉及的基本概念（如债权人、债务企业、债委会）做出定义，并明确债委会为债务重组的最高决策和执行机构及其权利。

（3）债委会的组织结构：协议应当对于债委会的主席单位、副主席单位、工作组、谈判组的组成成员、职责权限、工作范围等事项进行约定。

（4）债委会的议事规则：议事规则作为债委会运行的重要依据，应当在该协议中对召开债委会会议程序、表决程序等事项尽可能进行细化的约定。

（5）债权人权利和义务：债委会成员债权人的权利一般包括有权参加债委会会议，并根据该协议就审议事项进行表决；提出明确议案并向主席单位提议召开债委会会议；要求工作组查阅债务人财务报表及有关财产性文件；提出修改或重新制订债务重组方案的意见；监督工作组和谈判组的工作等；债委会成员债权人的义务一般包括遵守该协议及其附件的内容；按时申报债权；服从债委会会议决议；对涉及重组企业及委员会的相关信息予以保密等。

（6）债权人之间的约定：债权人之间的约定是债权人协议的核心内容，债权人之间约定最为主要的原则是"各债权人联合维权、统一行动，以最大限度地保护各债权人应享有的合法权益，不扩大各债权人现有债权的风险，公开、公正、公平等作为债务重组的前提条件"，从某种程度上说，这也是债务重组的最根本前提。在此原则的基础上，债权人应当就债务的具体处理方式和方法进行约定。

（7）违约责任：协议重组能否成功很大程度上依赖于各债权人能否认可、签署并履行债权人协议。在协议有效期内，如果债权人不履行协议，违约单独回收债权款项或采取保全行动，则势必会影响处置大局，协议应当视具体情况对此种违约行为进行惩罚，如要求在指定期限内予以纠正、要求解除已申请采取的保全措施、承担违约金、或在融资本金归还计划中推迟违约债权银行等额融资本金的偿还时间等。

（8）协议期限：一般而言，债权人协议的有效期自各方签署之日起，至重组完成时止。但债委会有权根据债务重组的工作进度决定提前终止该协议。

（9）申请加入债委会：所有金融债权机构均应当加入债委会，但难免存在债委会组建时难以确定债权人或者遗漏的情形。从以往的操作案例看（如中冶纸业重组案），在重组过程中，债委会发现中冶纸业由于历史原因拖欠长城和信达两家资产管理公司担保债权并涉诉，为推动债务重组继续进行，同时维护两家资产管理公司的债权，债委会协调两家资产管理公司加入债委会，共同参与重组工作。因此，在协议生效后，如果存在其他金融机构需要加入债委会的情形，可由其提交正式申请文件并签署该协议，且经债委会审查同意后加入。

（10）协议生效：《中华人民共和国合同法》第四十四条规定，依法成立的合同，自成立时生效。法律、行政法规规定应当办理批准、登记等手续生效的，依照其规定。原则上，债权人协议一经各方签署即发生法律效力，如果因签署方式不同导致各方签署时间不一致，则以最后一方签署时间为协议生效时间。

三、债权人协议的签署方式

债权人协议是债务重组过程中第一份重要的法律文件，需要全体债权人共同签署。由于需要签署的单位较多，而且每家债权人内部都有相当烦琐的程序（特别是总行级的债权人），如果以传统的方法按顺序逐一签署，会相当耗时。根据实践积累的经验，这类需要众多参与方同时签署的文件都采取"传签"方式。即在协议最后设立单独的签署页，各签署方在各自相应的签署页上签署，签署的份数以协议中规定的文本数为准。债委会工作组将各方签署页汇总后，再统一分装到各本协议上，并交签署方保存。因债权人委员会成立大会的召开意味着债权人委员会正式有效，所以，建议各债委会成员将签署页带到会场，履行签署协议义务。

四、债权人协议参考模板

鉴于×××集团有限公司、其属下子公司和其直接或间接控制的关联企业（以下简称××集团）出现财务危机，重组进展迟缓，重组方承诺资金不到位且转移××集团优质资产，银行贷款风险不断加大，严重影响债权人的合法权益。为了保护和维持××集团实体企业的正常运作，有效构筑银行风险防火墙，最大限度地保障债权人利益，在中国银行业监督管理委员会（以下简称银监会）等国家有关部门的指导下，依照统一维权以及公平、公开、公正对待所有债权人的原则，有关债权人在统一行动、联合维权的问题上达成了共识，并就××集团债务重组的事宜进行了充分的协商，对××集团债务重组方案最终签订法律文件或落实其债务重组方案前过渡期的安排自愿达成如下协议：

1.　定义

1.1　协议：指本协议。

1.2　债权人：指对债务人享有追偿权并签署本协议的金融机构债权人，或在本协议生效后经债委会同意并签署本协议的其他债权人（××集团之间往来账形成的债权人除外）。

1.3　债务人：指中国大陆境内对纳入债权人委员会范围的债权人承担负债和或有负债的××集团及其下属企业。

1.4　债权人委员会：指在银监会的指导下，各债权人为了采取联合统一行动，维护债权人合法权益而成立的××集团债权人委员会（简称债委会）。

1.5　秘书长及副秘书长：指债委会推选的负责组织、协调工作，并将债委会的各项指令传达给工作小组，督促有关决议执行的人员。秘书长由主席行客户营销部门或资产保全部门总经理或副总经理担任，副秘书长由副主席行客户营销部门或资产保全部门总经理或副总经理担任。

1.6　工作组：指债委会的日常办事机构。工作组在债委会领导下，按照协议的约定，推动债务重组工作顺利进行。

1.7　债权申报日：指签署本协议的债权人共同认可的债权申报时间（××年×月×日）。本协议生效后经债委会同意并签署本协议的其他债权人的债权申报日期由债委会另行指定。

1.8　债权余额：指债务人对债权人在债权申报日时的所有负债和或有负债余额，在扣除债务人在债权银行质押的现金（含各类保证金）以及现金等价物后的负债余额。

1.9　议事规则：指《××集团债权人委员会议事规则》（附件一）有关债委会全体成员行共同商定的、债委会必须遵循的工作准则。

1.10　监管账户：指经债委会同意，债务人在债权银行开立并接受监控的账户。

2.　组织机构

2.1　债委会：是签署本协议的债权人对××集团债务重组的最高决策机构，对有关债务重组及相关事宜做出最终决定。债委会由签署本协议的债权人组成，债权人各自委派授权代表参与债委会债务重组等事宜的处理。债委会设主席行×名，由××银行、××银行出任，主席行工作由××牵头负责；设副主席行××名，由××银行出任；其他金融债权机构为成员行。债委会按照《××集团债权人委员会议事规则》进行工作。

2.2　工作组：负责债委会的组织、协调工作，负责债委会与企业的沟通协调工作，并将债委会的各项指令传达给各成员行，督促有关决议的执行，按照相应的工作职责开展工作。

3.　债权人间的约定

各债权人联合维权、统一行动。各债权人约定以最大限度地保护各债权人应享有的合法权益，不扩大各债权人现有债权的风险，公开、公正、公平地开展债务重组工作。

3.1　协同行动：本协议生效后，协议任何一方不得单方面或联合其他方与债务人就其债权达成除本协议允许以外的任何协议，不得在本协议生效后单独或联合其他方采取查封、冻结、扣押等强制性措施或进行诉讼等。

3.2　融资担保审核：在协议有效期内，债务人向各债权人新设立或者变更原有的抵押、质押及其他形式的保证，均需经债委会批准、认可。

3.3　信息共享：债权人共享涉及债务人或与债务人有关的一切资料和信息，但对上述资料和信息必须保密。

3.4　账户监管：债权人应监督债务人在该行账户的结算情况，如有异常行动，要向债委会报告。

3.5　信息保密：由债权人对涉及债务人或与债务人有关的一切资料和信息负有保密业务，未经债委会同意不得对外泄露。

3.6　其他：其他事项由债委会成员行协商确定。

4. 重组费用

指为实施重组方案所发生的全部费用，包括聘请财务顾问、律师、会计师事务所、评估师等中介机构之费用和债委会履行职责产生的全部费用。重组费用应由债委会与债务人协调确定。

5. 解释

本协议的各个部分具有不可分割性，名词均具有单数和复数的含义，协议各条款的解释权归债委会。

6. 协议的生效

本协议经债权金额超过三分之二比例债权人的授权代表签字并加盖公章即发生法律效力。协议书正本一式若干份，协议方及债委会各执一份，具有同等法律效力。

7. 协议期限

本协议自签署之日起生效。重组完成（即签订债务重组协议）后，本协议自动失效。债委会有权根据债务重组的工作进度决定提前终止本协议，并书面通知所有签约方。

8. 加入

根据债委会要求提交正式文件并签署本协议的即视为加入债委会。本协议生效后，经债委会审查同意的其他××集团债权人可加入债委会。

9. 附件

9.1 本协议附件是本协议不可分割的组成部分，与本协议正文具有同等法律效力。

9.2 本协议的附件包括：

附件一：××集团债权人委员会议事规则

《××集团债权人协议》签字页

（签署日期：××年×月×日）

各债权人授权代表签字并加盖公章：

××××银行

授权代表签字： 单位公章：

×××× 银行

授权代表签字：　　　单位公章：

×××× 银行

授权代表签字：　　　单位公章：

附件一

××集团债权人委员会议事规则

根据《××集团债权人协议》，××集团债权人委员会（以下简称债委会）将按照本议事规则条款运作。除特别说明外，《××集团债权人协议》的定义适用于本议事规则。

第一条　债委会由已签订《××集团债权人协议》的各债权人（"债委会成员"或"成员行"）组成，成员行各自委派授权代表参与债委会债务重组等事宜的处理，成员行包括银行债权人及非银行债权人。

第二条　债委会是债务重组的最高决策和执行机构。有权依据《××集团债权人协议》及本议事规则的有关约定，代表各成员行对××集团债务重组及其相关事宜做出最终决定。

第三条　债委会在银监会等部门指导下开展工作，并随时向其报告工作情况。

第四条　债委会会议由债委会主席单位（下称主席行）召集并主持。主席行因故不能履行其职责时，由主席行授权副主席行或秘书长、副秘书长主持。

第五条　债权委员会应建立成员行联系名录（留存电话、邮箱等信息），各成员行需指定2名专职联系人（A/B角）负责联络，日常工作通过电话进行联络，重要信息通过办公邮箱进行联络。对于征求成员行意见需书面反馈信息的，各成员行应在三个工作日内及时反馈，超时不反馈的，视为无意见或无异议。

第六条　经单独或合并持有××集团对债委会所有成员行未偿还本金余额百分之二十以上（含本数）的成员行提议，债委会应依照本议事规则第四条规定，在该成员行发出提议之日起十日内召开债委会会议。债委会会议对会议通知列明的议题及事项进行表决。各成员行未偿本金余额应按会议召开前上月末各成员行持有的债权余额计算。

第七条　主席行或主席行授权代表应通过工作小组向各成员行发出召开债委会会议的通知。会议应由工作小组提前三天以邮件（含电子邮件）、传真等书面方式通知，如发生紧急事件，提前通知会议的时间可少于三天。会议通知应包括会议的时间、地点和议题等内容。

会议通知以传真或电子邮件方式向成员行发出的，在通知方收到传真或邮件发出确认通知时视为送达（债委会工作小组会辅以电话确认）。

第八条　单独或合并持有××集团对债委会所有成员行未偿还本金余额百分之二十以上（含本数）的成员行有权通过工作小组向债委会提出书面议案，工作小组应及时将有关书面资料送达主席行。主席行必须在十个工作日之内召开债委会会议，讨论、表决该书面议案。如遇特殊情况，债委会不能如期召开会议，主席行应指定工作组对提交议案的成员行做出不能如期召开会议的书面情况说明和会议的日期。

一般情况下，各成员行均可向债委会书面提出需要讨论的具体事项。主席行有权以全体成员行的最大利益为准则，决定是否立即召开债委会会议对提案进行讨论。如主席行决定不将其列入债委会会议议程，应由主席行或其授权代表通过工作小组对提交议案的成员行进行解释或说明。

第九条　债委会会议应由单独或合并持有××集团对债委会所有成员行未偿还本金余额三分之二以上（含）的成员行参加或出席

（包括通过派人、电话、电子视听等方式参加会议以及通过信件、传真等参与表决，下同）方为有效。达不到上述比例而召开的债委会会议及其通过的任何决议均属无效。

第十条　债委会会议应由债委会成员出席。成员行因故未能出席债委会会议，则由该成员行的授权代表出席。被授权代表应向会议主持人出示授权证明。

第十一条　对《××集团债权人协议》的任何补充、修改、变更，应由全体出席债委会会议的成员行表决通过。

第十二条　有关以下事项的决定，应由持有出席债委会会议之全体成员行的未偿还本金余额三分之二以上的成员行表决通过：

1. 对《××集团债权人协议》确定的债务重组期限的延期或提前终止；

2.《××集团债权人协议》签署之后，原任一融资协议项下提前还款或终止贷款的条款的修改、变更；

3.《××集团债权人协议》签署之后，各债权人（包括境外债权人）变更或新设立××集团的抵押、质押及其他形式的担保；

4. 通过××集团归还融资本金计划，确定各成员行的受偿比例；

5. 针对××集团在有关担保协议或融资协议项下的违约行为，采取必要的补救措施；

6. 通过债务重组方案或决定对××集团进行破产清算申请；

7. 决定对××集团损害债权人利益的行为及其经营过程中出现的重大事件应采取的行动或对策；

8. 决定对××集团提起诉讼或其他法律程序。

第十三条　除本议事规则第十一条、第十二条规定的事项外，其余一切与债务重组有关的事项（含聘请第三方中介机构事宜）均应由持有出席债委会会议之全体成员单位的未偿还本金余额二分之一以上的成员行表决通过。

第十四条　债委会亦可通过信件或传真的形式书面表决通过决议。债委会会议也可以通过电话会议或电子视听会议的方式通过表决。通过上述方式做出的决议与成员行出席会议的表决结果具有同等法律效力。

第十五条　债委会每次会议须由专人作详细的书面记录，并形成会议纪要，并通过电子邮件形式向各债权委员会成员行予以确认，成员行联系名录中任何一员所发出的邮件均代表本行态度。必要时工作小组以简报形式将有关情况上报银监会。会议记录、纪要及每次会议通过的决议应由债委会秘书组指定专人归档保存，必要时成员行可向有关人员查询。

第十六条　债委会各成员行违反上述规定做出的任何行为均属无效。

第十七条　本议事规则解释权归债委会，对本议事规则的任何补充、修改或变更，均须经以上有关条文列明的方式通过。

第五节　中介机构参与金融债务重组的作用

在债务重组程序中，中介机构为重要参与者，需要聘请的中介机构包括：以提供尽职调查、企业偿债能力分析、制定债务重组方案为主要责任的财务顾问，以提供重组过程中所有法律文件起草以及出具法律意见为主要责任的法律顾问，以提供重组过程中企业财务会计咨询为主要责任的会计审计师，以及以提供重组相关资产评估为主要责任的资产评估师。此外，金融机构和企业也可以聘请金融资产管理公司和地方资产管理公司作为债务重组顾问，全程参与债务重组工作。

一、聘请中介机构的必要性

困难企业就像一个病人，首先需要医生对其诊断病情，当病人病入膏肓，需要动手术时，必须由医院的专业医生才能完成，中介机构就如同这个专业医生，需要对困难企业开展尽职调查等多项工作。

债务重组过程中，涉及利益相关者众多，包括债务企业、原企业股东、债权人、银行等众多第三方债权人，职工及代表工会，法院及各级政府，等等。作为第三方独立机构，无论是代表债权人利益的中介机构还是代表债务人利益的中介机构，其基本任务是站在客观公正的立场上，促使债权人充分、透彻地了解债务人的运营、财务等状况，并推进重组的顺利进行，因此，重组过程中中介机构的作用显得尤为重要。

大型债务重组项目本身的复杂性决定了不可避免会涉及各种各样专业化问题。重组案例涉及的各方面工作量往往非常庞大，能否尽快厘清其资产负债状况，受到众多利益相关方的高度关注。首先，集团的结构、业务和关联交易盘根错节，资产种类多样，融资渠道众多，负债情况更是错综复杂，关联公司交易以及涉及第三方的关联交易、互保联保情况不清等均非常普遍。要在较短时间内对其资产、负债做出全面的摸底调查及准确判断，所涉及的调查分析工作极其庞大，需要有充足的人力资源和较强的专业能力。其次，重组业务本身的性质决定了中介机构的综合性。重组工作不仅要为报告使用人提供企业的资产负债情况，更要重点关注企业有回收价值的资产，对其进行全面的梳理及价值判断，以便为下一步制定重组方案及策略提供准确依据。当中涉及的工作，不仅仅是债权债务的确认，还包括不良贷款处置的方案、企业业务盘活的方案和外方资产的引入和整合、税务上的报备和减免方案。如果债务人是上市公司，独立财务顾问更需要考虑企业重组后的报表如何能符合上市地监管机构的要求，如何反映重组后业务、资产及负债的改变对财务报表的影响，等等。另外，在与债权银行进行商讨的过程中，中介机构可以成为债务人和债权人的桥梁，通过公司的估值分析，为公司评估重整后的融资需求，并量化分析债权人的回报，让债权人考虑不同的还款方法，也会设计资金运用的监察制度，保障资金的运用，在支持企业重生之余减少银行的损失。真正做到目标企业、债权人、政府和社会公众共赢。

因此，如何在法律框架下，通过各个中介机构的参与，厘清企业目前的财务状况，对后续重组方案的提出以及重组工作的顺利推进非常重要。因债务重组的过程漫长，工作复杂，如果债委会希望聘请顾问，需要在筹备期就开始物色合适的人选，以保证中介机构能够及时介入。

二、中介机构的工作

(一) 财务顾问

财务顾问（也称重组顾问）是整个债务重组工作中专业机构的核心，一般由投资银行、会计师事务所或咨询公司等担任。财务顾问的工作贯穿整个债务重组阶段。财务顾问是整个重组期间委托人的全面顾问，需要从委托人的角度出发，为委托人的几乎所有决策、事项、措施提供专业意见和建议。鉴于财务顾问在重组过程中的重要性，债权人、债务人及战略投资者都有可能聘请各自的专业顾问。财务顾问最主要的工作就是负责对债务企业进行尽职调查以及进行偿债能力分析，在此基础上，财务顾问应当出具《尽职调查报告》、《偿债能力分析报告》，并提出初步重组方案，提交给债委会，并作为债务重组协议的附件。

（二）法律顾问

法律顾问在整个重组过程中的作用非常重要，不仅要对委托方各项可能采取的行动出具法律意见，对整个重组过程中涉及的法律问题提供法律咨询意见，更重要的是，要负责起草及修改重组过程中的全部法律文件，如债权人协议、债务重组框架协议、债务重组协议等。这些法律文件将债务重组的整个过程和结果以书面的具有法律效力的形式确定下来，是重组顺利有序进行的保障，也是重组成果的体现。此外，法律顾问应当对债务重组方案出具《法律意见书》，作为方案的附件，以保证重组的合法合规性。

律师在债务重组中的具体工作体现在以下方面：

1. 债务重组准备工作

接受委托开展必要的尽职调查，包括对主体资格、法律条件，各当事方的资信以及是否涉讼、存在或有债务等进行调查；协助全面清理负债企业的资产和债务，清查企业所有的债权人、债务性质、债务成因、债务数额、期限、诉讼情况、财产抵押情况、查封保全情况、担保情况等。债务重组的准备工作是债务重组行动的基础。

2. 确定债务重组方案

分析债务重组存在的法律风险，排除法律障碍，确定有关重组行动的合法性；通过对企业的资产负债情况、生产经营状况的分析和企业偿债能力、盈利能力和发展潜力的评估预测，策划债务重组方案，确定重组程序和实施步骤。

3. 实施重组方案

就重组方案实施过程中的法律问题进行解答，并起草有关法律文件，就债务重组提供广泛涉及投资、证券、税务及诉讼等各方面的综合性法律意见；

参加各当事方之间就债务重组进行的谈判，争取为委托人最大限度实现重组目的；参加有关诉讼或仲裁以及执行程序。

4. 后续工作

协调各方法律关系，完善有关授权、审批、登记、备案、通知等手续，解决债务重组过程中产生的纠纷和遗留问题。

（三）审计机构

审计机构主要是负责对重组中企业财务的情况进行审计。会计审计师的主要工作职责是确定被重组企业的财务状况与债务情况，其中包括与控股公司、其附属公司及直接和间接控制联营公司之间的债务情况；复核有关被重组企业的财务资料及现金流量预测。会计审计师在最大程度上体现了前述的中介机构的客观性和权威性。由于企业的财务数据和资料具备一定的唯一性，而合格的会计师具备专业的工作水准、严格的职业操守，因此会计审计师的工作成果能够获得重组中多方的认可，即使是利益有冲突的对手一般也能够承认同一会计师的工作结论。正是由于会计审计师的市场性和权威性，在债务重组中，对于债务人的会计审计工作往往只由一家会计师事务所承担，债务人、债权人和战略投资者都能够采用经其审计的财务数据和结论。审计机构应当在尽职调查的基础上出具《审计报告》，作为债委会及其财务顾问在进行尽职调查、财务测算时采纳的财务数据及资料。

（四）评估机构

在重组过程中可能涉及资产出售、以物抵债等交易，这时就需要聘请独立评估师对被重组企业或其个别部分或资产的价值做出评估。如果被重组企业为上市公司，那么这一步骤显得尤为重要。这一专业机构聘请的价值还体现在债权人内部分配的协调中。例如，对于某些已将部分资产查封、冻结、扣押的债权人来说，如何衡量其在内部分配中的优先值，即被查封、冻结、扣押资产的价值体现如何确定，是目前操作债务重组的难点之一。如能在恰当时机引入具备权威资质的独立资产评估师，为债权人内部分配提供充分的依据，对于这个问题的解决会有很大帮助。独立资产评估师虽然在目前的实际操作中真正运用的并不多见，但是随着债务重组市场的成熟、参与者理性思维的增加，其必要性和重要性将越来越获得人们的关注。

(五) 金融资产管理公司和地方资产管理公司

金融资产管理公司和地方资产管理公司作为具有资质的处置不良资产的专业机构，在处置金融不良资产上拥有专业的团队，也有开展债务重组的经验，还具有资金优势和政府支持背景。充分发挥金融资产管理公司和地方资产管理公司的作用，是做好企业债务重组工作中需要引起高度重视的事情。在《通知》中，还重点强调了鼓励金融资产管理公司、地方资产管理公司积极参与债务重组等相关工作，发挥金融资产管理公司和地方资产管理公司的积极作用。

三、中介机构的委托方

一般来说，债务重组的直接参与主体（即债务人、债权人及战略投资者）均可以聘请中介机构，为各自的利益最大化做出努力。也就是说，债务重组过程中有可能会出现三套完全不同的中介机构团队"各为其主"。当然，一个合格的具备专业资质的中介机构应该将职业道德作为最高的是非标准，尽量本着客观公正的原则执行项目。

在实际操作中，上述多个专业团队并存的现象并不罕见。特别是随着我国资本市场的发展，市场参与者的日趋成熟，聘请专业团队"花小钱省大钱"的观念也越来越为人们所接受。中介机构的介入给整个交易专业性、严谨性的提高带来了极大的帮助。

Chapter *04*

第四章
确定金融债务重组方案

　　确定债务重组方案阶段为重组过程中工作最为繁琐、最为集中的阶段，该阶段的参与主体除监管机构、金融债权机构、债务企业之外，还有各个中介机构，其中主要是财务顾问和法律顾问在该阶段通过大量细致的专业性工作，包括进行尽职调查、偿债能力分析、出具相关法律文件等，构架重组的基本框架，克服可能遇到的种种困难。在该阶段中，如果采取"协议并司法重组"方式，银监会可帮助债委会协调地方政府和管辖法院，使债务重组工作顺利进入破产重整程序。因此，该阶段是整个债务重组的核心阶段，也是保证整个债务重组成功的关键环节。

第一节　金融债务重组方案安排

　　根据《不良金融资产处置尽职指引》（银监发〔2005〕72号），债权重组，包括以物抵债、修改债务条款、资产置换等方式或其组合；根据《公司注册资本登记管理规定》，债权人可以将其依法享有的对在中国境内设立的公司的债权，转为公司股权；根据《企业会计准则第 12 号——债务重组》，债务重组的方式主要包括：以资产清偿债务、将债务转为资本、修改其他债务条件以及以上三种方式的组合等；本书介绍的债务重组方式是目前常用的重组安排。债权金融机构应根据企业的实际风险状况和贷款风险分类情况，在由债委会与债务企业按照市场主导原则进行多轮谈判的基础上，采取有针对性的重组安排措施。

实践中，重组企业的重组安排或重组方式千变万化、多种多样。本书介绍的这几种重组方式主要是从债权金融机构的角度提出的，对债权金融机构来讲，受偿方式主要是收回现金、留存债务、转移债务、以资抵债等；从债务企业的角度讲，重组的方式更多。这四种重组方式主要借鉴了近几年中外运长航、中国二重及中冶纸业等重组案例的成功经验，基本能够体现维护金融机构债权整体利益、挽救企业恢复经营能力的双重目标。债权金融机构应根据企业的困难程度来选择不同的重组方式，如果企业风险较小，仅因营运资金暂时周转困难，可采取调整贷款期限、利率等方式；如果困难企业通过重组发现已不具备重组的价值，就应列入"僵尸"企业，通过破产方式尽快实现市场出清。

关于应对银行坏账问题，在 2016 年的"两会"上，全国政协委员、前东方资产管理公司总裁梅兴保向媒体记者表示，应当吸取 20 世纪末 21 世纪初企业改革和国有银行改革经验，利用好三个"杀手锏"，即债转股、核销呆坏账、主辅分离，其中，债转股很值得研究。可以看出，委员的建议，预示着当前形势的严峻性，预计会出现大量的不良资产，需要集中处理，意味着很多困难企业很有可能会转化为"僵尸"企业，所以，债务重组工作和不良资产处置工作任重而道远。现对上述金融债权重组的方式简要介绍如下。

一、以现金清偿债务

也许有人会问，企业都还不起钱了，怎么还会有"现金受偿"的安排呢？一个企业出现债务问题不是一朝一夕的事情，参与债务重组的企业起初都是好企业，都是金融机构积极营销支持的优质企业，企业出现财务困难，必然有自身经营管理不善的因素，所以企业自身必须拿出诚意和行动。现金受偿就是诚意和实际行动的体现，企业可以通过处置资产、引入战略投资者和新的融资来获得现金，除处置资产外，如是国有企业，可向国资部门申请专项资金予以支持，如是民营企业，可以通过引入战略投资者吸引资金。特别是在处理债券、理财融资等特殊金融债务时，由于这些债务存在刚性兑付的隐性要求，只能通过现金清偿的方式进行清偿。

当然，并不是所有参与重组的企业都要求有现金受偿的方式，如企业经过努力仍无力偿还现金，或者偿还现金会导致重组失败，债权金融机构可按照实事求是的原则灵活掌握。

此种重组模式下，债务人通常以低于债务账面价值的现金清偿债务。一般来说，金融资产管理公司直接进行债务追偿，都需要或多或少地实施债务减免，因此从本质上来说这也是一种债务重组。

二、调整债务结构

调整债务结构或保留债务，就是修改债权债务条款，如减少债务本金、减少债务利息、延长偿债期限等，是最常用的债务重组方式。债权银行首先要通过第三方中介机构或者内部尽职调查，充分评估企业的资产状况、财务状况、经营情况，测算债务企业的偿债能力，如果确定债务企业可以正常偿还利息，或者虽然债务企业不能按时支付利息，但担保人确保可以支付利息，都可以认定为能够按时支付利息。对于保留债务的额度，可根据中介机构的测算结果，由债权金融机构酌情压降，但贷款担保方式不能弱化，这也是债权金融机构保留债务的底线条件。债权银行还可以根据企业的风险情况，要求企业追加有效担保。

三、转移债务

实践中，金融债权重组方式还包括债权人按照其与债务人达成的协议部分或全部变更债务人的情形。

金融债权的债务人大部分为企业，同时，债务人通常是企业集团或者是企业集团下属子公司。这种债务重组的一种常见的实现方式是：债务人（多为企业）的控股股东（当地国资委）在地方政府的支持下，以下属其他企业的优质股权置换债权人所持债权，从而为原债务人解困。对于资产管理公司而言，这种方式往往比通过债转股获得债务人本身的股权更为有利。此种方式可以实现提高不良债权价值、提高不良资产回收率的目的。

在债务企业无能力承接债务的情况下，可以采取债务转移的方式，由偿债能力和偿债意愿更强的企业承接原有债务，该承接企业一般应为优质企业，可以是债务企业的股东、债务企业的关联企业、债务企业的上下游企业，也可以是计划兼并重组债务企业的企业，最好的结果是承接人不但可以承接债务企业的债务，更能够与承接人所从事的业务形成优势互补，彻底改变债务企业的经营困境。承接人应该符合银行贷款的必要条件，可以就承接债务的金额、期限、利率与债权金融机构进行协商。

四、以资抵债

以资抵债，是指用债务企业、担保人或第三人的实物资产或财产权利（含股权）抵偿金融机构债权的行为，即以现金以外的其他资产抵偿债务。金融企业（债权人）取得的债务人用于抵偿债务的资产主要有：存货、固定资产、无形资产、股权投资等，取得的非现金资产可能是单一资产，也可能是多种资产。

根据《银行抵债资产管理办法》（财金〔2005〕53号），抵债资产是指银行依法行使债权或担保物权而受偿于债务人、担保人或第三人的实物资产或财产权利。以物抵债是指银行的债权到期，但债务人无法用货币资金偿还债务，或债权虽未到期，但债务人已出现严重经营问题或其他足以严重影响债务人按时足额用货币资金偿还债务，或当债务人完全丧失清偿能力时，担保人也无力以货币资金代为偿还债务，经银行与债务人、担保人或第三人协商同意，或经人民法院、仲裁机构依法裁决，债务人、担保人或第三人以实物资产或财产权利作价抵偿银行债权的行为。

此种模式往往可以使债权人获得具有较高的现时或潜在价值的优质股权或物权资产，如能依照程序合法合规地运作，且方法得当、操作顺畅，那么最终处置变现的收益将可能优于直接回收现金。

（一）以资抵债的适用范围

采取以资抵债的企业，一般是经营陷入困境，生产难以为继的企业，这类企业一般已经形成了不良资产，在当前的经济形势下，金融机构接受抵债和处分抵债资产都是不得已而为之的行为，所以，债权金融机构要审慎采取以资抵债方式的重组安排来处理不良资产。另外，银行在抵债资产或变现抵债资产过程中，均需承担土地增值税、契税、印花税、房产税、土地出让金、交易综合服务费等相关税费，存在双重征收税费的问题，给金融机构在处置不良资产中增加了巨大的税务负担。实际操作中，全国地方房管部门对于法院裁定抵债认可程度较高，同意办理过户手续。但是对于协议抵债，部分地方在办理过户时存在困难，影响了金融机构采取以资抵债方式的积极性。

（二）银行抵债资产管理的特殊规定

根据《银行抵债资产管理办法》，财政部对于银行抵债资产的收取、保管、处置规定如下：

1. 抵债资产的确定

根据《银行抵债资产管理办法》第九条的规定，"银行要根据债务人、担保人或第三人可受偿资产的实际情况，优先选择产权明晰、权证齐全、具有独立使用功能、易于保管及变现的资产作为抵债资产"。第十条规定，"下列财产一般不得用于抵偿债务：（一）法律规定的禁止流通物；（二）抵债资产欠缴和应缴的各种税收和费用已经接近、等于或者高于该资产价值的；（三）权属不明或有争议的资产；（四）伪劣、变质、残损或储存、保管期限很短的资产；（五）资产已抵押或质押给第三人，且抵押或质押价值没有剩余的；（六）依法被查封、扣押、监管或者依法被以其他形式限制转让的资产（银行有优先受偿权的资产除外）；（七）公益性质的生活设施、教育设施、医疗卫生设施等；（八）法律禁止转让和转让成本高的集体所有土地使用权；（九）已确定要被征用的土地使用权；（十）其他无法变现的资产"。第十一条规定，"划拨的土地使用权原则上不能单独用于抵偿债务，如以该类土地上的房屋抵债的，房屋占用范围内的划拨土地使用权应当一并用于抵偿债务，但应首先取得获有审批权限的人民政府或土地行政管理部门的批准，并在确定抵债金额时扣除按照规定应补交的土地出让金及相关税费。"

对于以资抵债中抵债资产的界定，应当在符合民法通则、物权法、《银行抵债资产管理办法》的规定的基础上，由金融机构自行制定抵债资产管理书确定，但应当是债务人所有或者债务人依法享有处分权、并且具有较强流通变现能力的财产。

2. 抵债资产的保管

(1) 银行要按照有利于抵债资产经营管理和保管的原则，确定抵债资产经营管理主责任人，指定保管责任人，并明确各自的职责。

(2) 银行在办理抵债资产接收后应根据抵债资产的类别（包括不动产、动产和权利等）、特点等决定采取上收保管、就地保管、委托保管等方式。

(3) 在抵债资产的收取直至处置期间，银行应妥善保管抵债资产，对抵债资产要建立定期检查、账实核对制度。

3. 抵债资产的处置

(1) 抵债资产的变现期限。抵债资产收取后应尽快处置变现。以抵债协议书生效日，或法院、仲裁机构裁决抵债的终结裁决书生效日，为抵债资产取得日，不动产和股权应自取得日起两年内予以处置；除股权外的其他权利应在其有效期内尽快处置，最长不得超过自取得日起的两年；动产应自取得日起一年内予以处置。

(2) 抵债资产的处置方式。抵债资产原则上应采用保留底价公开拍卖方式进行处置。不适合拍卖的，可根据资产的实际情况，采用协议处置、招标处置、打包出售、委托销售等方式变现。

(3) 抵债资产收取后原则上不能对外出租。因受客观条件限制，在规定时间内确实无法处置的抵债资产，为避免资产闲置造成更大损失，在租赁关系的确立不影响资产处置的情况下，可在处置时限内暂时出租。

(4) 银行不得擅自使用抵债资产。确因经营管理需要将抵债资产转为自用的，视同新购固定资产办理相应的固定资产购建审批手续。

(三) 以股抵债的特殊处理

1. 以股抵债的合法性分析

本书所称"以资抵债"包括"以股抵债"。对于以股抵债的合法性，正如吴晓灵在《用市场化思维和手段去杠杆——兼谈对债转股手段的运用》一文中所指出的，"商业银行法不允许银行投资非金融企业和持有非自用不动产，但并不禁止银行被动地持有非金融企业股权"。

《中华人民共和国商业银行法》第四十二条规定，"借款人到期不归还担保贷款的，商业银行依法享有要求保证人归还贷款本金和利息或者就担保物优先受偿的权利。商业银行因行使抵押权、质权而取得的不动产或者股权，应当自取得之日起两年内予以处分。借款人到期不归还信用贷款的，应当按照合同约定承担责任"。

该条款明确了抵质押贷款、信用贷款的处理方式。明确了有股权质押的贷款可以将贷款转换为股权，但法律要求必须在两年内处置完毕。对于信用贷款，如借款人在合同中约定，到期不归还贷款，承担支付违约金和赔偿损失责任的，则依据合同的约定承担支付违约金和赔偿损失的责任。言外之意，信用贷款是不能转换为股权的。

《中华人民共和国商业银行法》第四十三条规定，"商业银行在中华人民共和国境内不得从事信托投资和证券经营业务，不得向非自用不动产投资或者向非银行金融机构和企业投资，但国家另有规定的除外"。

掌握该条款规定应注意把握两点：一是该条款规定的商业银行不得从事的投资业务，指的是在中华人民共和国境内。在中华人民共和国境外，商业银行能否从事信托投资和证券经营业务，能否向非自用不动产投资或者向非银行金融机构和企业投资，该条款未加以限制。二是在中华人民共和国境内，商业银行能否从事信托投资和证券经营业务，能否向非自用不动产投资或者向非银行金融机构和企业投资，要依据国家的规定。这里的"国家"规定，包括法律、行政法规的规定，也包括国务院做出的具体决定和国务院的批准行为。

因此，我们认为，商业银行法的立法本意并非绝对禁止被动持股行为。特别是银行"被逼无奈"且债务人企业经营前景良好的情况下，基于"法无禁止即可为"的原则，银行可以尝试对债务企业持股。

根据财政部2005年印发的《银行抵债资产管理办法》，抵债资产是指银行依法行使债权或担保物权而受偿于债务人、担保人或第三人的实物资产或财产权利；以物抵债是指银行的债权到期，但债务人无法用货币资金偿还债务，或债权虽未到期，但债务人已出现严重经营问题或其他足以严重影响债务人按时足额用货币资金偿还债务，或当债务人完全丧失清偿能力时，担保人也无力以货币资金代为偿还债务，经银行与债务人、担保人或第三人协商同意，或经人民法院、仲裁机构依法裁决，债务人、担保人或第三人以实物资产或财产权利作价抵偿银行债权的行为。

所以，"以股抵债"中的股权是指因行使质权而取得的股权，商业银行持有企业股权资产，抵偿银行债权的行为符合我国法律、法规、规章的规定。

2. 以股抵债与债转股的区别

本书所说的"以股抵债"是指债务企业股东或者第三方以其存量股权抵偿债务企业债务的行为，需要原股东将股权让渡给债权金融机构，属于银行被动持股的行为。而"债转股"，我们理解是债务企业的债权直接变更为债务企业或者第三方的新增股权，不需要原股东让渡股权，属于银行主动持股的行为。两者存在以下几个方面的区别：

一是股权的性质不同。以股抵债的股是企业现有存量股，而债转股的股是企业新发行的增量股。

二是对企业的经营压力不同。每股的价值是靠经营收入和利润来体现的，如果股权数量增加必然会对企业经营收入提出更高的要求。所以，以股抵债后，总股本没有增加，企业的经营压力小；债转股后，总股本增加，企业的经营压力较大。

三是计提的风险资本权重不同。金融机构被动持有的对工商企业的股权投资的风险权重是 400%；而金融机构对工商企业的其他股权投资的风险权重是 1 250%。

3. 以股抵债的国际经验

国际货币基金组织（IMF）第一副总裁戴维·利普顿指出，在一些国家，债务—股权转换发挥了一定的作用。将债务转成股权，使企业的财务结构去杠杆化，银行的债权得到相应的重新调整。但只有当满足以下两个条件时，这种方法才有效。首先，银行需要能够主张债权人权利并进行分类，区分需要重组或关闭的没有生存能力的企业，否则，新的股权将没有价值。其次，银行需要具备能力管理其股权并维护股东权利，或者有能力将股权出售给能够维护权利的投资者。

在一些国家，这些还不可能做到。更广泛地说，银行没有动力去维护其作为债权人的权利并对重组施压，原因可能是互相持股、利益冲突，也可能是政治因素。在这种情况下，政府不得不介入，并迅速采取行动。在某些情况下（例如在印度尼西亚），情况已经恶化到了银行自身不得不进入重组程序，需要谋求资本重组的地步。

4. 以股抵债后控股股东地位的确定

债务企业实施以股抵债后，不可避免地会对控股股东持有的股权比例产生影响。本书认为，以股抵债后，债务企业的控股股东地位可由抵债前的控股股东、债务企业、债权金融机构共同协商，之所以这样安排，主要是出于重组企业的情况差异较大，情况复杂，一切为了挽救危机企业的考虑。我们认为，一般情况下，在以股抵债后，应保证原大股东的控股地位不变，维持企业管理层的稳定和持续性，但其所占股份比例可以减少，原大股东不能要求保留其绝对控股的地位（即控股51％以上）。如果债权金融机构认为，原控股股东在重组过程中缺乏诚意，信誉较差，对困难企业的支持措施不够，难以挽救困难企业，不能保证困难企业的健康可持续发展，债权金融机构可以直接成为大股东，也可以另找战略投资者或者收购方，对该企业进行兼并重组，要求原控股股东让渡所持有的股份。

5. 以股抵债后对股权的处置和股东权利的行使

国际货币基金组织（IMF）第一副总裁戴维·利普顿指出，债权变股权后，银行需要具备能力管理其股权并维护股东权利。《中华人民共和国商业银行法》规定，以股抵债后，债权金融机构应依法在两年内处置股权。所以，股权持有期间，债权金融机构应依法行使相应的股东权利。

一是要求金融机构依法行使处置权。《中华人民共和国商业银行法》第四十二条规定，"借款人应当按期归还贷款的本金和利息。借款人到期不归还担保贷款的，商业银行依法享有要求保证人归还贷款本金和利息或者就该担保物优先受偿的权利。商业银行因行使抵押权、质权而取得的不动产或者股权，应当自取得之日起两年内予以处分"；《银行抵债资产管理书》第十八条规定，"抵债资产收取后应尽快处置变现。以抵债协议书生效日，或法院、仲裁机构裁决抵债的终结裁决书生效日，为抵债资产取得日，不动产和股权应自取得日起两年内予以处置"。实际上，由于种种因素影响，商业银行存在诸多两年内未处置完股权的情况，因此，本书认为，以股抵债后，债权金融机构应依法在两年内处置股权。但在债务重组实践中，出于客观原因，银行在两年内难以处置股权的，应当允许银行根据实际情况做出妥善处理，但应该及时向银行业监管机构报告。

二是要求金融机构主动行使股东权利。根据公司法的规定，股东主要享有以下股东权利：股东身份权、参与决策权、选择和监督管理者权、资产收益权、退股权、知情权、优先受让和认购新股权；此外，股东还享有《公司章程》以及公司规章制度规定的权利。银行债权转为股权后，银行的身份由债权人变更为股东，身份的变化，意味着其权利义务也要相应地发生变化，主要债权金融机构和债委会在重组执行期间，要认真研究企业的公司章程、董事会制度、股权权益行使等，确保债权金融机构的权益得到保障。

吴晓灵在《用市场化思维和手段去杠杆——兼谈对债转股手段的运用》一文中讲到，债转股无论属于哪种情况，对于被处置企业而言都不是免费的午餐，都是以出让控制权为代价换取重生或平稳的市场退出。同时讲到，对标的企业进行股权投资同时归还银行贷款，一是能缓解企业的当期财务负担；二是能由银行和投资基金对标的企业的治理结构、经营管理进行优化，产能进行整合，从而提升企业的发展能力和市场价值。[1]

所以，债权金融机构成为股东后，应认真研究股东权利行使的问题。本书建议金融机构股东除不直接参与经营业务外，其他事项均应参与并享有相应表决权，其他事项包括但不限于重大人事变动、资产转让、信贷资金使用范围等重大事项，金融机构对这些事项要享有一票否决权。同时，建议金融机构成立专业部门或者通过组建的债委会认真研究股东权行使问题。

五、可转债

可转换债券（convertible bond，简称可转债）是债券的一种，指持有者可以在一定时期内按一定比例或价格将之转换成一定数量的另一种证券的债券。在中钢集团债务重组中，采取了留债和可转债两种重组方式，现以中钢集团债务重组案例为例对可转债的相关情况进行介绍。

（一）划分可转债的范围

在中钢集团债务重组中，首先根据债务企业生产经营状况、债务是否设置有担保事项等，确定债务中的留债范围，对于债权总额中除去留债的部分，可以通过发行记名可转债进行承接。

将中钢集团资产进行区分，成立中钢控股平台公司，将中钢优质资产装入平台公司。在中钢股份下设立中钢控股作为平台公司，作为发行可转债及承接留债的平台，由于是新成立的公司，因此不存在历史遗留问题，平台公

---

[1] 吴晓灵. 用市场化思维和手段去杠杆——兼谈对债转股手段的运用，来源于中国经济。

司的债权人及股东权利能得到更好的保障；通过股权无偿划拨或转让的方式将保留的公司股权全部转至中钢控股持有，其中也包含现有的两家上市公司。

（二）可转债的发行

根据中钢集团债务重组方案，中钢控股于债务重组方案获得相关政府部门批复之日向各债委会成员发行记名可转债；各债委会成员以其对中钢的债权向中钢控股认购记名可转债，具体认购主体由各债委会成员总行或指定分行进行认购；完成认购后，中钢原债务人单位计息负债金额减少，变为控股平台层面的可转债。可转债在银行内部不再以贷款核算；可转债发行后，同时以中钢集团所有尚未抵质押的资产（主要包括房屋土地、大型机器设备、各级公司股权等）对可转债提供抵质押担保。

（三）可转债转股

根据中钢集团债务重组方案，可转债在达到一定年限后，可转债持有人根据相关指标决定是否转股；根据指标完成情况，可转债持有人通过投票决定是否转股，后几年每年转股时均由可转债持有人根据上述指标完成情况投票决定是否转股。

可转债转股价格根据转股时中钢控股合并层面的企业价值确定，如根据合并层面的净利润及同行业的市盈率计算，可转债持有人以其转股金额及转股价格确定其持股比例，同股同权。

完成转股后，仍保持中钢股份单一大股东地位，控股权保持不变。

（四）可转债的退出

根据中钢集团债务重组方案，可转债转股后银行股东可通过以下方式实现退出：若中钢控股整体上市，银行股东可通过资本市场变现实现股权退出；中钢控股下属上市公司中钢国际工程及中钢天源通过自身发展实现市值增大，中钢控股转让上述两家公司的部分股权获得股权处置款，用于对债委会成员所持有的中钢控股股权进行回购及注销；中钢控股下属的其他业绩优良的公司实现上市，中钢控股变现所持有的上市公司股权，用于对债委会成员所持有的中钢控股股权进行回购及注销；银行股东可将其持有的中钢控股股权转让给投资人（如资产管理公司）实现退出。

六、特殊债务重组方式——对"债权转股权"的探讨

债权转股权是债务重组中一种特殊的重要方式，应当依法进行。当前经济形势下行压力较大，国家有关部门对金融债权转股权（即"债转股"）的呼声较高，媒体关注度高。有鉴于此，现将债转股的历史、国外经验及新形势下的债转股形势分析介绍如下。

（一）债转股的发展历程

早在 1999 年，国家经贸委、中国人民银行发布的《国家经贸委、中国人民银行关于实施债权转股权若干问题的意见》以及 2000 年国务院发布的《金融资产管理公司条例》就对政策性债转股进行了详细约定，政策性债转股，即由国家经济贸易委员会向金融资产管理公司推荐，金融资产管理公司对被推荐的企业进行独立评审，制定企业债权转股权的方案并与企业签订债权转股权协议。

我国 1999 年实施的第一次债转股，是由政府主导，基于银行不良贷款率和国企负债大幅上升等背景，四大银行把不良资产剥离给 AMC，AMC 对国企实施债转股。

2011 年 11 月 23 日，国家工商行政管理总局发布《公司债权转股权登记管理办法》，这标志着我国政策性债转股向商业性债转股的转化。其中指出，"债权转股权，是指债权人以其依法享有的对在中国境内设立的有限责任公司或者股份有限公司的债权，转为公司股权，增加公司注册资本的行为"。但该文件已经被《公司注册资本登记管理规定》废止。

根据《公司注册资本登记管理规定》，"债权人可以将其依法享有的对在中国境内设立的公司的债权，转为公司股权。转为公司股权的债权应当符合下列情形之一：（一）债权人已经履行债权所对应的合同义务，且不违反法律、行政法规、国务院决定或者公司章程的禁止性规定；（二）经人民法院生效裁判或者仲裁机构裁决确认；（三）公司破产重整或者和解期间，列入经人民法院批准的重整计划或者裁定认可的和解协议。用以转为公司股权的债权有两个以上债权人的，债权人对债权应当已经作出分割。债权转为公司股权的，公司应当增加注册资本"。在金融债权重组中，主要涉及商业性债转股

问题。

(二）金融资产管理公司实施债转股的规定及实践中的问题

《金融资产管理公司条例》、《国家经贸委、中国人民银行关于实施债权转股权若干问题的意见》对金融资产管理公司债权转股权规定如下：（1）金融资产管理公司持有的股权，不受本公司净资产额或者注册资本的比例限制；（2）实施债权转股权的企业，应当按照现代企业制度的要求，转换经营机制，建立规范的公司法人治理结构，加强企业管理。有关地方人民政府应当帮助企业减员增效、下岗分流，分离企业办社会的职能；（3）金融资产管理公司的债权转股权后，作为企业的股东，可以派员参加企业董事会、监事会，依法行使股东权利；（4）企业实施债权转股权后，应当按照国家有关规定办理企业产权变更等有关登记；（5）金融资产管理公司股权的退出：金融资产管理公司持有的股权，可按有关规定向境内外投资者转让，也可由债权转股权企业依法回购；符合上市条件的企业，可以上市。

我国自 1999 年实施债转股以来，成功地对 580 户企业实施了债转股，涉及金额达 4 050 亿元，约占不良资产处置总规模的 30%。商业银行不良贷款率大幅降低，资产质量显著提升，有效解决了银行剥离的国企坏账问题；转股后国企资产负债率大幅降低，极大地缓解了企业的财务困境，推动了企业改制及发展的进程，实现了股权结构多元化，并促进了传统行业的产能优化，也为一些企业的后续发展（包括改制上市）创造了条件。例如一汽、二汽、宝钢、鞍钢、武钢、首钢、西飞、西南铝、长安汽车等不少重点企业当年都进行过债转股。与此同时，长期而言，债转股也暴露出一些不足，主要表现在以下几个方面：

1. 未能解决企业发展的核心问题

企业之所以会陷入债务危机，很大程度上是经营绩效低下导致的。1999年实施债转股后，企业利润与固定资产投资比率曾一度大幅提升，但此后又呈现下滑的趋势，表明债转股并未与企业经营实现有效衔接，并没有有效改善企业的经营能力，长此以往，必然导致再次爆发债务危机。而之所以 2002年后债转股企业未再次陷入高负债的困境，主要原因在于地产周期进入上升期。强劲的需求增长暂时掩盖了企业不佳的盈利能力，而目前地产周期已进入回落期，债务危机再次凸显也就不难解释了。

2. AMC 股东权利的限制

1999 年四大资产管理公司陆续成立，从商业银行手中接入不良资产后，按照国家经贸委推荐的债转股企业名单，同企业谈判再确定具体转股方案。但 AMC 持有的企业股权并非完全意义上的股东权利，资产管理公司仅参与企业的重大决策，不参与企业的正常生产经营活动。一方面，在大规模实施债转股的背景下，AMC 不可能参与每个企业的正常生产经营；另一方面，股权所有者既放弃了债权人的权利，又无法真正享有股东的权利，在改善企业法人治理机制、提高经营管理水平方面也难以发挥应有的作用。加之信息不对称，AMC 难以有效对持股企业进行监督和管理。

3. AMC 股权退出难

根据债转股的规定，资产管理公司还是"阶段性"股东，即成立时设定的存续期是 10 年，意味着 10 年内需完成转股和退出的全过程。AMC 债转股的退出方式有：向境内外投资者转让、由债权转股权企业依法回购、重组上市等方式。

但从实践来看，AMC 持有股权的退出却面临极大的困境。首先，股权退出机制受到诸多限制。目前我国资本市场并不完善，对企业股权转让、股票上市等均具有种种限制，加之转股对象的国有属性，AMC 的退出遇到了较大的障碍，目前仍由诸多 AMC 大量持有当年债转股的企业股权。以华融资产公司为例，1999 年债转股企业达 281 家，账面价值为 172.56 亿元，截至 2015 年 6 月末，华融仍持有其中的 196 家，占比高达近 70%。

（三）新一轮债转股的开展

在近年的企业债务重组实践中，债转股的方式被广泛采用。

国务院总理李克强在十二届全国人大四次会议上表示："要坚定不移地发展多层次的资本市场，而且也可以通过市场化债转股的方式来逐步降低企业的杠杆率"。同日，银监会主席尚福林表示："债转股工作目前正在研究，还需要进行一系列制度设计、政策准备才能推开"。虽然政策还未出台，但为解决债务问题，一些困难企业开始尝试推出债转股。债转股作为企业债务重组的一种重要方式，再次进入公众视野。对于债转股，参考原中国工商银行行长杨凯生《关于"债转股"的几点思考》，本书认为必须关注以下几点。

1. 正确认识债转股

对债务企业而言，不能简单地以为债转股可以降低自己的杠杆率，债转股后的最大好处就是无债一身轻，可以不必再支付贷款利息。其实股本融资应该是一种比债务融资成本更高的融资方式，股本不仅是需要回报的，而且其回报率（股权分红率）理应比借贷利率更高（否则是吸引不到投资者的）。同时，债务人还应该认识到，在引入新的股权所有者尤其是控股股东之后，按照规范的法人治理机制要求，企业的重大事项决策权就应该交付给新的"老板"了。这并不是一件简单的事情，也不会是一件令人"愉快"的事情。

同样，对债权人而言，债转股意味着放弃了原有的债权固定收益（利息），放弃了对原有债权抵押担保的追索权，而由此换得的股本收益权能否真正得以保证，很大程度上取决于债转股后企业的经营管理状况能否有根本的改善，自己的股东权利能否确保落实。如果把握不当，很有可能陷入既不是债权人，又不像股权持有人的尴尬境地。应该看到，这中间存在一系列不确定因素。

因此，债权金融机构、债务企业都应该认识到这是一种不得已而为之的做法，所以各方对此都应该持谨慎的态度。

2. 谨慎选择实施债转股企业

1999 年实施的债转股，要求按照高标准、严要求的精神，对选择债权转股权企业的范围和条件进行了限制，强调了债转股企业应该是产品质量符合要求，具有市场竞争力，管理水平、技术水平较为先进的，管理机制较为完善，符合现代企业制度的要求，只是由于负债率较高而要设法降低其杠杆率的企业。虽然上述要求在实践中并未严格执行，但对于债转股的实施起到了一定的作用，避免了大规模盲目实施债转股带来的弊端。

同样，在新的一轮债转股实施过程中，对债务重组企业的选择十分重要，并非所有重组企业都可以适用债转股的方式。我们认为，应当结合行业政策及企业的实际情况，对企业的各种因素进行综合考量，并结合财务、资产、法律等专业机构意见做出判断。有两类企业可以考虑作为选择对象：一是国家支持、保护的行业中涉及国计民生的骨干企业，二是一些虽然负债率较高，但仍有发展潜力的企业。当然，这需要对企业进行详细的评估和论证。

3. 谨防债转股的道德风险

债转股行为不可避免面临极大的道德风险。中央汇金投资有限责任公司副董事长李剑阁曾撰文指出，在 20 世纪 90 年代末的债转股过程中，主要暴露出以下几个方面的道德风险：债务人认为债转股是"免费午餐"；对于该破产的企业不坚决破产，而是"仁慈地"实施债转股，拖了几年后还是不得不实施破产，使得国家资产受到更大的损失。还有，"一些本来可以正常还本付息的企业，在看到债转股的企业可以免除利息负担后，也故意选择拖欠利息，在全社会范围内形成赖帐文化；企业整改和重组力度不够，让步过多，蓄意把包袱转给财政，低价转让股权给私人投资者，等等"。财经评论员皮海洲撰文指出，债转股作为一种风险转移的方式，有可能让公众投资者成为最终的买单人。对于 A 股市场来说，不良企业可能通过债转股对公众投资者利益构成损害。他提醒，这是 A 股市场的监管者对于债转股必须重点关注的一个问题。

4. 实施债转股的前提

国际货币基金组织（IMF）第一副总裁戴维·利普顿在北京大学汇丰商学院举办的 2016 年中国留美经济学年年会发表的题为"中国再平衡——企业债务方面的国际经验"的演讲中谈及债转股时指出，"在一些国家，债务－股权转换发挥了一定的作用。通过将债务转成股权，使企业的财务结构去杠杆化，银行的债权得到相应的重新调整。但只有当满足两个条件时，这种方法才有效。首先，银行需要能够主张债权人权利并进行分类，区分需要重组或关闭的没有生存能力的企业，否则，新的股权将没有价值。其次，银行需要具备能力管理其股权并维护股东权利，或者有能力将股权出售给能够维护权利的投资者"。

对上述观点本书深表赞同。首先，银行业金融机构作为债权人，应当对债务重组有足够的话语权，否则便难以实现重组的目的；其次，实施债转股后，如果银行不能有效行使股东权利，参与公司治理，最终结果非但不能拯救企业，还可能导致由国家来承担损失的局面。

（四）对新一轮债转股的思考

1. 坚持法治化原则

在现行法律制度框架下，《中华人民共和国商业银行法》第四十三条规定，"商业银行在中华人民共和国境内不得从事信托投资和证券经营业务，不得向非自用不动产投资或者向非银行金融机构和企业投资，但国家另有规定的除外"，因此，银行一般不得直接持有非金融企业股权。本书建议，要实施债转股，应由大型银行、股份制银行等出资组建一家金融资产管理公司，由金融资产管理公司按照市场化原则收购涉及债转股企业的债权，再将银行债权依照法律规定和公平原则转成对债务企业的股权。金融资产管理公司依法行使股东权利，参与企业管理，享受股东权益，并根据实际情况适时退出。建议这个特殊的金融资产管理公司区别于其他四大金融资产管理公司和地方资产管理公司，不再经营其他业务，专司债转股企业股权的管理和运营。当然，也可以由现有的金融资产管理公司和地方资产管理公司来实施债转股。

2. 市场化原则

1999 年，基于国家政策性债转股的环境，AMC 剥离 1.4 万亿元不良资产采用的是账面价值收购方式。但国务院总理李克强称此次债转股将采用市场化办法，这意味着贷款收购价格将随行就市。

市场化原则可以按照以下四个方面掌握：一是组建金融资产管理公司，按照法律规定和市场化原则，由大型银行、股份制银行自愿出资或者鼓励现有金融资产管理公司和地方资产管理公司参与债转股；二是资产管理公司收购债转股企业的债权，按照市场化方法和市场化价格进行；三是资产管理公司将债权转股权，按照市场化公平原则，测算企业股本的公允价值，股本或者股份的价格以市场流通价格为基本依据，同时充分考虑到每股净资产价值和原始股本价值，对于很多连年亏损的债转股企业来说，由于其净资产值低于股本价值，因此在市场价值和原始股本价值之间找到一个平衡点，是明智和现实的；四是资产管理公司债转股后，按照市场化价格实现退出。

3. 转股股东依公司法行使股东权利

在我国 1999 年实施的债转股中，由 AMC 实施债转股，但 AMC 并不能实质参与企业经营管理，这是对债权人利益的损害，也在一定程度上违背了市场化原则。

本次实施的债转股，如果债权机构能够参与企业日常经营管理，行使股东权利，弥补其公司治理方面的重大缺陷，则是对企业公司治理的改善。遇到专业性的问题，还可以引进其他股东，尤其是借助自身的众多企业资源，引进产业领域的其他股东，形成"多元债转股"。银行在前期谈判中就可确定自己的权责。所以，从这一个角度说，债转股为企业改革提供了契机，可与国企改革、供给侧改革结合推进。

4. 关注重点行业、重点企业及涉及国计民生的主要领域

本次债转股或以降杠杆为目标，坚持供给侧改革，不为"僵尸"企业买单。1999 年进行债转股时，剥离的不良贷款集中在基础设施建设行业，主要是煤炭、化工、石化、冶金、机械等。与 1999 年兜底企业不良债务不同，本次债转股在供给侧改革的大背景下，降杠杆要坚持转型与化解过剩产能的目标。截至 2014 年底，中国经济整体负债总额为 150.03 万亿元，占 GDP 的 235.7%，较 2008 年增长 51%，其中实体部门债务为 138.33 万亿元，占 GDP 的 217.3%，非金融企业杠杆率偏高，去杠杆成为供给侧改革大背景下的重要任务。本轮债转股更强调依靠优胜劣汰，加速市场出清，因此，其扶持的重点是重点行业、重点企业及涉及国计民生的主要领域，这些企业虽出现暂时困难，但长期潜力看好，其贷款在银行报表上多反映为关注类或正常类，而对应银行不良贷款的"僵尸"企业则与债转股无缘。就整个产业结构来看，也应该避免盲目对"僵尸"企业进行债转股。

七、综合运用债务重组的方法

实际中，债务重组可以综合运用各种措施和方法，如当前市场反映强烈的中国铁路物资（集团）总公司（以下简称中国铁物）的债务问题，就可以综合运用债务重组的各种方法帮助其走出困境：

债务重组总体思路是"现金偿还一部分、以股抵债一部分、留债展期一部分、股东支持一部分"。①中国铁物拟将部分优质土地资产打包，通过引进土地开发基金或组建平台公司运用方式，用募集资金或提前实现未来收益，用现金偿还部分金融债务。②中国铁物拟拿出持有的中国铁路物资股份有限公司部分股权，经过市场估值，以股抵债一部分，国资委无偿划转有关央企上市公司控股权，中国铁物将股份公司优质资产注入上市公司，为金融债权人通过资本市场提供退出通道。③剩余债务留债展期，同时需要各金融债权人给予利率优惠，中国铁物用未来恢复授信和经营盈利偿还。④国资委通过国有资本金预算、划入优质业务资产方式，对企业实施资本注入。同时，通过资本运作引入战略投资者和实现上市融资，实现股权结构多元化，补充实收资本。

中国铁物将紧紧围绕铁路核心业务，加强与中国铁路总公司的合作，深化内部改革，加强内部业务重组；加快困难企业出清，实施减员分流；强化

清欠清收，加快资金回笼；优化业务模式，加大市场开拓力度，增强核心业务盈利能力，使中国铁物生产经营步入健康发展的轨道。按照中央关于实体经济"去杠杆"与探索困难企业市场化债务重组的精神，以保障债权人本金不受损失为前提，由债务人与债权人按照市场化原则进行平等协商，以时间换空间，帮助中国铁物减轻债务负担，实现各方共赢。

第二节　开展尽职调查

　　企业金融债务重组是一项复杂的、系统化的工程，成功与否取决于众多因素，其中债权金融机构是否对债务人具有准确的认识是决定性因素之一。因此，债权金融机构必须对债务人进行必要的调查，对债务企业有充分、全面的了解。不仅如此，一旦进入债务重组程序，债务企业、战略投资人、财务投资人均有必要对债务企业开展尽职调查。本书将主要从债权金融机构的角度介绍对债务企业的尽职调查情况。

一、开展尽职调查的主体

　　开展尽职调查需要各个行业的专业知识作为支撑，因此，尽职调查工作通常由债权金融机构组成的债委会委托中介机构完成，开展尽职调查的中介机构通常主要包括财务顾问、律师事务所、会计师事务所、资产评估公司等，此外，视项目具体情况还可能委托环境评估机构、技术评估机构等。

　　在企业金融债务重组过程中，财务顾问承担尽职调查的主要职能，但仍需要根据项目情况，聘请其他中介机构，尤其是取得律师和审计师的配合，统一协调组织工作。

　　财务尽职调查即由财务专业人员针对目标企业开展尽职调查，财务尽职调查是尽职调查工作中的核心，因此，其尽职调查范围较为广泛，主要针对公司基本情况、营运情况、财务状况、债务情况等展开调查。律师主要针对债务企业的主体资格、经营管理的合法性、资产、债权债务等可能存在的法律风险开展尽职调查。审计师主要针对企业财务状况开展尽职调查。实际上，根据不同的需要，会计审计师、律师都有可能会被要求进行现场尽职调查。会计师和律师的调查要求较为细致，通常都会要求企业提供各种原始凭证、合同原件等，如会计原始凭证、试算表、各类明细表、土地使用权证书原件、诉讼合同原件等。

下文将主要从财务顾问协调组织开展尽职调查的视角，对尽职调查流程进行介绍。

二、开展尽职调查的流程

从向公司提交《尽职调查清单》到最终出具《尽职调查报告》，财务顾问开展尽职调查是一个漫长而费力的过程，尽职调查的工作流程主要包括以下几个方面。

(一) 尽职调查的准备工作

财务顾问开展尽职调查是企业进行债务重组的第一步，通常来讲，在签署委托协议后，财务顾问即可开始进行尽职调查的准备工作。而准备工作的第一项即向企业发送《尽职调查清单》，将开展尽职调查所需要的基础性资料、提供资料要求、资料取得方式一一列明，而且最好采取分类并以序号索引的方式，添加"备注"栏，以便于企业或者财务顾问核对资料提供情况以及对相关资料做法说明。

(二) 现场开展尽职调查工作

财务顾问向企业发送《尽职调查清单》后，通常会给被调查企业留出两周左右的时间进行准备，视企业初步准备资料的进度、完善情况，财务顾问随后即可安排进入企业现场开始尽职调查工作。

现场尽职调查工作不仅是在对企业提供的现有资料的基础上仔细分析现有资料，进一步收集项目相关资料，进行资料汇编，更为重要的是需要现场对企业相关人员进行访谈。访谈对象应当是熟悉企业发展历史、熟悉企业财务状况、生产状况、销售状况及其他情况的负责人员，以便调查人员全面了解并收集企业从运营到财务等各方面的详细资料。

(三)撰写《尽职调查报告》

尽职调查工作的最终成果是出具《尽职调查报告》。作为一份全面、真实地反映企业状况的文件，《尽职调查报告》需要基于全面真实的书面资料，以及财务专业人员从专业角度的分析能力完成。在收集资料并通过访谈了解企业状况之后，财务顾问即应着手分析资料并撰写《尽职调查报告》。在企业债务重组过程中，《尽职调查报告》的主要作用在于协助决策、作为确定债务重组方案的依据。在撰写《尽职调查报告》的过程中，财务顾问应当力求发挥专业知识，发现问题、找出瑕疵、归纳优点、揭示风险。

三、《尽职调查报告》

《尽职调查报告》是财务顾问尽职调查的成果，用以向债权人组成的债委会全面反映被调查企业的各方面情况。正是由于这份调查报告真实、准确地反映了债务人从企业结构、历史发展到财务、债务、经营、诉讼等各方面的状况，因此它不仅是中介机构尽职调查工作的成果总结，还将成为在整个重组过程中债委会做出各种判断、决策的重要依据。根据开展尽职调查的内容和顺序，《尽职调查报告》的基本结构也划分为几个部分，依次为企业基本情况、集团公司及其子公司的运营情况、企业财务状况、债务状况、诉讼及其他情况等。下面对《尽职调查报告》内容做一简要介绍。

(一)企业基本情况

对于企业基本情况的调查是尽职调查工作的基础。对企业基本情况的调查包括公司结构、股权结构、集团架构等基本结构，公司的历史沿革，公司经营范围以及公司的领导层组成、员工分布等人力资源状况。通过对企业基本情况的调查，最终对公司的基本信息形成初步的认识。

从实践来看，金融债务重组的企业往往是大型企业，规模较大，机构十分复杂，因此，对企业整个架构的掌握是工作难点。这些集团公司下属的各层子公司动辄数以百计，分布在众多地区、众多行业，有些基层的子公司连集团总部的负责人员也不了解、不知道。如何用最简单的方法、在最短时间内理清这些下属公司的脉络，并通过书面形式清晰地展现出来，是尽职调查中遇到的第一个难题。

（二）集团公司及其子公司的运营情况

在梳理清楚集团架构的基础上，需要对集团公司及其子公司的运营情况进行进一步分析。在对集团公司及其子公司的运营情况进行分析时，首先，要对上下游企业以及国内外同行业竞争者进行初步分析，以便对企业主营业务、市场地位等基本运营状况有初步认识；其次，应当着重调查企业现有的竞争优势，包括但不限于技术能力、主要设备、主要产品、近年来主要投资建设的大型项目等；在此基础上，应当调查公司业务经营现状以及在经营中出现的问题与困难及解决方案。需要指出的是，大型集团公司往往涵盖多项业务，各业务板块在集团内部又形成几个中型的"小集团"。在前面理清公司股权结构的基础上，还要了解各板块之间、各板块内部的经营、管理方式，进而洞悉整个集团公司的运营方式和理念。

（三）企业财务状况

对企业财务情况的调查是企业债务重组中最核心的环节之一，财务顾问在尽职调查时需要重点了解公司财务状况，并根据具体情况做出分析。对财务状况的尽职调查，往往能够探寻出企业发生债务危机的根本原因，或潜伏在企业内部的、由于不良的习惯造成的危机因素。

企业财务状况的调查主要依据是企业近三年的《审计报告》以及近期的财务报表。应当结合各个企业的不同情况，分别对企业的总体财务状况、资产情况、债务情况、管理费用、收入分布、减值准备等进行分析。

（四）债务状况

尽职调查中一个重头的工作就是对企业的债务情况进行调查和分析。对于一些大型企业集团来说，这也是非常烦琐、繁重的一项工作，主要包括债务调查和债务分析两部分。其中债务调查是指最大限度地精确统计债务人的所有债务，特别是银行贷款情况。债务分析则是在精确统计的基础上，对债务的结构、与同行业的比较等进行分析。

首先，要求各债权银行申报其在债务人及其下属公司的所有债权情况。每笔债权都要求债权人提供债务人全称、贷款银行、贷款分支行、贷款余额、期限、利率、保证情况、合同号等详细资料。在财务顾问进入债务人现场调查前，这部分债权人申报的债权资料一般已经准备齐全。

其次，财务顾问向债务人提出相同的要求，要求其提供已知的所有债务的详细情况。当然，债务的截止日期应与债权人提供资料的截止日期相吻合。

最后，财务顾问将债权人、债务人双方提供的两份资料进行对比、核实。其中要考虑到许多可能的误差因素。例如，由于对债务人范围模糊不清导致的多报或漏报；由于对某些公司权属有争议导致的错报；由于某些有争议的判决导致的对个别债务保证情况的不同认定，等等。在充分厘清债务人债务情况，并与债权人提供的数据查证、核实后，经财务顾问调整的债务统计表成为债务重组中债务统计的权威依据。随后，财务顾问根据这份资料对债务人债务结构、负债水平进行分析。

(五) 诉讼及其他情况

除上述四个方面的尽职调查内容之外，财务顾问还需要兼顾其他可能出现的实际需要，以最大限度地完善尽职调查及《尽职调查报告》。例如，对潜在战略投资者的分析和建议、对公司诉讼及判决情况的了解，等等。

第三节 企业偿债能力分析

一、企业偿债能力分析的必要性

企业的偿债能力是指企业用其资产偿还长期债务与短期债务的能力，是反映企业财务状况和经营能力的重要标志。企业陷入债务危机后，将来有无偿还债务能力，是企业债务重组能否取得成功的关键因素。在进行债务重组时，对企业偿债能力进行分析的必要性体现在以下方面：

(一) 从债权金融机构的角度看

从债权金融机构的角度看，在判断是否对债务企业进行债务重组的决策时，为了判断自身债权的偿还保证程度，有必要对借款企业的财务状况特别是偿债能力状况进行深入细致的分析。只有企业有较强的偿债能力，才能使他们的债权及时收回，并能按期取得利息，也就是说，只有在企业通过债务重组具有偿债能力的前提下才具有重组的必要性。企业偿债能力越强，债权金融机构收回欠款的可能性就越大。

（二）从企业投资者的角度看

企业的投资者包括企业的所有者和潜在投资者，他们通过长期偿债能力分析，可以判断其投资的安全性及盈利性，因为投资的安全性与企业的偿债能力密切相关。通常，企业的偿债能力越强，投资者的安全性越高。在这种情况下，企业不需要通过变卖财产偿还债务。另外，投资的盈利性与企业的长期偿债能力密切相关。在投资收益率大于借入资金的资金成本率时，企业适度负债，不仅可以降低财务风险，还可以利用财务杠杆增加盈利。盈利能力是投资者资本保值增值的关键因素。

（三）从企业经营者的角度看

企业经营者主要是指企业经理及其他高级管理人员，他们通过分析自身偿债能力，及时发现经营中存在的问题，并采取相应措施加以解决，从而保证生产经营顺利进行。他们进行财务分析的目的是综合的、全面的。他们既关心企业的盈利，也关心企业的风险，与其他主体最大的不同是，他们特别需要关心盈利、风险产生的原因和过程。因为只有通过对原因和过程的分析，才能及时发现融资活动中存在的问题和不足，并采取有效措施解决这些问题。

二、债务重组中常用的现金流预测企业偿债能力的方法[1]

对债务重组企业进行偿债能力分析，通常采用通过以营运资金为测算核心的方法，测算企业"可承受债务水平"（sustainable debt level）。

---

[1]　牛锡明，丛林. 中国企业债务危机与重组［M］. 北京：中国金融出版社，2009：116-119.

"可承受债务水平"是指在合理期限（如十年）内，参照利率市场的标准，债务人正常营运产生的现金流可全数清还的贷款金额。可承受债务水平指标可以帮助债权人了解债务人承担贷款的能力，从而对可承受债务水平的贷款及高于可承受债务水平的贷款部分制订不同的重组方案。例如对高于可承受债务水平的贷款部分做减免利息或削债等安排。

1. 合理假设

对产量、售价、成本等基本生产数据的假设建立在与重组企业反复认真讨论的基础上。这部分的难点在于如何尽可能准确地确定企业在未来十年的生产销售情况。除了要评估企业本身的增产、扩张情况外，还要结合主要竞争对手乃至整个行业的发展状况，特别是行业可能受到的政策影响，也要适当考虑企业所处地区及全国的经济发展增速、通货膨胀率等因素。

根据公司以往历史数据，可以衡量出应收账款收现率、应付账款付现率的平均水平，这一假设将作为营运资金预算的关键基础。

对未来利率的变化也要做出适当估算。总体来说，贷款利率应当以适当的保守态度估计，给利率的调整留出空间。

在实际的案例中，如何估算出合理假设是难度最大的步骤之一。由于假设数据具备相当明显的乘数效应，一点点微小的差距可能引致测算结果的巨大变化，因此代表不同利益的各方常常为此争执不下，要花费好几个月的时间讨论、沟通。而实质上，任何假设和推测，无论依据多么充分，都是具有一定的盲目性和不可定性的，这也给上面提到的争论提供了非常广阔的空间。

不同的假设会导致完全不同的模型结论。例如三九集团的重组过渡期中，在为企业建立估值模型期间，债委会的财务顾问工商东亚与三九集团的顾问德勤公司就曾经发生"针锋相对"的争论。问题焦点集中在对三九核心企业三九医药未来十年左右发展趋势的预测上。在企业毛利水平、营业费用所占比率、有效税率、资本开支计划、运营现金水平及折现率等关键问题上，工商东亚的观点与德勤公司的观点发生了比较重大的分歧，并且双方都难以说服对方。最后，只能将这一争执归结为技术问题，一并在最终的谈判中予以解决。

2. 营运资金预算

营运资金（working capital）在中外会计准则中有不同的解释，此处引用目前在投资银行财务模型中广为使用的概念，即企业保持正常经营所需要的资金量。

$$营运资金＝现金＋应收账款－应付账款＋存货 \qquad (3.1)$$

测算企业营运资金的目的在于评估企业正常经营需要的流动资金贷款额。可以认为，企业需要的正常流动资金贷款在数值上等于营运资金扣除企业自有现金。也就是说，

$$流动资金贷款＝营运资金－现金 \qquad (3.2)$$

公式（3.2）是具有实际意义和特殊背景的。前面曾经论述过，目前我国许多陷入财务困境的企业有一个共同特征（或者说一个共同原因），即"短贷长用"，也就是循环利用银行提供的短期贷款，在到期后不断展期，形成短期负债变相成为长期负债的局面。这种情况不仅能够降低企业财务费用，更能"避免"还本压力。但是，在发生信用危机，各银行出现挤兑时，企业将立刻陷入无法自拔的困境。债务重组当然要解决这个问题，并从根本上杜绝这种情况。方法就是在合理测算企业日常经营所需要资金量的基础上，评估出企业必需的流动资金贷款（公式3.2），将其余贷款转变为长期贷款。

因此，要得到流动资金贷款，首先必须测算出企业在未来若干年中的应收账款、应付账款、存货水平。例如，未来若干年的应收账款水平的测算依据是：（1）根据过往三年的历史数据计算得出的应收账款占总营业收入的比例平均数；（2）预计的当年销售收入；（3）假设的应收账款收现率；（4）其他数据。

3. 现金预算

现金预算表反映企业可用于还款的现金流的计算过程。根据企业期初现金余额、销售现金收入、成本现金支出等计算出可用于偿还债务的现金后，即可考虑将其全部用于还款。需要说明的是：

首先，债务重组企业不同于普通企业的现金测算，要优先偿还债权人债务，一般暂不考虑股东分红的问题。因此，除非有下面提到的向母公司派息且此派息是作为母公司还款来源的情况，否则营运现金流将全部用于归还长期贷款。

其次，有些集团性的企业在进行重组时，其所属的许多子公司分别作为独立个体参与重组，而母公司可能并没有业务收入，还款来源仅靠下属公司分红。对于这样的情况要区别对待，即与债权人充分沟通后制定一个较为合适的分红派息杠杆比率。

4. 还款能力预算

依据上面所述的方法，在评估出企业每年的流动资金贷款额、每年长期还款额后，再结合已经做出的利率假设，即可整理出企业分年度的还款计划表。

5. 剩余现金流的安排及机制

由于还款计划是根据现金流的预测制定的，为了保持既定的重组计划不会受正常的现金流波动影响，现金流的预测普遍较为保守，因此有可能出现因现金流入高于预计水平而产生剩余现金。在此情况下，一般会按国际上常见的安排设定"Cash Sweep"的机制将剩余现金用于提前偿还重组债务或/及允许重组企业保留供其使用。

这种机制的优点是，基于行业的风险，为避免重组期间出现还款违约，所以采取较保守的现金流预测。但若实际的情况较预期为佳，则通过"Cash Sweep"的安排仍然可以缩短重组的年期。

一般的做法是将剩余现金用于偿还末期的还本计划，确保企业仍然保持执行下一期的既定还本计划的积极性。

在债务重组期间，债委会根据财务顾问提供的现金流模型在审核每家重组企业当年的实际现金流量后确定可用于提前还款的剩余现金。

三、偿债能力分析结论对于重组方案的影响[1]

根据上面所述的现金流预测法估算出债务人未来十年可用于还款的现金水平后，偿债能力分析的主体工作即基本完成。这些分析结论对于整个债务重组的方案的确定是非常重要的。根据测算得出的债务人可承受的债务水平，可以初步划出债务人应当保留的债务数额，而现存超出这个水平的债务需要解决。这是重组的最基本设想。

至于具体如何解决超出合理水平的债务，无疑这是债务重组方案，或者说整个债务重组至关重要的难题。偿债能力分析的结论只是给出了重组方案需要解决的问题，而并不能真正提供解决的办法。重组方案的最后确定，还需要结合债务人的整体综合状况来考虑，如辅业资产的处置、利率水平的浮

---

[1] 牛锡明，丛林. 中国企业债务危机与重组 [M]. 北京：中国金融出版社，2009：119.

动、债权股权的关系等。因此，重组方案的设计和确定是整个债务重组的
"灵魂"所在，对这一问题将在后面做出详细阐述。

第四节　制定债务重组方案

经过对企业详细的尽职调查、偿债能力分析，财务顾问应当拟定债务重
组建议方案；在此基础上，债委会与企业分别应当在主席单位和副主席单位
的主导下，围绕重组原则、重组方式、重组安排及方案内容，开展多轮商议
和谈判，形成债务重组初步方案；形成的债务重组初步方案，由主席单位提
交债委会全体成员大会讨论，根据各债权金融机构提出的意见进行完善，按
照债委会议事规则进行表决。在进行方案表决时，应当由主席单位对方案进
行现场介绍，并解答提问，以确保各个债权金融机构对方案的准确理解；表
决通过后，发送给各债权金融机构和债务企业。

一、债务重组方案的拟定

经过各个中介机构漫长的尽职调查过程，在各方合力的基础上，作为确
定金融债务重组阶段的工作成果，债务重组方案应当包括与本次债务重组相
关的所有事项。

财务顾问作为重组工作中中介机构的核心，应当由财务顾问草拟并提出
债务重组建议方案。但正如本书中在前面章节中介绍的那样，财务顾问可能
受不同主体的委托，如债务企业、债权金融机构、战略投资者，虽然财务顾
问是独立的第三方中介机构，但委托人不同会导致其利益诉求及关注点有所
区别。

因此，受不同主体委托的财务顾问会在前期尽职调查及工作成果的基础
上提出不同的债务重组建议方案，甚至同一财务顾问都会提出多种债务重组
建议方案供委托方选择，只有在各方不断协商、磨合的基础上才能确定最终
方案。

二、债务重组方案的商谈

重组方案的确定是一个长期的过程，往往需要在债务企业与债委会以及债委会内部各成员之间经过多轮的谈判、磋商才能最终确定。

（一）债委会各成员之间达成共识

由财务顾问初步拟定的债务重组方案应当首先经主席团充分讨论通过，并在债委会各成员之间达成共识。

债委会成员均为独立实体，各自有不同的利益诉求，难以实现利益的一致性，在确定债务重组方案时，往往需要平衡各方利益。在就方案进行谈判时，债委会应围绕重组原则、重组方式、重组安排及方案内容等重要事项进行商议，由主席单位、副主席单位共同研究，形成债务重组初步方案后，再与企业开展谈判。

（二）债委会与债务企业之间完成谈判

债委会成员就债务重组方案达成初步合意后，需要跟债务企业充分谈判。谈判重点问题在于债务重组方式的选择、偿债方式等与重组相关的核心问题。

债委会与债务企业之间产生较大分歧的，可以请求银行业监督管理部门、银行业协会或者国有资产管理部门、行业主管部门等进行协调解决。

三、债务重组方案的表决

表决债务重组方案应当召开债委会会议，债委会会议应当由所有债权金融机构、债务企业参加，财务顾问、律师也应当出席，对于疑难问题进行解答。债务重组方案的通过应该以所有参加会议的债权金融机构表决的形式，按银监会《通知》要求，原则上应当同时符合以下条件：一是经占参加债委会的成员持有的金融债权总金额的三分之二以上比例债权人同意；二是占参加债委会会议的金融债权人数的过半数同意。

债务重组方案按照债委会议事规则表决、债权金融机构内部决策通过后，各债权金融机构应当执行。个别债权金融机构不履行债务重组方案内容的，经债委会请求，可由银监会或银监局协调解决。

四、债务重组方案的报告

《关于做好银行业金融机构债权人委员会相关工作的通知》第十五条规定，债委会实施债务重组的，主席单位应当以债委会的名义将经表决通过的金融债务重组方案向银行业监督管理机构报告。

（一）报批文件

本书认为，债委会在对债务重组方案报批时，应当附有法律顾问针对债务重组方案出具的《法律意见书》，作为方案附件，以保证重组行为的合法合规性。

（二）报告事项

债委会向银行业监督管理机构报告债务重组方案时，根据需要，可以结合项目具体情况请求银行业监督管理机构对需要协调事项和有关政策予以支持，尤其是依靠债务企业和债委会的力量难以协调的事项以及重组过程中遇到的难点问题。

五、债务重组方案的批准

债务重组方案报告银行业监督管理部门后，如需要银行业监管机构批准，银行业监管机构应当及时批准并函复债权人委员会，债委会的各债权金融机构应按照经表决通过的重组方案及银行业监管机构的函复意见，履行内部决策程序。

实施金融债务重组方案

金融债务重组的实施为整个债务重组进程中的最后一个环节，同时也是决定本次债务重组能否成功的关键环节。债务重组方案要在这个期间进行"落地"处理，实现全体债务重组参与方的重组意图和方案。执行期间，最重要的工作是签署重组协议、确定债务重组的执行监管方式和程序、各方严格按照重组协议约定履行权利义务，并最终确定重组的完成，该项工作主要由财务顾问、律师等中介机构协助债委会完成。如果采取"协议并司法重组"方式，就需要在法定程序下，由管理人来完成。

第一节　签署债务重组协议

一、债务重组协议的签署

债务重组协议（以下简称重组协议）是对债务重组方案的书面落实，是记载债务重组最终成果的法律文件，不仅是对前期整个债务重组工作的体现，也是债务重组方案得以有效实施、保证重组工作顺利进行的基础性法律文件。

（一）视具体情况签署重组框架协议

我们认为，对于那些债务规模较大、重组方案较为复杂、涉及重组方较多的债务重组，可以在签署债务重组协议之前，由债委会视情况决定签署重组框架协议（以下简称框架协议）。签署框架协议的主要目的是对债务重组的主要条款和原则做出基础性规定，并以此作为签署重组协议的基础。此外，如果采用协议并司法重组程序，债委会和债务企业应当签署框架协议，作为进入司法程序的基础。框架协议的内容可以参照重组协议，此处不再赘述。

（二）重组协议的内容

重组协议记载了债务重组的最终方案和全部成果，是债务重组中必须具备的成果性文件。根据历史经验，重组协议通常包括以下条款：

（1）定义条款：重组协议应当首先对协议中涉及的一些词语和概念进行界定和解释，旨在明确协议中有关表述的意义。重组协议中有些词语属于专业性、特指性较强的词汇，必须在协议内加以解释和明确，否则容易引起歧义。

（2）债务重组的范围：协议应当对纳入债务重组的企业的范围以及纳入重组的债务的范围进行明确。

（3）债务重组安排：作为该协议的关键性条款，应当对本次债务重组采取的具体方式以及各方权利义务进行明确约定，作为各方执行的依据。

（4）债务重组的完成：该条款应当规定债务重组完成的条件。

（5）代理行：为了方便该协议项下的债务重组的执行，每一债务人的相关债权人应共同委任该债务人相对应的最大份额的债权人担任代理行，代理行与相关重组单位、债权人应签署代理行委任协议。

（6）陈述与保证：根据重组具体情况，债务企业、战略投资人、收购方、各个债权人应当分别做出具备签署本协议的主体资格、签署该协议为其正式意思表示、保证履行该协议等保证事项。

（7）承诺：根据重组具体情况，债务企业、战略投资人、收购方、各个债权人应当分别做出在重组期间已经履行自己的义务以及保证履行该协议的承诺。

（8）协议生效：重组协议体现参与各方主体的真实意思表示，应当经各方签署后生效。因参与人数众多，建议参照债权人协议的签署方式，选择传签的形式。

（9）其他条款：除上述实质性条款以外，还应当包括违约责任、重组费用、保密责任、修改及放弃、通知、协议完整性、争议解决、协议组成等条款。

（三）重组协议的法律效力

从本质上说，金融债务重组是一项法律活动，是旨在通过一定的方式改变金融债权人与债务企业之间原有债权、债务合同关系的过程。例如，通过以资抵债方式实施的重组，是金融债权人与债务企业变更债权、债务合同并依约履行的行为；以债权转股权方式的重组，将金融债权人与债务企业之间的债权、债务合同关系转变为股权投资关系；以调整债务结构方式进行的重组，则是对金融债权人与债务企业原有合同项下权利义务的变更；至于协议并司法重组的，在法院主持下达成的重组协议及其履行过程，其法律属性更是毋庸置疑的。另一方面，金融债权人与债务企业债务重组这一缔约过程的核心是双方间重新进行的债权、债务确认，而这一确认过程本身就体现了新的法律关系的产生。

与同样具有消灭债权债务关系功能的破产程序相比，企业金融债务重组体现为双方当事人之间的谈判与协议的过程，法律干预程度较低，与破产程序的"法定准则"及"司法主导"两大特征形成鲜明的对比。但是，债务重组既然是当事人之间的协商活动，就应当贯彻、体现法律对缔约过程所要求的平等、自愿、互利诸原则，以均衡双方当事人的利益。由于债务重组本身意味着债权人做出了让步，遭受一定的利益损失，这就更需要人们关注如何在这一协议过程中实现利益均衡的问题。

二、庭外债务重组与司法重组的衔接

在破产重整程序中，债务重组的目标就是通过调整已经不能清偿到期债务或有不能清偿债务可能性的企业的债权债务关系，优化企业的财务结构和经营状况，帮助企业恢复活力，以最大限度地清偿企业债务，并由此促进企业经营机制的转变，优化企业资本结构，提高社会资源的配置效率。

采用协议并司法重组程序的，债委会和债务企业应当签署框架协议，作为进入司法程序的基础，此时，债委会仍应当发挥主导协调作用。这种主导协调作用主要体现在：一是债委会与管理人的沟通协调，使协议重组方式下达成共识的方案在司法程序中得到落实；二是债委会继续协调债权银行之间的利益诉求分歧；三是协调政府做好稳定和保障工作；四是在确实有必要的情况下，债委会可以提请银行业监管机构与地方政府、法院进行协调、衔接，做好相关工作，确保债务重组顺利实施。

第二节　指导与协调

为督促各方主体履行债务重组协议，保护债务重组成果，有必要对债务重组协议的履行情况进行指导协调。韩国法律规定，主导债权行应定期对企业管理情况进行评估。若评估后发现无经营正常化的可能，应立即向法院申请破产清算。在我国金融债务重组中，指导与协调的主要内容包括对债务企业履行债务重组协议义务以及对金融债权机构履行债务重组协议义务情况的监督。

一、指导协调主体

（一）银监部门及银行业协会

1. 银监会和银监局的职责定位

银监会和银监局作为债权金融机构的监管机构，在债务重组过程中主要负责债务重组的指导、协调与监督，其职责定位体现了银监部门维护金融机构整体利益、支持实体经济发展的责任和担当。重组工作主要依靠债权金融机构和债务企业按照市场主导原则自愿、自主完成，银监部门在重组过程中给予指导、协调和监督。该思路主要依据《中华人民共和国银监法》的规定、国务院的要求、《香港企业财务困难处理守则》的核心精神，体现了供给侧结构性改革提出的处理好政府和市场关系的本质要求。

2. 银监会和银监局的具体分工

银监会是国务院直属正部级事业单位，根据国务院授权，统一监督管理银行、金融资产管理公司、信托投资公司及其他存款类金融机构，维护银行业的合法、稳健运行。银监会在全国 31 个省（直辖市、自治区）和 5 个计划单列市（大连、青岛、厦门、深圳、宁波）设立 36 家银监局，作为其派出机构；在各地、市设银监分局；在部分县、市设监管办事处。

因债务重组案件往往涉及范围较广、影响范围较大，本书认为，行使债务重组指导、协调和监督职责的机构，根据债务企业具体情况，分别为银监会和银监局，其中银监会主要负责中央企业以及重大复杂的企业集团的重大债务重组工作的指导与协调，其他企业应由各银监局负责。

3. 银行业协会的积极作用

《通知》第十六条规定，"支持银行业协会在债务重组等工作中发挥积极作用"。根据该条款的规定，银行业协会应发挥主观能动性，积极参与到债务重组工作中，维护银行业金融机构的整体利益，银行业协会可以接受银行业监督管理机构委托，发挥自律组织作用参与企业金融债务重组工作。

（二）债委会

根据《中华人民共和国企业破产法》第九十条的规定，"自人民法院裁定批准重整计划之日起，在重整计划规定的监督期内，由管理人监督重整计划的执行"，因此，一旦进入破产重整程序，管理人就成为债务企业的监督主体，而在协议重组中，理应由债委会作为监督主体。

二、监督内容

（一）对金融债权机构的监督

对金融债权机构的监督主要体现在其拒绝履行债务重组协议或采取其他严重影响债务重组顺利进行的行动两个方面。因债务重组行为建立在金融债权机构一致行动的基础上，如果某个金融债权机构有影响债务重组的行为，将影响处置大局，难以达到重组效果。银行业监督管理机构应当履行监管职责，加强对金融债权机构的监督、指导和协调。

（二）对债务企业的监督

重组完成后，债委会需要对债务企业的经营业绩、重大经营决策及资金使用进行监管。对债务企业的监管内容主要体现在以下几个方面：

1. 财务和会计

债委会对债务企业财务和会计的监管体现在：监控债务企业的财务指标，债务企业应当定期向债委会汇报财务业绩及关键财务指标；通过设立监管账户等方式对大额资金流入及支出进行实时监控；监督债务企业的资金储备，确保重组后能够按时支付利息。

2. 对外投资

债委会对债务企业对外投资的监管体现在：监控债务企业大额对外投资，包括固定资产投资、项目投资及对外股权投资；对于债务企业的股权处置行为进行监督等。

3. 筹资活动

债委会对债务企业筹资活动的监管体现在：监控债务企业资金筹措活动，包括新的融资行为及资产证券化行为。

4. 公司资产管理

债委会对债务企业资产管理的监管体现在：监控对债务企业资产情况有重大影响的行为，如应收款项的收回情况、存货的异常变动、固定资产的减值及毁损情况等。

5. 重大项目经营管理

债委会对债务企业重大项目经营管理的监管体现在：债务企业重大项目经营管理的审批及监督等。

第三节　金融债务重组与企业其他重组方式的衔接

一、金融债务重组与非金融债务重组的衔接

对于非金融债务问题，可以由债务企业与非金融债权人自行协调解决。为促使债务企业做到公平对待每一个债权人，兼顾各个债权人的利益，债委会在组织债务企业进入债务重组程序时，应当做好与企业非金融债务重组的

有效衔接，其目的就是帮助企业妥善处理每个债权人的债权债务关系。

二、金融债务重组与运营重组的衔接

债务重组的最终目的是全面改善企业状况，在对债务结构做出调整之后，要对企业的经营进行重新安排，改良、关闭、合并或者出售不良资产，使企业生产经营重新获得活力。通常，这一步骤是由债务结构调整中承担损失最重的人来确定并主导完成的。另外，为更加顺利地调整经营结构，这一过程常常还伴随着管理层甚至股权的调整。

在债务重组中，运营重组非常重要，本书在此不做过多的探讨，但我们建议，在启动债务重组时，债委会应当提出同时进行运营重组的要求，债务企业应当同时进行运营重组。

（一）与资产重组的衔接

目前在国内所使用的"资产重组"的概念，早已被约定俗成为一个边界模糊、表述一切与上市公司重大非经营性或非正常性变化的总称。在上市公司资产重组实践中，"资产"泛指一切可以利用并能给企业带来收益的资源，其中不仅包括企业的经济资源，也包括人力资源和组织资源。资产概念的泛化，也就导致了资产重组概念的泛化。在国外，企业重组（restructuring）指的是清偿一些领域的项目，并将资产重新投向其他现有领域或新的领域。而中国证券市场约定俗成的资产重组的内涵比国外的"企业重组"要广得多。从包含的内容上看，我国的资产重组概念已经涵盖了兼并收购以及企业重组的各个方面。

从资源配置的角度看，资产重组，是指债务企业将其内部资产按照优化组合的原则进行重新调整和配置，以期充分发挥现有资产的部分和整体效益，从而给经营者或所有者带来最大的经济效益。通过资产重组，可以盘活企业存量资产，使企业恢复运营能力。因此，企业进行债务重组时，要与资产重组同步进行，才能更好地促进企业的发展，推动重组工作的顺利进行。

（二）与经营重组的衔接

债务重组的最终目的是全面改善企业状况，在对债务结构做出调整之后，要对企业的经营进行重新安排，改良、关闭、合并或者出售不良资产，使企业生产经营重新获得活力。在中钢集团重组过程中，债委会在重组之时就提出，对中钢集团实施债务重组成功的前提是该集团自身需做好业务重组，包括：通过业务调整改善资产质量，培育新的利润增长点；剥离不良资产、退出严重亏损及无发展前景的业务、减少出血点和盘活资产等。在债务重组方案制订过程中，债委会一直在督促中钢集团认真分析自身状况，切实做好未来规划。

参考国外重组经验，波兰债转股较成功的原因在于，除了降低财务困难企业的负债率外，波兰商业银行要求坏账企业限期做出经营重组计划，并列出具体的还款时间表及还款来源，一旦不能按期执行，企业将立即被强制破产清算。

Chapter **06**

第六章

金融债务重组的完成和终止

第一节　金融债务重组的完成

一、重组完成的概念

重组顺利完成是指签署各方按照债务重组协议的约定在合理期限内履行义务，重组实施完毕。

债务重组完成日，即债务人实行协议或法院裁定，将相关资产转让给债权人、将债务转为资本或修正后的偿债条件开始执行的日期。以非现金资产抵债，应按最后一批运抵并办理债务解除手续日期为债务重组日。对即期债务重组，以债务解除手续日期为债务重组日。对远期债务重组，以新的偿债条件开始执行的时间为债务重组日。

近年来我国金融债务重组市场逐渐成熟，重组顺利完成的案例很多，如湘火炬、重庆实业、粤海重组、德隆集团、三九集团、无锡尚德、超日、长江油运、中国二重等。重组的顺利完成不仅取决于参与重组各方的诚意，更重要的是取决于重组方案的可行性。

二、重组完成的效力

债务重组完成后，债务企业的全部债务重组获得偿付，摆脱债务危机。重组将发生如下法律效力：

（1）企业恢复正常经营状态。企业通过实施债务重组与经营重组，调整经营策略，恢复与上下游企业的正常经营活动，重新具备盈利能力。

（2）企业征信恢复为正常状态，可享受商业银行的公平待遇。

（3）减轻企业财务负担。通过实施债务重组，在协调债务人、债权人及其他相关各方利益的基础上，解决企业财务困境，对企业债务进行整合优化，企业摆脱财务和经营困境。

（4）提高企业的管理水平，改变公司的治理结构。通过实施金融债务重组，企业提高运行效率，对企业的资本结构、管理模式进行优化，给企业带来新的活力。

第二节　金融债务重组的失败

重组失败主要是指长期未能达成债务重组协议，失去重组价值。实践中不乏因债务企业与债权金融机构未能达成债务重组协议导致重组失败的案例。

在佳兆业集团（01638.HK）海外债务重组案中，根据佳兆业此前公布的境外债务重组方案，公司希望在 2015 年 3 月 20 日前与现有高息票据及可换股债券持有人签订重组支持协议，并在 4 月融创中国股东大会召开前完成重组，但截至 3 月 22 日，佳兆业与境外债权人依然没有达成共识，这意味着首轮债务重组方案宣告失败。

对以上债务重组失败的案例进行分析后发现，企业实施债务重组不可能一帆风顺，往往面临比较复杂的因素与条件。一般来讲，国有商业银行在处理上市公司债务重组时，会更多地从政策性的角度来考虑问题。由于它们受到国家财经纪律的强约束，不管企业在日常经营中遇到了什么样的问题，国有银行本身往往无权决定给予哪家企业什么样的政策优惠，只能按照国家相关部门制定的相关政策的适用范围"照章办事"，否则将会受到来自上级监管部门的质疑。因此，在如何处理企业债务的问题上，国有商业银行受政策性因素的影响更为突出，这成为影响与债务企业债务重组协议达成一致的因素之一。

THE PRACTICE ON RESTRUCTURING

OF

ENTERPRISE FINANCIAL DEBT

02

典型案例解析

Chapter **07**

第七章
中国二重的债务重组案例

一、背景介绍

(一) 近几年装备行业的经营形势

近几年,我国经济面临着稳定经济增长、化解产能过剩、防控债务风险、保护生态环境等多方面的艰巨挑战,重型装备行业仍处于周期低谷,市场需求低迷,行业产能过剩,市场竞争激烈,传统发展模式难以为继。由于受国家淘汰落后产能、新增高端设备、调整产能结构的产业政策影响,中国第二重型机械集团公司(以下简称中国二重)下游冶金行业景气度较低,冶金设备订单量及价格双双下降,对公司盈利能力影响较大,如果公司下游行业持续低迷,对公司的业务状况和经营业绩会产生重要的影响。尽管近期国家已相继批复宝钢湛江、武钢防城港、首钢曹妃甸等项目,并使公司受益,但因项目建设和产品生产周期长等原因,短期内的效果并不明显。

目前,我国的风电行业产能过剩,受到国家宏观调控影响,风电企业尤其是风电设备制造商的净利润集体出现了大幅滑坡。如果风电行业持续低迷,风电行业的盈利空间将进一步压缩。另外,核电设备生产开始启动,但由于核电安全技术研发计划尚未完成,短期内仍不能消除国家宏观调控的影响,公司核电设备的生产销售具有一定的不确定性。

（二）中国二重近几年的经营状况

1. 基本情况

中国二重是我国重装行业的龙头企业，前身为第二重型机器厂，始建于1958年，1971年建成投产。1993年8月经国务院批准，成立了以原第二重型机器厂为核心企业的中国二重，公司主营普通机械及成套设备，金属制品设计、制造、安装、修理及金属冶炼加工等。该企业是中国最大的冶金、风电、核电、水电、火电成套设备及船用、大型航空模锻件等重大技术装备制造基地，是我国最早的属中组部管理的53家大型央企之一。2013年7月，在国资委主导下，中国二重并入国机集团，成为其核心二级子公司。

2. 经营情况

受国内经济及行业不景气的影响，中国二重自2011年开始连续四年持续亏损。中国二重的大部分资产和经营业务都在其下属的上市公司二重集团（德阳）重型装备股份有限公司（以下简称二重重装），因连续三年亏损，已经退市。二重重装已经资不抵债，计划进入债务重组程序。截至2014年末，二重集团总资产186亿元、总负债248亿元，实现营业收入45亿元，亏损80多亿元。依靠国机集团资金的持续支持，二重重装目前勉强能够维持经营。二重重装之所以出现亏损，主要原因如下：

（1）宏观环境极为不利。受全球经济复苏乏力、国内经济增速放缓等因素影响，重型机械行业仍处于周期低谷，景气度不高；受日本核泄漏事件影响，核电等产品市场仍未实质性启动；国家对风电、钢铁行业产能过剩进行调控，相关项目未能得到国家批复，导致订单减少，清洁能源发电设备收入大幅下降；下游行业普遍低迷，市场需求不振，公司主导产品订单量严重不足。

（2）由于国内同行业产能过剩以及全球化竞争加剧，市场争夺异常激烈，公司传统产品订货价格大幅下滑，导致全年产销量及营业收入大幅减少。收入规模的下降，影响了公司固定费用的消化能力。

（3）生产成本费用压力增大，不断挤占盈利空间。产品投料期主要原材料价格仍处高位，能源、部分原材料价格持续上涨。2012年，直接人工成本较同期增加较多，2013年管理费用同比增加较多，因此造成生产成本增加，使得产品单位固定成本上升。

（4）公司加大对外融资，财务成本上升，资产减值损失增长较快，刚性支出增加。2013 年财务费用同比增加约 30%；2013 年资产减值损失较多，系受宏观经济环境影响，部分产品价格下滑、成本上升，对存在减值迹象的存货计提跌价准备所致。

（三）国机集团重组中国二重的有关情况

国机集团于 2013 年重组中国二重后，一直在推动对中国二重的重组和帮扶工作，已采取的措施包括：

一是积极争取国家资金支持。国机集团已争取到国家对二重集团补充国有资本经营预算金，且已经到位。但国机集团表示，资金尚不能全部划拨给二重集团，因按照国资委要求该资金只能用于新增技改项目、员工安置、资产置换及应急预案等需求。

二是推进海外市场拓展。国机集团同意将具有海外总承包资格的中国机械对外经济技术合作总公司注入中国二重，中国二重将获得海外总包资质，获取更多国外订单。但目前该项工作尚无实质性进展，预期效益未能体现。

三是获取新的订单。国机集团致力于协同发展，帮助中国二重获得更多订单。但目前实际由国机集团带来的订单量较小，不足 1 亿元，主要原因一方面是装备行业持续低迷，市场不景气；另一方面，对于部分国机集团提供的订单，中国二重没有承接能力。

四是减员增效。中国二重计划采用管理人员提前退养等措施减少人员 1 700 多人，力争三年内再减 3 000～5 000 人。

（四）中国二重在金融机构的信用情况

截至 2014 年底，中国二重及其下属子公司的金融债务约 140 亿元。其中，16 家主要银行的金融债务 121 亿元，占比 87%。中国二重及其下属成员企业，从开始在多家银行逾期欠息以来，共拖欠利息约 7 亿元。

二、债务重组的工作情况

（一）债务逾期情况

2014 年 7 月 23 日晚，二重重装发布公告称："由于重机行业持续低迷，公司持续亏损，资金极度紧张，致使公司及控股子公司贷款本息出现逾期，到期商业承兑汇票不能按期兑付"。

2014 年 8 月 22 日晚，二重重装再次发布公告称："截至 2014 年 8 月 20 日，公司累计银行贷款等债务 42 105.74 万元逾期"。

2014 年上半年，四川省政府金融办曾召集各债权银行召开协调会，希望各银行"不追贷、不抽贷"，维持现状。信用逾期后，德阳银监局又召集各银行开会，希望各银行与二重集团共渡难关。

(二) 债权银行采取的主要措施

2014 年 7 月，二重重装开始拖欠多家银行利息。事件发生后，农行四川分行作为牵头行在当地银监局和银行业协会的指导下，召集债权银行召开了多次会议，商议应对策略，最终在要求国机集团、中国二重出具承诺函的情况下，放弃了提起诉讼的权利，保证了中国二重的正常生产经营。各债权银行总行及时联动其四川分行做好应急措施，也多次协调国机集团总部，但最终未达成解决方案，二重重装在各家银行的贷款陆续进入不良状态。

11 月 21 日，银监会组织 16 家债权银行召开了二重金融债务问题会议，通报了经国资委认可的"以股抵债、剩余债务展期及减免息"的债务重组思路。12 月 22 日，银监会、国资委联合召集所有金融债权人组织召开中国二重金融债务问题协调会，希望银企双方尽快推动债务重组工作。2015 年 1 月 30 日，农行作为牵头行，召集所有金融债权机构召开了中国二重金融债权人委员会成立大会，银监会参加了会议，确定了由农行、中行、光大为主席行，国开行、工行、建行、交行为副主席行，共同负责与企业的沟通谈判工作，农行作为牵头行负责日常组织工作。

因中国二重本次重组涉及 8 家成员企业，为高效、快速地解决中国二重的债务重组事宜，经银企双方商议，本次重组采取了"协议重组并司法重整"的方式来开展相关工作。

(三) 债委会推动债务重组工作情况

1. 成立债委会，有序推进债务重组工作

2014 年 11 月 21 日银监会召开中国二重金融债务会议，确定了农行、中行、光大作为牵头行，由农行负责日常工作。根据工作进程安排，农行于2015年1月30日牵头组织召开了二重集团金融机构债权人委员会（以下简称债委会）成立大会。

债委会成立后，主要完成了以下工作：一是确定了农行、中行、光大为债委会主席行，工行、建行、交行及国开行为债委会副主席行，共同与国机集团及中国二重进行沟通谈判；二是通过公开邀标的方式聘请了工总行投行团队担任重组工作的财务顾问，完成了尽职调查、偿债能力分析及制订初步重组方案的工作；三是经多轮磋商谈判，银企双方就"现金受偿、保留合理债务和以股抵债"的综合受偿方案达成一致。

期间，债委会共组织召开相关会议40余次，其中，7家主要债权银行内部讨论会20余次、银企见面沟通会10余次、与财务顾问的研究协商会10余次。通过多个层面的反复沟通，目前，债委会主要债权银行与国机集团、中国二重就债务重组实行"现金受偿、保留合理负债和以股抵债"综合受偿方案基本达成共识，形成了总体受偿方案草案。

2. 采取公开招聘方式，选聘了经验丰富的财务顾问团队

在主要债权银行推荐的基础上，债委会通过公开邀标方式，选出了4家财务顾问候选机构，于1月14日安排4家候选机构进行现场陈述方案和报价，由7家主要债权银行打分，其中综合评价最高、重组经验最丰富的团队被选为债委会财务顾问。随即，财务顾问迅速进入工作状态，在较短时间内，完成了反映中国二重全面情况的《财务尽职调查报告》和《偿债能力分析与债务重组建议方案》。债委会通过上述两份报告提出的建议性意见，从3月下旬开始，与国机集团、中国二重针对债务重组总体原则、框架方案、受偿安排等核心问题，开展有理、有据的沟通和谈判。

3. 拜访国资委，寻求政策支持

2015年5月，债委会的三家主席行拜访国资委有关领导，主要就国有资本金先期支持、解决国机集团委托贷款问题、解决八万吨模锻压机抵押优先债权优先受偿等三方面的问题，与国资委领导进行了沟通。国资委对银行的诉求表示充分理解，但也希望债委会理解国有资本金使用的用途有严格限制的现状，希望银企双方按照市场化的原则通过谈判妥善解决问题。

（四）重组方案的总体意见

1. 在协议重组框架下，债委会与国机集团、中国二重达成基本共识后，双方携手进入司法重整程序，最终完成重组工作

在协议重组下，（1）无法解决商业银行主动持股的法律障碍；（2）难以满足银行债权人内部审批主要依据要件要求；（3）在安排股权让渡偿债上，小股东股份及资本公积让渡无法妥善处理。因此，债委会希望在就中国二重债务重组方案主要内容达成一致之后，通过进入破产重整司法程序来执行该方案，从而依法合规地完成中国二重系的债务重组工作。

2. 国机集团、中国二重需对二重股份恢复盈利及上市做出必要的承诺安排

国机集团、中国二重与债委会共同明确通过达成一致的重组行动，确保中国二重集团及其关联公司、子公司较快走出经营困境。其中，国机集团、中国二重承诺从 2016 年起恢复二重股份盈利，并尽快满足再上市条件，实现企业的良性发展；债委会同意给予必要的债务偿还方式、期限、利率上的支持与配合。

3. 16 家银行的金融债务 121 亿元，按照现金受偿＋保留债务＋以股抵债方式设计实施

债委会认为，上述方案实事求是地考虑了协议重组方式与司法重整方式的利弊关系，充分兼顾了协议重组和司法重整方式下既维护好债权银行的合法权益、又支持了国机集团、中国二重为避免可能触发的债务危机带来的多种不稳定因素所造成负面影响的努力，是一个多方共赢的方案。

三、司法重整的工作情况

债务重组进入司法程序后，债委会继续协调各债权银行、管理人及其企业沟通债务重组相关工作。

（一）具体工作推进情况

1. 与管理人充分沟通，确保综合受偿方案落地实施

确保来之不易的综合受偿方案在司法程序下落地实施是债委会的第一要

务。为此，债委会就受偿方案内容如何落地实施，与管理人金杜和大成律师事务所开展了多次沟通和商谈，并多次赴四川德阳进行现场交流，最终管理人基本按照债委会的要求，在不占用银行既定受偿资源的前提下，使综合受偿方案顺利落地实施。

2. 积极协调多方主体，在较短的时间内，顺利完成各债权银行的债权申报、方案内部审批等工作

为确保年底前完成重组的工作目标，债委会和管理人确定了工作推进计划时间表，多次下发通知督促各债权银行总分行尽早完成债权申报工作，债委会、管理人及相关债权人多次就债权申报中的优先权问题、欠息问题等进行沟通，多次就不良贷款责任认定、受偿原则等方案重要事项进行讨论。通过多方共同努力，重组计划草案最终在 11 月 27 日召开的债权人大会上获得高票通过。

3. 召开留债事项专题会议，专门研究留债的落地执行工作

为尽快落实 8 万吨银团、镇江银团及万航公司留债事宜，债委会于 11 月 27 日中午和下午分别召集相关债权银行召开了专题会议，商议 8 万吨银团、镇江银团及万航留债如何执行落实的问题。会议确定了三个银团贷款的牵头行，明确了由牵头行负责执行操作相关事宜，取得了很好的效果。

(二) 工作成果

1. 债权人会议表决情况

2015 年 11 月 27 日，中国二重和二重重装重整案召开了第一次债权人会议。各债权人组对重整计划草案分别进行表决。由于中国二重债权涉及担保债权、普通债权，根据法律规定，债权人分成两个组分别进行表决。因二重重装涉及出资人权益调整，还需要出资人组进行表决。

(1) 二重集团债权人会议表决情况。一是担保债权组。出席会议的有表决权的 4 家有财产担保债权人 100％同意重整计划草案，同意重整计划草案的有财产担保债权人所代表的 100％债权金额表决通过重整计划草案。二是普通债权组。出席会议的有表决权的 63 家普通债权人 100％同意重整计划草案；同意重整计划草案的普通债权人所代表的 99.89％债权金额表决通过重整计划草案。

(2) 二重重装债权人会议、出资人组会议表决情况。一是担保债权组。

出席会议的有表决权的 3 家有财产担保债权人 100％同意重整计划草案；同意重整计划草案的有财产担保债权人所代表的 100％债权金额表决通过重整计划草案。二是普通债权组。出席会议的有表决权的 1 224 家普通债权人有 1 194 家同意重整计划草案，已超过本组出席会议的半数；同意重整计划草案的普通债权人所代表的债权金额占该组债权总额的 96.16％，超过普通债权总额的三分之二。普通债权组表决通过重整计划草案。三是出资人组。表决同意的出资人代表的股份数占参与表决的有表决权股份总数的 99.44％，超过参与表决的全体出资人所持表决权的三分之二以上，出资人组表决通过重整计划草案涉及的出资人权益调整方案。

2. 重组计划草案主要内容

2015 年 9 月 11 日，经银监会、国资委组织，中国二重金融债权人会议在德阳召开。根据会议通报的《中国二重债务重组综合受偿方案》（以下简称《受偿方案》）以及银监会 2015 年 9 月 30 日《关于中国二重债务重组工作有关问题的复函》（以下简称《复函》），管理人依法拟定重整计划草案。重整计划草案在不突破法律对债权基本分组的前提下，根据各方已达成《受偿方案》的基本内容，针对不同性质的债权分别安排了适合的清偿方案，按照担保债权、普通债权的分类进行了偿债安排，并对留债情况做出了特殊安排。法院裁定的重整计划草案在依法合规框架之下基本落实了《受偿方案》确定的框架安排，共计重组债委会成员银行债权 130.12 亿元，其中实现留债 15.9 亿元，实现现金清偿 15 亿元，实现以股抵债 99.1 亿元。上述方案既考虑了中国二重目前面临的实际困难，又充分兼顾了各债权银行的共同诉求，是一个平衡多方利益、切实可行的方案。

四、中国二重债务重组可供借鉴的经验

（一）当地政府、各债权银行一致行动，未对中国二重采取过激行为，保证企业正常经营运转，为本次债务重组奠定了基础

二重重装债务逾期后，在银监会、国资委的指导下，四川省政府有关部门多次召集各债权银行商议如何解决中国二重债务危机问题，防止企业逃废银行债务的现象发生，避免企业出现停产关停。农行作为牵头行多次组织债权银行商议解决方案，最后议定在国机集团出具承诺函的情况下，各债权银

行放弃提起诉讼的权利，为后续债委会与企业开展债务重组工作打下了良好的基础。如果某一家银行擅自采取法律措施，查封企业资产，会给后续的债务重组和谈判带来很多困难，甚至会导致重组失败。

（二）银监会、国资委牵头启动本次债务重组，是重组工作顺利推进的良好开端

二重重装债务逾期后，资金实力雄厚的股东国机集团并未拿出资金偿还欠息和逾期贷款，对此各债权银行意见较大，如果没有银监会、国资委出面协调，牵头启动本次债务重组，债权银行与中国二重是难以通过债务重组的方式解决债务危机问题的。

（三）债委会的高效运作，是本次债务重组顺利推进的主要抓手

债务重组是在债委会的统一安排下开展相关工作。依照依法合规、联合行动、统一维权，公平对待每一个债权人的原则，债委会有力地组织了债委会债权人的统一维权行动。债委会成立后，积极推动财务顾问在两个月的时间内完成了尽职调查、偿债能力分析和初步的重组方案工作。进入谈判阶段后，债委会能够及时沟通和处理银企之间、银行之间的各种分歧，及时向银监会、国资委进行请示汇报，争取政策，确保了债务重组于9月21日顺利进入司法重整阶段。为实现年底前完成债务重组工作的目标，留给整个司法程序及其执行期的时间为近三个月，对于中国二重这样资产、负债体量和复杂程度的重整程序而言，要在三个月内制定符合法律规定的重整计划，完成全部法定程序难度极大，为此，债委会在这个过程中发挥了积极的沟通协调作用。

（四）庭外协议重组与司法重整的有效衔接，是本次债务重组成功的关键

中国二重债务重组涉及8家成员企业，如果采用协议重组的方式，会遇到前述难以解决的三大难题；如果采取司法重整的方式，部分企业还在正常经营不宜纳入司法程序，且8家企业同时进入司法程序在2015年年底前完成，时间上无法保证。采取在协议重整的框架下，双方携手进入司法重整程序的方式，解决了商业银行主动持股、中小股东股份让渡、资本公积转股抵债等方面的法律障碍，为后续银行债务重组提供了具有可操作性的模板。该

方式是解决中国二重重组问题的最佳方式。

（五）针对不同性质的普通债权采取不同的清偿方案，保证了重组的效率，降低了重组的时间成本

债委会主导下达成的银行债务锁定清偿资源的做法，为后续的中期票据和企业债债权、经营性债权的灵活处理奠定了良好的基础。基于此，本次司法重组中，管理人充分考虑其商业实质，针对不同性质的各类普通债权采取不同的清偿方案，金融债权采取现金清偿与以股抵债相结合的方式；非金融普通债权采取全部现金分期清偿方式；国机集团债权采取留债处理方式。虽然看起来清偿方式不同，但并未违反企业破产法规定的公平受偿的原则。这一创新做法切实保障了各类债权人的利益，满足了各类债权人的特殊要求，也得到了各类债权人的认可。本次重组如果采用统一的清偿方式，各债权人难以达成一致，中国二重的债务重组将难以顺利完成。

（六）银监会和德阳市政府、德阳市中级法院的大力支持，解决了银行内部审批、协议并司法重整障碍等多方面的问题，确保了重整程序的顺利完成

通过多轮谈判和讨论，债委会与企业达成了综合受偿方案，但部分银行反映在内部审批时仍存在依据不足的问题。银监会站在公正、公平、顾全大局的角度，审时度势，认可同意了双方达成一致的综合受偿方案，为各债权银行的内部审批提供了重要依据。9 月份，银监会又组织 16 家债权银行在四川德阳召开了债权人大会，充分听取了各债权银行对受偿方案的意见，得到了所有债权银行的认可，为顺利推进司法重整程序树立了信心；当天又召集德阳市政府市中级法院召开协调会，为协议并司法重整的有效衔接奠定了基础。两次会议均取得了很好的效果，确保了司法重整程序的顺利完成。

五、中国二重债务重组的创新点

（一）依法灵活解决中期票据、企业债相关问题

二重集团负债中包括 10.5 亿元中期票据，二重重装负债中则有约 3.3 亿元的企业债券，这些负债由于以票据和债券形式在银行间市场发行和流通，具有一定的特殊性。截至目前尚未出现对中期票据、企业债实质违约的先例，

市场上存在"刚性兑付"的行业惯例。

为避免二重集团、二重重装进入重整程序后导致中期票据、企业债被被动纳入重整程序的重组范围，经交易商协会、中国人民银行与国机集团充分协商，在确保二重集团、二重重装不涉及个别清偿的前提下，由国机集团单方采取"先收购后代偿"的方式化解中期票据、企业债的违约危机。

通过上述方式，在重整程序初期，国机财务公司、国机集团先后成了中期票据、企业债的持有人和代偿人，最终由国机集团以代偿人的身份向二重集团、二重重装管理人依法申报了债权。这样就实现了将中期票据、企业债的妥善处理与重整程序充分协调的目标，稳定了债券市场。

（二）采取继续履行合同的方式妥善处理融资租赁

二重重装为缓解资金压力，近年来进行了大量的"售后返租"式融资租赁融资，根据租赁合同约定，二重重装应当在得到一次性融资款后，以支付租金的形式按月返还，返还完毕前，租赁物所有权归属于融资租赁公司。

本案中，经管理人调查，二重重装涉及融资租赁的租赁物（设备）几乎全部是其正常生产经营所必需的关键设备，为维持其持续经营，必须确保这些设备的正常运转。因此，有必要对融资租赁进行特殊处理。鉴于融资租赁合同符合企业破产法规定的关于继续履行合同的条件，本案例对若干融资租赁合同确认了继续履行，相应租金成为共益债务，对应设备正常运转。

（三）对保理融资的债权性质进行重新认定

二重重装进行了超过 6 亿元的基于应收款转让的"有追索权保理融资"，对应的金融机构全部以其实际为应收账款质押融资为由向管理人申报了有财产担保债权。若认定为有财产担保债权，对于普通债权现金清偿将产生较大影响。

截至本案例之前，并没有重整程序中大规模处理保理融资的先例，本案例中，管理人以依法合规为根本原则，深入研究了有追索权保理融资的商业和法律实质，最终得出其性质为普通债权且金融机构对所涉应收款享有所有权的基本结论。这一审查认定结论虽与金融机构的申报相左，但经过管理人的解释说明和严谨论证，最终得到了对应债权人的理解和认可。

（四）创造性地安排可供选择的经营性债权清偿方案

非金融普通债权（主要由经营性债权构成）具有人数多、金额、抗风险能力弱以及与二重的持续经营关系密切等一系列特点。考虑到金融债权人明确反对经营性债权人占用股票资源致使抵股价格攀升，以及经营性债权人自身对以股抵债的接受程度很低，本次重整计划在普通债权组中专门区分了非金融普通债权这一类别。对于此类普通债权，重整计划充分考虑了债务人的承受能力、未来现金流以及经营性债权人的利益，创造性地提出了多种清偿方案供债权人自主选择。基本原则是 25 万元以下一次性清偿（清偿了绝大部分小额债权人），25 万元以上则清偿期越长清偿率越高，如债权人选择 5 年分期清偿，则清偿率可以达到 100%。为了增强债权人对分期清偿的信心，重整计划中明确规定："如果二重未能按期清偿任何一期款项，债权人有权要求二重一次性支付尚未清偿的金额。"

（五）为体现实际控制人的支持对其债权进行特殊处理

国机集团债权，包括担保债权和普通债权，主要是由国机集团近年来对二重陆续提供的资金支持形成的，具有大股东借款的性质。考虑到债务人偿债资源非常有限，为体现国机集团对二重的继续支持，本次重整计划对国机债权做了特殊处理。针对担保债权，明确放弃就担保物优先受偿，解除抵押、质押担保。担保债权、普通债权，本次都不安排偿债资源，留待重整后根据二重的实际情况妥善处理。在债权清偿之前，利息仅按照不高于同期贷款基准利率的 50%计提。

（六）二重集团持有的二重重装股份在两个重整程序内作为偿债资源

对上市公司重整及退市的非上市公众公司重整而言，通过调整大股东甚至全体股东的股东权益给债权人清偿是一个惯例。本次二重重装出资人权益调整方案就安排了股份让渡和资本公积金转增两种方式。二重集团持有的二重重装部分股份用于清偿二重集团的金融债权，另外，二重集团在其重整计划中也用部分股份清偿其自身金融债权，直接转让股权。因此，两个重整程序内同时用股份清偿，依据的是不同的法律规定，这也是首次尝试。

（七）组织债权人会议方式创新

二重重装债权人众多，截至债权申报期向管理人申报债权的多达 1 700 户，其债权人会议及表决的组织是个难题。为尽可能降低因参会人数众多发生混乱的风险，提高会议效率以及在会议现场直接计算表决结果，管理人和德阳中院经充分研究和布置，采取了"书面提前表决"和"现场电子表决"相结合的会议组织方式。

首先，针对对债权确认结果和清偿方案没有异议的债权人（主要是非金融普通债权人），管理人提前发出清偿方案和表决票，由其提前以书面方式出席和投票，最终总计约 1 100 余户采取了这种出席和表决方式，有效减少了现场人数，提高了表决效率。

其次，针对 1 200 余张提前表决票和现场表决票，为体现公平、公正、公开的原则，经管理人与德阳中院议定，采取了"电子表决与书面表决相结合的方式"。具体而言，每张书面表决票（上有债权人正式签章和表决意见）上面同时附有供电子表决使用的二维码，现场唱票统计时，只需按同意和反对分别进行扫码即可，债权人名称、债权比例、表决意见、表决结果在大屏幕上实时更新，效率大大提高。书面表决票则放入投票箱由管理人封存报法院审查、存档。最终现场会议只用了约 45 分钟便完成了表决环节，且当场做出了表决结果公示，取得了良好的公示效果。

总之，中国二重重整案排除种种困难，勇于创新，最终实现了重整实践中罕见的重整计划高通过率，取得了圆满的成功。中国二重债务重组案例已被最高人民法院列为"推进供给侧结构性改革典型案例"。中国二重模式对于当下国内如何解决企业困境和银行不良资产困局具有重要的借鉴作用，值得推广。

08

中钢集团的债务重组案例

一、中钢集团基本情况及重组的必要性

（一）企业概况

中钢集团主要从事钢铁贸易、冶金矿产开发、装备制造等业务。近年来中钢集团陷入困境，有外部市场因素，但主要还是由于企业盲目追求发展规模和速度，忽视风险防范，内部管理混乱等内部原因，造成巨额损失和重大经营风险。

（二）金融债务违约情况

2014 年 6 月 20 日，集团未能按时偿还部分银行利息，出现利息迟付。当月，中钢股份本部在国开行的几亿元贷款出现逾期。事情发生后，各金融机构开始加紧收贷，最终导致企业资金链断裂，引发债务危机。截至 2014 年末，中钢集团各子公司涉及的金融负债共计几百亿元。

（三）重组的必要性

一是从国家大局看，中钢集团是一家大型央企，选择债务重组有利于维

护经济金融环境的稳定；二是从金融机构自身看，选择债务重组有利于减少损失。若实施破产清算，金融机构债权人的平均受偿率仅不足 10％；实施债务重组，根据德勤咨询的测算，金融机构债权人的留债比例均超过 30％（含）。对中钢集团进行债务重组，是目前条件下对各方最为有利的选择。

二、改革脱困工作情况

为帮助中钢集团摆脱经营困境，国资委党委两次研究调整和充实中钢集团领导班子，并成立中钢集团改革脱困综合协调小组，由国资委副主任任组长、监事会主席任副组长，采取一系列措施督促指导企业改革脱困工作。

（1）督导企业研究制定改革脱困总体思路和操作方案。督导企业提出"综合实施内外科手术，争取各方共赢"的脱困方案。在"内科手术"方面，加强管理，堵塞漏洞，减少出血点，提高盈利能力；在"外科手术"方面，通过削减债务减轻企业负担，实现重生。

（2）督促指导中钢集团实施内部变革脱困。一是坚决推进业务转型。要求全面停止融资性贸易，经营规模大幅压缩几百亿元，工程承包、轧辊、投资服务等优势业务新签合同额大幅提升。二是集中解决改革脱困中的"10＋1"重点难点问题。实现"止血"8 亿元、安置冗余职工近万人；发挥中钢天源、中钢国际上市平台功能，实现融资 30 多亿元。三是持续深化内部改革，形成"业绩升则薪酬升，业绩降则薪酬降"的联动机制。

（3）积极协调落实改革脱困政策支持。一是安排国有资本预算和财政资金，提供临时周转无息贷款，支持企业人员安置、重大资产盘活、新产业培育等项目，帮助企业维持正常经营秩序和职工队伍稳定。二是配合国家发展改革委研究解决"10 中钢债"逾期回购问题，提出妥善的解决方案。

三、债务重组的工作情况

中钢集团出现债务危机后，银监会、国资委高度重视，于 2014 年 12 月 11 日组织召开了第一次会议，提出以债务重组妥善解决中钢集团债务危机的建议，组织成立金融机构债权人委员会。

（一）债委会的主要工作

一是 2015 年 1 月 16 日，成立了中钢集团金融机构债委会。会议确定了主席、副主席人选，明确了议事规则，共有 35 家金融机构加入了债委会，共同参与重组工作。二是公开选聘的财务顾问德勤咨询于 2015 年 5 月 18 日完成了对中钢集团的尽职调查，提出了债务重组的基本原则和思路，六家主席行经过多次讨论，最终认同该方案。三是 2015 年 12 月 23 日，债委会召开了全体债权人大会，通报了债务重组方案。2016 年 1 月 14 日，该方案获得投票表决通过。

（二）银监会、国资委所做的主要工作

一是银监会、国资委高度重视中钢集团债务危机问题，快速启动了债务重组程序，要求各金融机构密切配合，"求大同、存小异"，积极推进债务重组工作。二是积极发挥协调作用，促使债委会顺利通过重组方案。重组期间，银监会、国资委多次召开现场会，积极协调解决债权银行与企业之间、债权银行之间的重大分歧。三是政策支持方面。国资委对其提供了约 65 亿元的国有资本金支持，对稳定企业生产经营起到了积极作用，为债务重组创造条件，进一步深化改革和业务重整。

四、重组方案主要内容

为尽力减少债权人损失、减轻对企业生产经营的影响，经过一年的反复论证和谈判，债委会于 2016 年 1 月 14 日投票通过债务重组方案。

（一）重组原则

一是三位一体，多方支持。通过中钢集团、国资委和债委会的三方配合，共同推动债务重组的成功。二是协商求同，合作共赢。债委会成员之间、债委会与中钢集团之间均需顾全大局，对重组方案内容进行充分协商，达成共识。三是因企施策，灵活处理。针对中钢集团的具体情况，债委会选择了对集团进行整体重组的思路。四是严控风险，保守秘密。债务重组方案的执行将严格控制操作风险和信用风险，并要求当事各方保守所知悉的商业秘密。

（二）重组安排

重组方案根据纳入金融债务重组范畴内债权回收程度大小的不同，采取了"留债"和"转为可转债"两种方式处置。

1. 总体框架

截至 2014 年末中钢集团的几百亿元金融债务将按照"留债＋可转债"方案重组。另外，非金融债务不纳入本次重组范围，由中钢集团自行妥善解决。

2. 留债部分占比 55%

除上市公司等个别企业贷款条款保持不变外，拟保留债务由原债务人以偿债能力为限承接，不足部分拟由新设平台公司承接，期限统一转为 8 年（前 6 年付息，后 2 年等额还本），利率为 5 年期贷款基准利率的 67%，中钢集团、股份或其他公司等提供的担保将阶段性保留。

3. 可转债部分占比 45%

该部分债务由新设平台公司发行可转债置换，利率为零，期限 6 年，2019—2021 年按 3：3：4 转股；转股条件暂不设定，待重组方案通过后，由债委会与企业再行协商，缓解银行资产前三年的减值压力。可转债持有人将根据平台公司的盈利水平、留债利息支付情况及国资委支持资金到位情况等因素决定是否选择行使转股权。转股后仍将保持国资委的控制和管理地位。

（三）重组效果

如果后续顺利完成债务重组，中钢集团带息负债将减少 272.3 亿元，年利息支出减少 20 亿元左右，再考虑国资委已安排的国有资本预算注资，资产负债率预计将由 2014 年末的 125% 降至 80% 左右，可以实现帮扶企业渡过难关，重新恢复企业经营活力的目标。

五、中钢集团债务重组可供借鉴的经验

（1）本次中钢集团实施债务重组最值得借鉴的经验是，在重组安排上，按照"因企施策"的原则，采取"留债＋转为可转债"的重组安排，利用"以时间换空间"，不仅兼顾了金融债权人的整体利益，也有利于中钢集团的改革脱困，是实现银企共赢和化解债务问题的有效方案。

（2）在中钢集团债务重组过程中，主要债权银行对重组的方案存在较大分歧，银监会多次召开会议进行协调，由银监会主导进行沟通，确保了债务重组工作的顺利进行。

（3）中钢集团涉及金额大，债权人多，海内外影响大，因此，维护社会稳定，保持企业平稳运行是债务重组工作应充分考虑的重要因素。

（4）依法合规重组是中钢集团债务重组的重要特点，可转债的采用，可能涉及债转股。因此，债务重组方案须经银监会、国资委上报国务院批准后方可实施。

Chapter **09**

第九章

中冶纸业的债务重组案例

一、中冶纸业债务重组背景情况

(一) 中冶纸业陷入债务危机

2013 年 3 月，中冶纸业以央企内部整合方式，整体从中国冶金科工集团有限公司（以下简称中冶科工）无偿划转至诚通集团。划转时，中冶纸业资产总额 194.1 亿元，负债总额 186.41 亿元。其中银行及金融机构债务 145.65 亿元。6 月起，中冶纸业集团本部以及子公司开始停止偿付大部分银行到期贷款和利息，导致其在各家银行的贷款陆续出现逾期。中冶纸业集团本部以及核心子公司银河纸业债权银行分别成立债务处理工作小组，并与诚通集团沟通，沟通无果后，问题被反映到国资委、银监会、山东省政府，三个单位介入协调。截至 8 月 30 日，中冶纸业集团本部及其子公司银行及金融机构债务余额共计 107 亿元。其中，集团本部 50.6 亿元，子公司银河纸业 39.2 亿元，宁夏板块 9.9 亿元，其他 7.3 亿元。虽然部分银行贷款已逾期三个月，但各银行贷款分类目前还是关注类。百余亿元债务中，除了银行贷款外，还涉及信托、融资租赁等融资方式，主要出现在子公司银河纸业的债务中。

(二）债务重组的启动

2013 年 6 月起，中冶纸业集团本部以及子公司停止偿付到期贷款和利息后，北京集团本部债权银行和山东银河纸业债权银行迅速联合成立债务处理小组，与诚通集团沟通。

北京银行业中冶纸业债务问题工作组由农行北京分行、交行北京分行、北京银行、北京农商行、民生银行总行营业部、平安银行北京分行、渤海银行北京分行、宁波银行北京分行、江苏银行北京分行组成，在 6 月底向北京市银行业协会提出了维权申请。

随后，诚通集团分别向银监会和北京市银行业协会发送了《关于解决中冶纸业银行负债问题的请示》和《关于恳请帮助协商解决中冶纸业银行负债问题的函》。

北京银行业协会也先后两次召开中冶纸业债务问题工作组会议。但债权银行代表认为诚通集团在协商解决中冶纸业银行债务问题方面缺乏诚意，始终没有提出实质性内容和方案，建议协会要求其在规定时间内制定出偿还贷款的可行性方案，再就具体问题进行协商、讨论。如果诚通集团在规定时间内未做出明确答复或提出具体方案，协会将立即向相关企业发出警示通知。

而山东银河纸业债权银行方面，6 月初拒绝了诚通集团单方面提出的关于银河纸业的重组方案。该方案的具体内容为：诚通集团计划成立新公司诚通银河纸业有限责任公司，承接银河纸业约 18 亿元的债务和经营性资产，老公司承担剩下的债务。自 2013 年 3 月 21 日起，债权银行贷款按基准利率下浮30％执行，债权银行对继续由老公司承担的原债务按停息处理，到期后续贷。

7 月份，山东聊城市长王忠林又带队赴北京与诚通集团董事长马正武进行了协商。诚通集团提出：对中冶集团担保及房地产抵押的项目贷款 3 亿元、金融租赁融资 6.7 亿元融资优先归还，其他贷款可能会有较大损失。最后，沟通取得实质效果。在保持沟通的同时，北京银行、宁波银行、民生银行、渤海银行等债权银行分别对中冶纸业及其子公司提起了诉讼。

9 月 18 日，由银监会法规部牵头，19 家银行机构在北京召开了中冶纸业债权银行座谈会。这是中冶纸业债务危机爆发以来，首次由银监会牵头召开的债权银行会议。

二、中冶纸业债务重组方案

(一) 中冶纸业债务重组方案通过

2013 年 3 月，按照国务院国资委要求，中冶纸业从中冶科工集团无偿划转至诚通集团。中冶纸业 145 亿元银行债务悬空，企业逃废银行债务的行为给各家债权银行的金融资产安全造成了涉嫌重大风险。

2013 年 10 月，按照银监会要求，在法规部的具体指导下，所有中冶纸业债权银行成立了债委会，经提名推荐和债权行表决，农业银行和民生银行为债委会主席单位，光大银行、交通银行、北京农商行、宁波银行为债委会副主席单位。在银监会指导下，债委会主席、副主席单位大力协调，各债权银行同心协力，与诚通集团、中冶纸业展开多轮沟通、谈判，逐步推进中冶纸业债务重组工作。由于中冶纸业债务复杂，涉及地区广、债权人多，重组工作进展艰难。

2014 年 6 月银监会在收到债委会报送的《关于中冶纸业逃废金融债务的紧急报告》后，及时向国资委发出了《关于商请研究解决中冶纸业巨额金融债务有关问题的函》。2014 年 8 月初，国资委书面回复同意银行本金不受损失的原则，并考虑给予必要的政策支持。

2014 年 12 月，债委会在银监会法规部的指导下，充分考虑了中冶纸业债务的复杂性，终于与企业确定了分块进行债务重组的思路，使债务重组工作取得了突破性进展。

2015 年 2 月，在上述重组思路得到银监会的肯定后，各银行信心倍增，加快落实中冶纸业债务重组方案。在与诚通集团达成正式重组方案的过程中，宁波银行与＊ST 美利的诉讼案件以及长城和信达两家资产公司与中冶纸业的债务纠纷曾一度导致中冶纸业债务重组工作陷入僵局。在债委会求助后，银监会法规部及时予以指导，最终宁波银行特别诉求问题得到解决，＊ST 美利的增发方案获证监会批准；长城、信达公司已加入债委会共同参与中冶纸业债务重组。

2015 年 12 月，在银监会的指导下，依据债委会议事规则，中冶纸业债权银行第四次全体会议表决通过了与诚通集团达成的《中冶纸业集团本部板块（北京宁夏上海）金融债务重组框架协议》、《中冶纸业银河有限公司银行债务重组实施方案》及《补充方案》。

2016 年 1 月，上述方案获得银监会正式批复。

（二）中冶纸业各板块债务重组方案

1. 山东板块

山东板块债务本金共 38 亿元，主要债务重组思路是由诚通集团分批注资 8 亿元，在当地政府给予政策支持、银行给予利息优惠的前提下，成立新公司，盘活中冶银河有限公司（以下简称中冶银河）优质资产，承接金融债务约 25 亿元，剩余约 13 亿元金融债务暂时挂账，用今后的净利润偿还。债委会于 2015 年 3 月与中冶纸业达成了《中冶纸业银河有限公司银行债务重组实施方案》（以下简称《实施方案》），截至 2015 年 12 月 31 日，已经有农、中、工、华夏、浙商、民生、平安、招商、兴业、光大、交银租赁、招银租赁等 12 家金融机构完成转贷 20.55 亿元，占应转正常贷款总额的 81.58%。交行同意有条件执行《实施方案》并将中冶银河的不良贷款转为正常；建行已同意执行《实施方案》。

2. 北京、宁夏和上海板块

北京、宁夏和上海板块债务本金共 48.91 亿元。由于中冶纸业本部不具备经营能力，需要和中冶美利纸业股份有限公司一并考虑，上海板块因无法经营，也纳入本板块一并解决。北京、宁夏和上海板块的重组思路是：参与重组方案的债权银行对中冶纸业本部发放低利率银团贷款偿还原有不良贷款，将本板块金融债务转为正常，企业用处置资产及清收款支付银团贷款利息，待美利股份股权升值后，通过处置股权或其他合理方式偿还银团债务本金。

三、中冶纸业债务重组工作的主要收获

（一）避免银行出现大额资产损失，维护了金融秩序

截至 2015 年 12 月 31 日，中冶纸业金融债务本金 88 亿元，涉及 19 家银行及 2 家资产管理公司，比 2012 年 12 月 31 日减少债务本金 57 亿元。在各方共同努力下，中冶纸业债务重组工作取得了阶段性进展，达成了比较一致的

意见，避免了企业逃废债的事件发生，各家债权银行在现阶段没有出现大额贷款损失，维护了金融秩序的稳定。

(二) 企业逐步恢复正常经营，维护了央企形象

中冶纸业债务重组方案已经获得通过，只要各家债权银行积极配合并执行，同时企业继续增加注册资金，中冶纸业在各地的生产将逐渐转为正常，企业盈利能力将有所增强。企业可以通过上市公司发行股票募集资金，投资建设新型经济，支持云计算数据中心项目。该项目建成投产后，公司将形成双主营业务格局，未来公司盈利能力将得到有效改善。如果中冶纸业债务重组能够顺利实施，将有助于在经济新常态格局下，实现央企改革和重组的顺利推进，维护央企在经济社会建设中和金融业内的良好形象。

(三) 企业员工权利得到保障，维护了社会稳定

中冶纸业划转至诚通集团时，超过 1.3 万名的员工对企业前景普遍悲观。债务重组工作的推进以及取得的阶段性进展，保持了中冶纸业主要子公司生产的可持续性，企业员工工作岗位落实、权利得到保障，目前员工虽减至5 800 人，但解除劳动合同的员工权益也得到了较好的保障，有效避免了大规模群体性事件的发生。涉及的 21 家银行，经营行直接相关的银行从业人员超过几百人，对央企违约表示愤怒和不理解，也采取过一些过激行动。银行不良债权能够正常化解，对银行从业人员也是一种保护。整体上看，中冶纸业债务重组成功，切实守住了不发生区域性、系统性金融风险的底线，在一定程度上维护了社会稳定。

(四) 对国企及其他企业改制、重组具有一定的参考意义

随着我国企业改革、金融体制改革的逐步深化，进一步推进和规范企业债务重组工作显得越来越重要，重组方式也从行政性主导向市场化运作方式转变。在银监会和国资委的指导下，中冶纸业债权银行成立了债委会，明确了债务重组的方向，通过与企业进行的数十轮次的谈判，银企双方从开始的不理解和对抗，到积极沟通，再到后期的主动磨合，求大同存小异，最终形成了重组方案，这一阶段性进展将会对未来央企、国企以及其他所有制形式的企业改革、重组，探索出一些有效的工作方法和经验，提供有价值的参考。

四、中冶纸业债务重组可供借鉴的经验

（一）债权银行协调一致、积极行动

在债委会运作的两年多的时间内，各债权银行都表现出了积极的工作态度，主动参与、积极献策。农业银行、民生银行、光大银行作为债委会牵头行，组织诚通集团、中冶纸业召开了50多次规模不等的专题会议和会谈，建立了债委会和中冶纸业对接的机制，达成了保证贷款本金不受损失的原则，要求国资委增加对中冶纸业的注资，并要求企业落实了有效担保措施。交行、宁波银行、北京农商行等副主席单位也多次参与具体方案的讨论，给予了大力支持和配合。2014年5月，债委会全部成员在签署了债权人协议后，没有进一步采取抽贷、诉讼执行以及查封资产等行为，在债委会的协调下统一行动。正是由于各债权银行的积极参与和全力配合，才能够在一定的时间内取得中冶纸业债务重组的实质性成果。

（二）企业及股东调整思路、认真配合

诚通集团主要负责人及高级管理层非常重视中冶纸业债务重组问题，多次邀请债委会主席、副主席单位会谈。在债委会的敦促下，诚通集团也逐步调整了重组思路，主动寻求与债权银行的共同诉求点，打破了谈判中出现的僵局。中冶纸业和债委会建立了每周一次的沟通机制，主要负责人也多次到山东、宁夏、北京、上海与当地企业和银行沟通，并认真配合债权银行，主动探索通过引入第三方股东将美利股份重组，偿还部分担保债务，加大资产变现力度，处置低效资产，偿还银行债务。通过这次重组，债委会也体会到，要做好债务重组工作，企业和企业股东的态度非常重要，积极引导、敦促企业和股东调整思路和策略，是债委会必须坚持的工作原则。

（三）主管部门高瞻远瞩、悉心指导

中冶纸业债务出现问题后，银监会率先组织国务院国资委、债委会、诚通集团、中冶科工集团、山东和宁夏地方政府六方会谈，提出要尽快恢复企业生产，在发展中逐步解决债务问题。在随后的债务重组中，银企双方牢牢把握这条主线，帮助中冶银河恢复生产，并且达成了以时间换空间的解决方

案，期间，债委会也多次当面向银监会汇报工作进展，得到了许多具体的指导和支持。在中冶纸业债务重组过程中，银监会从全局出发，向国资委递送了《关于商请研究解决中冶纸业巨额金融债务有关问题的函》，提出中冶纸业要积极配合债权银行委员会开展后期工作的意见，国资委表示将根据债务重组进展情况，继续给予必要的政策支持。在中冶纸业债务重组过程中，债委会认识到，行业主管部门的重视、高瞻远瞩的视角和悉心的具体指导，是债务重组工作顺利推进的关键。

（四）地方政府积极协调、政策支持

在中冶纸业债务重组过程中，山东临清市人民政府和宁夏中卫市人民政府成立专门的工作组，对重点事项特事特办、限时办结。政府给予各项政策支持，包括税费减免，协调、置换高价电、土地变性、项目建设的审批和相关费用的减免，并对安置员工采取了积极有效的措施。债委会认为，企业改革、重组必须得到地方政府的支持与协调，各项政策和优惠措施能够促进重组的顺利实施。

（五）行业协会认真对待、积极配合

此次中冶纸业债务重组，各家银行在北京、山东银行业协会的组织下，自发维护自身的合法权益，积极和企业协商，适当适度采取维权措施，对于推动整个债务重组起到了积极作用，对一些企业企图逃废银行债务的行为也是一种有效的震慑。

（六）各方坚持求同存异、适当让步

中冶纸业债务重组初期，债委会和诚通集团达成了"保证贷款本金不受损失"和"在发展中逐步解决债务问题"的原则。但是如何保证贷款本金不受损失，各个债权银行之间如何达成各方满意的结果，需要债委会和企业反复谈判。在落实债务重组原则的基础上，坚持求大同存小异，以推动债务重组成功为最终目标，相关债权银行也做了一些让步，尽管期间出现了一些不同意见，但整体看还是确保了重组方案的顺利通过。在银监会、国资委的指导下，债委会和企业经过反复协调，最终达成了各方基本满意的债务重组方案。

第十章

大连佐源集团的债务重组案例

一、大连佐源集团的背景

大连佐源集团是国内精制糖龙头企业，主营业务为原糖加工、精制糖制造，主要产品包括：液体糖、多晶冰糖、单晶冰糖、精制幼砂糖、绵白糖、红糖等；在全国拥有 14 个临港精制糖生产基地，已投产 5 个，在建 9 个。其中：锦州佐源糖业有限公司（一期、二期）、大连新源华食品加工有限公司、大连佐源食品有限公司、库伦旗佐源糖业有限公司等 5 个已投产基地具备年产 81.5 万吨食糖制品的生产能力，精制糖产能国内最大，被商务部列为国储糖加工会员单位、中央食糖储备库。佐源集团全部制糖生产项目均通过了国家发改委的立项审批，拥有食糖加工销售的完备手续，且目前国家不再审批食糖加工项目，公司产能将继续保持国内领先地位。

佐源集团实际控制人汪义钧还控制有聚膳元集团有限公司，主要产品为多功能膳食纤维——菊粉。企业拥有投产基地 2 个，在建基地 5 个。菊粉可广泛用于高档食品添加剂、微生态平衡制剂、乳制品、康复辅助品等众多产业领域。目前我国仅食品工业对菊粉的需求量就已达到 27 万吨，但国内产量尚不足 1 万吨，在 2016 年"两会"期间，一份《关于推动膳食纤维产业发展的建议》的提案成为两会提案的亮点，菊粉产业将迎来巨大发展空间。

佐源集团现已全面停产。目前企业现金及现金等价物已全部被冻结；房产、土地、在建工程、机器设备和车辆等固定资产 80% 以上为金融机构借款抵押物，部分已被申请保全；存货包括 10 万吨成品糖、4 万吨原糖、1 955 吨菊粉，也已全部被查封（同上，数字还需佐源再确认一下）。同时由于贷款涉及多家金融机构，难以协调统一，且佐源集团资产存在多重抵押、互相关联担保的情况，使得佐源集团深深陷入债务危机的恶性循环之中，生存岌岌可危。

二、债务重组的原因及可行性

自 2011 年起，佐源集团进入产能快速扩张阶段，大批项目集中投资、集中建设，占用了企业的大量现金流。伴随着企业的快速扩张，左源集团债务结构不合理、短融长投、时间错配、高息民间借贷、融资渠道简单等财务问题凸显。与此同时，受国家宏观经济环境与食糖行业不景气的影响，国内糖价也开始进入下行通道，挤压企业产品利润；加之金融机构缩紧银根加强调控，使得企业融资渠道变窄，融资更加困难。以上多重因素相互叠加，造成了佐源集团资金链发生断裂。2015 年初债务危机全面爆发，随后出现的金融机构、建设施工、民间借贷等相关诉讼，导致企业主要经营性资产相继被查封、冻结，加速企业基本面恶化，企业被迫全面停产就此失去了造血能力，从而形成了债务危机。

(一) 企业获得重生的行业背景分析

1. 国内居民家庭食糖需求持续上涨

伴随着人民生活水平的提高和城镇化进程的加快，我国人均食糖消费量呈稳定增长态势，从 00/01 榨季到 14/15 榨季，我国食糖的总需求由 850 万吨上升至 1 500 万吨，年复合增长率达到 4.5%。

根据美国农业部（USDA）发布的中国食糖国内供需报告，截至 2016 年，我国食糖消费总量预计为 1 755.80 万吨，未来 3～5 年食糖需求仍将保持 5% 左右的增长。2008—2016 年中国食糖年消费情况见图 2-1。

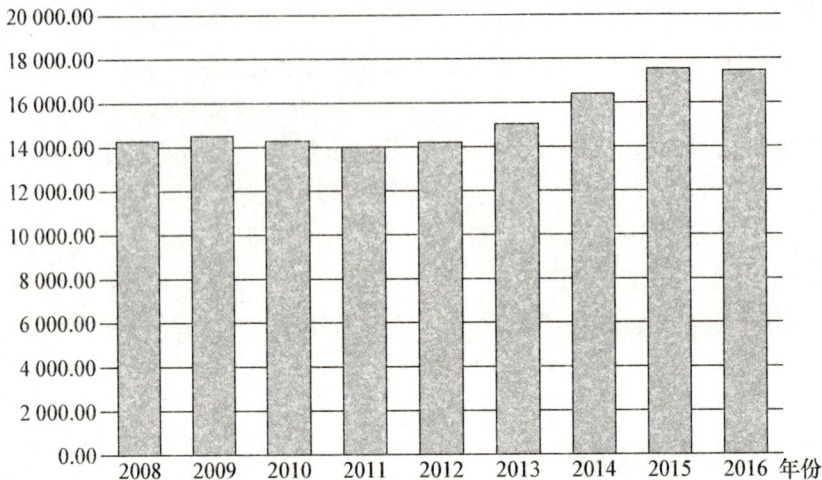

图 2-1　中国食糖年消费情况（单位：万吨）

2. 工业食糖消耗需求增加

国内食糖工业需求占总需求量的 75%。近年来，下游产业食品行业的销售收入保持平均 10% 以上的稳定增长，从而导致工业用糖迅速增加，与 2014 年同期相比，2015 年 1—10 月我国主要用糖食品加工业保持持续增长态势。糖业网最新数据显示：截至 2015 年 8 月底，全国工业库存仅为 176 万吨，第四季度食糖工业库存已经低于预期，销售则呈现放量增长态势。因此食品加工业规模的快速发展，对未来我国食糖消费市场稳定增长起到了良好的推动作用。

3. 糖价周期正在走出谷底

2015 年至今，国内食糖行业出现了两个显著的利好变化：一是广西糖业大会之后，以南方六省糖企为主 4—6 月大规模减产，减少了全国的糖产品供应量；二是全球的厄尔尼诺现象影响南美、东南亚等产糖国的后期供应预期。在国内期货交易平台，白糖价格出现了两次比较大的反弹走势，3—4 月白糖期货价格最大反弹幅度为 14.8%；8 月中旬至今糖价已由 5 000 元/吨一路向上涨到了 5 500 元/吨，反弹幅度为 10%。从各大合约的近期成交来看，机构做多意愿强烈，远期合约价格普遍高企。

综上所述，受国内糖企以及世界主要食糖生产国减产影响，未来几年内内，国内和国外主要食糖出口国家食糖供应量将会出现较为明显的下降，因此我国食糖整体供应量处于下降趋势。而同时，我国居民和工业食糖消费需求仍保持较为稳定的增长趋势。白砂糖价格经过 2015 年第三季度的阶段性盘整，已基本确立筑底企稳态势，我国食糖加工行业经济回暖信号明显，整个行业将进入 3 至 5 年左右的上行景气周期。图 2-2 为白砂糖价格走势。

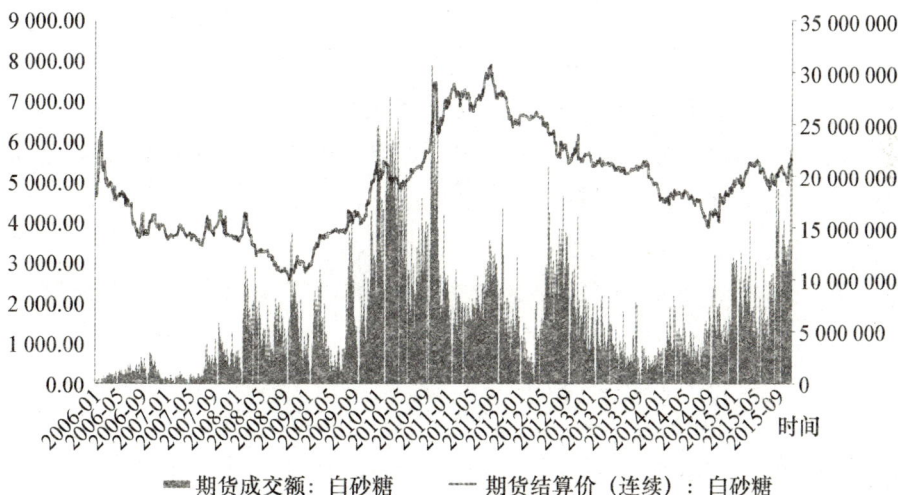

期货成交额：白砂糖　　　——　期货结算价（连续）：白砂糖

图 2-2　白砂糖价格走势（单位：元）

（二）佐源集团的整体优势

1. 产业布局优势

原糖加工的物流量极大，运输费用是主要成本之一，佐源集团临港布局生产基地，最大限度地降低了原料运输成本。已投产的 5 个基地中就有 4 个临靠港口，就地采购、就地加工、就地销售的低成本运作模式，体现了战略地位的地域优势。

2. 成本利润优势

从加工成本看，北方甜菜制糖的加工成本在 2 000 元/吨，南方甘蔗制糖的加工成本在 1 700 元/吨～2 000 元/吨。佐源集团使用自有技术"八段提糖法"炼糖，根据单晶冰糖、多晶冰糖、精制白砂糖等不同产品组合后，每吨原糖综合加工成本为 294.85 元。

从销售价格看，每 1 000 吨原糖进入生产线，可产出液体糖 235 吨、多晶冰糖 100 吨、单晶冰糖 50 吨、精制单晶冰糖 200 吨、白砂糖 400 吨、赤砂糖

10 吨，剩余糖色素 15 吨，在当前糖价下根据不同品种的具体价格进行加总，产成品综合销售单价可达 5 955 元/吨。

3. 品牌及客户优势

佐源集团被商务部列为国储糖加工会员单位，并获得中央食糖储备库认证资格。同时，在其发展过程中，依靠过硬的产品安全质量、良好的信誉和市场口碑，积累了大量优质客户，也获得了众多荣誉。其中客户名单中不乏美国嘉吉公司、法国路易达孚公司、日本伊藤忠商事、雀巢公司、香港太古公司、蒙牛乳业、伊利集团、燕京集团、汇源果汁、今麦郎公司、金锣集团、宏宝莱公司、东方先导等众多知名企业。

4. 生产工艺优势

佐源集团在精制糖加工领域拥有的自主知识产权包括：加灰溶糖法、无盐结晶法、七段煮糖法、真空工作液循环装置、冰糖脱粉干燥一体化装置、红糖均质技术、单向传热单晶冰糖结晶器、一种单晶冰糖结晶器等专利技术、"八段提糖法"等专有技术。

佐源公司是全国唯一一家使用八段提糖法的企业。"八段提糖法"以原糖或一级白砂糖为原料，其核心是先提取高附加值的单晶冰糖和多晶冰糖，减少了"再溶"工序，能耗成本降低较多，大大提高了产品综合利润空间。

（三）前景展望

1. 市场行情不断看涨

从行业发展角度观察，伴随着食糖市场供求关系的改善，全球糖市进入新一轮景气周期，价格向上趋势明确。近期厄尔尼诺现象更加重了未来食糖减产的预期，据国际糖业组织（ISO）发布的消息，随着全球糖产量的减少，全球糖市将出现六年来的首次供应缺口，因印度、泰国、巴西和欧盟产量下降，2015/2016 年度（10 月—次年 9 月）全球糖市供应短缺预估至 500 万吨，2016/2017 年度全球糖市供应短缺预估至 620 万吨。在上一次厄尔尼诺事件中，国际糖价曾飙升至 30 年高点，近期在分析机构 F. O. LiCht 同样上调供应缺口后，ICE 原糖期货飙升逾 7%。从国内市场来看，糖市的供求关系同样在改善之中。2014/2015 年制糖期生产已结束，全国累计产量同比上年减少22.19%。累计工业库存量同比减少 33.33%，达到 7 个榨季的最低值。佐源集团如能完成重组恢复正常生产后，其释放出的产能优势、技术优势、成本优势将在本轮糖价上升周期中给企业带来良好的经济回报。

在经济回报稳定，品牌价值提升的前提下，佐源集团通过同一控制主体下的企业合并，实现上市的目标，拓展融资通道的同时，也可为债权人的安全退出提供更有力的保障。

2. 企业市场竞争力优势明显

相关糖业上市公司南宁糖业（000911）、贵糖股份（000833）、中粮屯河（600737）公布的核心数据如表 2-1 所示：

表 2-1

项目	南宁糖业 （2015 年度）	贵糖股份 （2015 年度）	中粮屯河 （2015 年 9 月）
市值	55 亿元	74 亿元	254 亿元
PE（动）	98.25	50.55	235.51
市净率	3.46	2.82	4.35
收入	22.08 亿元	17.35 亿元	84.97 亿元
净利润	0.38 亿元	1.35 亿元	0.71 亿元
净现金流	7.14 亿元		4.5 亿元

而佐源集团如能重组成功，其各项财务、经营指标都将大大超过现有上市糖业生产企业。佐源集团计划在 2020 年完成上市，实现资产证券化。根据对未来几年的现金流和资产负债预测，在 2020 年，佐源集团预计能够实现总资产 200.88 亿元，资产负债率 18.42%，净利润 17.92 亿元。假设以目前市场可比 20 倍 PE 计算，总市值可达到 358.4 亿元。以目前佐源集团所具备的生产规模、专利技术、生产工艺、成本优势等综合条件所产生的最终收益，以及通过上市公司这一资本平台整合相关产业资源，必将确立行业龙头地位，成为国内制糖板块市值最高的上市公司，为金融机构资金归还提供稳定的保障支持。

三、中景恒基投资集团对佐源集团的债务重组

2015 年 12 月，中景恒基投资集团股份有限公司与佐源集团签署《股权托管协议》，协议约定由中景恒基投资集团全权处理佐源集团的债务重组工作。

中景恒基投资集团股份有限公司在完成对佐源集团有限公司及其所控股、参股以及实际控制的关联企业在历史沿革、资产负债、生产经营、财务管理、

销售市场、行业发展等各方面的尽职调查工作后，依据尽职调查结果、托管工作的进展情况，分步骤分阶段对佐源集团资产、债务、股权结构进行一系列重组，运用相关金融手段和资产债务重整措施，帮助佐源集团优化资产结构、合理缩减债务规模，达到正常的资产负债水平，通过引入战略投资者，以增量带存量做大做强主营业务，迅速恢复企业生产运营，扩大销售市场，稳定并增强盈利能力，适时进入二级市场，最终实现良性发展的目标。

通过行业分析结合佐源集团自身产业优势，左源集团未来具有广阔的发展空间，即随着产品结构和区域布局的日趋合理，通过注入资金，解决企业财务危机，坚持"以制糖为核心主业兼顾菊粉，优化组织结构、提升管理水平"的工作思路，通过重组方案的执行，达到快速恢复主业生产，重塑企业形象的目标。从而实现多方互利共赢的局面。具体方案如下：

（一）重组债务基金介入

第一阶段：发行专项私募基金，用于佐源集团债务重组，通过购买债权、承债式收购，化解佐源集团目前债务危机，使其资产全部解押，并通过对其制糖、菊粉产业的优化布局，保证现有生产能力得到释放，优先恢复生产、在建产能陆续达产、投入使用，从而产生现金回流，盘活整个佐源集团。

第二阶段：通过引进糖业上市公司实现资产证券化并以此作为基金退出渠道，最终使参与方获得相关收益。

佐源集团基金架构图见图 2-3。

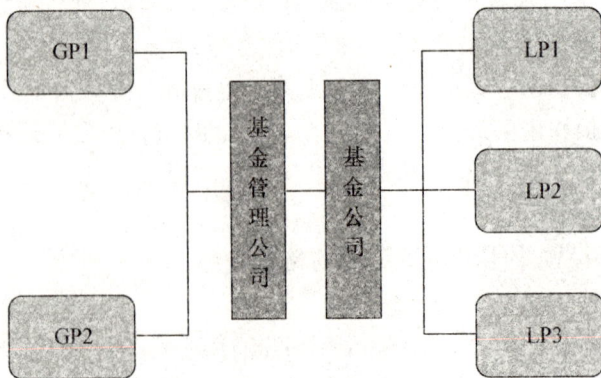

图 2-3　基金架构图

（二）改造、调整佐源集团股权结构及组织管理架构

（1）改变原来网状持股机构，变为垂直持股结构，有利于公司的运营、管理，降低运营管理成本。

（2）新的股权架构可以从法律角度合并佐源集团财务报表，体现集团主营收入和利润，便于吸引新的投资人。

（3）新的股权机构，有利于分期分批地将各个生产基地植入上市公司，具有交易的便捷性和可操作性。

（三）化解佐源集团债务问题

1. 银行类金融机构债务的处理方式

（1）对于仍然存续的银行类贷款以现金的方式正常还本付息彻底解决。

（2）对已形成不良资产的银行类贷款，通过积极与四大资产管理公司合作将相关的资产包购回，以保证佐源集团的产业完整性。

2. 非银行金融机构债务的处理方式

针对该部分债务，根据实际调查的银行类金融机构利息或租赁费的给付情况，做出谈判预案，分别进行谈判，最终由基金偿付债务，释放抵押物。

3. 民间借贷的处理方式

针对民间借贷的每笔借款分别进行分析，从实际给付金额、利息标准、已支付利息金额等情况准备谈判预案，大幅降低了企业的资金压力。

4. 其他债务的处理方式

通过洽商、谈判等方式，以"少量现金＋中长期还款计划"的方式解决其他应付账款、工程款等，为实现佐源集团的债务重组工作扫清了最后的障碍。

四、大连佐源集团债务重组可供借鉴的经验

（1）佐源集团与中景恒基投资集团的托管合作，不但帮助佐源集团化解了债务危机、恢复了生机，待企业完全恢复生产后，还将通过积极寻找上市公司洽商资产重组、资产注入等方式为其实现资产证券化，使以实体经济为主的佐源集团，发展成为一个以实体经济和资本运作协调发展的集团公司，

彻底消除佐源集团的债务危机，从而保证地方政府、债权人、投资人的利益，并极大地促进行业产业的升级发展，最终实现政府、债权人、企业的多方共赢，支持的实体经济的发展。

（2）大连佐源集团债务重组是民营企业在当前法律规定的框架下，利用现行的政策措施，组织专业团队，与企业进行协商合作，与金融机构进行谈判，成功化解企业债务危机的典型案例，对当前化解企业债务危机，支持实体经济发展，维护社会经济金融秩序具有重要的借鉴意义。

THE PRACTICE ON RESTRUCTURING

OF

ENTERPRISE
FINANCIAL DEBT

03

法律法规汇编

中华人民共和国银行业监督管理法
（2006 年修订）

（2003 年 12 月 27 日第十届全国人民代表大会常务委员会第六次会议通过，根据 2006 年 10 月 31 日第十届全国人民代表大会常务委员会第二十四次会议《关于修改〈中华人民共和国银行业监督管理法〉的决定》修正。）

第一章 总则

第一条 为了加强对银行业的监督管理，规范监督管理行为，防范和化解银行业风险，保护存款人和其他客户的合法权益，促进银行业健康发展，制定本法。

第二条 国务院银行业监督管理机构负责对全国银行业金融机构及其业务活动监督管理的工作。

本法所称银行业金融机构，是指在中华人民共和国境内设立的商业银行、城市信用合作社、农村信用合作社等吸收公众存款的金融机构以及政策性银行。

对在中华人民共和国境内设立的金融资产管理公司、信托投资公司、财务公司、金融租赁公司以及经国务院银行业监督管理机构批准设立的其他金融机构的监督管理，适用本法对银行业金融机构监督管理的规定。

国务院银行业监督管理机构依照本法有关规定，对经其批准在境外设立的金融机构以及前二款金融机构在境外的业务活动实施监督管理。

第三条 银行业监督管理的目标是促进银行业的合法、稳健运行，维护公众对银行业的信心。

银行业监督管理应当保护银行业公平竞争，提高银行业竞争能力。

第四条 银行业监督管理机构对银行业实施监督管理，应当遵循依法、公开、公正和效率的原则。

第五条 银行业监督管理机构及其从事监督管理工作的人员依法履行监督管理职责，受法律保护。地方政府、各级政府部门、社会团体和个人不得干涉。

第六条 国务院银行业监督管理机构应当和中国人民银行、国务院其他金融监督管理机构建立监督管理信息共享机制。

第七条 国务院银行业监督管理机构可以和其他国家或者地区的银行业监督管理机构建立监督管理合作机制，实施跨境监督管理。

第二章　监督管理机构

第八条 国务院银行业监督管理机构根据履行职责的需要设立派出机构。国务院银行业监督管理机构对派出机构实行统一领导和管理。

国务院银行业监督管理机构的派出机构在国务院银行业监督管理机构的授权范围内，履行监督管理职责。

第九条 银行业监督管理机构从事监督管理工作的人员，应当具备与其任职相适应的专业知识和业务工作经验。

第十条 银行业监督管理机构工作人员，应当忠于职守，依法办事，公正廉洁，不得利用职务便利牟取不正当的利益，不得在金融机构等企业中兼任职务。

第十一条 银行业监督管理机构工作人员，应当依法保守国家秘密，并有责任为其监督管理的银行业金融机构及当事人保守秘密。

国务院银行业监督管理机构同其他国家或者地区的银行业监督管理机构交流监督管理信息，应当就信息保密作出安排。

第十二条　国务院银行业监督管理机构应当公开监督管理程序，建立监督管理责任制度和内部监督制度。

第十三条　银行业监督管理机构在处置银行业金融机构风险、查处有关金融违法行为等监督管理活动中，地方政府、各级有关部门应当予以配合和协助。

第十四条　国务院审计、监察等机关，应当依照法律规定对国务院银行业监督管理机构的活动进行监督。

第三章　监督管理职责

第十五条　国务院银行业监督管理机构依照法律、行政法规制定并发布对银行业金融机构及其业务活动监督管理的规章、规则。

第十六条　国务院银行业监督管理机构依照法律、行政法规规定的条件和程序，审查批准银行业金融机构的设立、变更、终止以及业务范围。

第十七条　申请设立银行业金融机构，或者银行业金融机构变更持有资本总额或者股份总额达到规定比例以上的股东的，国务院银行业监督管理机构应当对股东的资金来源、财务状况、资本补充能力和诚信状况进行审查。

第十八条　银行业金融机构业务范围内的业务品种，应当按照规定经国务院银行业监督管理机构审查批准或者备案。需要审查批准或者备案的业务品种，由国务院银行业监督管理机构依照法律、行政法规作出规定并公布。

第十九条　未经国务院银行业监督管理机构批准，任何单位或个人不得设立银行业金融机构或者从事银行业金融机构的业务活动。

第二十条　国务院银行业监督管理机构对银行业金融机构的董事和高级管理人员实行任职资格管理。具体办法由国务院银行业监督管理机构制定。

第二十一条　银行业金融机构的审慎经营规则，由法律、行政法规规定，也可以由国务院银行业监督管理机构依照法律、行政法规制定。

前款规定的审慎经营规则，包括风险管理、内部控制、资本充足率、资产质量、损失准备金、风险集中、关联交易、资产流动性等内容。

银行业金融机构应当严格遵守审慎经营规则。

第二十二条　国务院银行业监督管理机构应当在规定的期限，对下列申请事项作出批准或者不批准的书面决定；决定不批准的，应当说明理由：

（一）银行业金融机构的设立，自收到申请文件之日起六个月内；

（二）银行业金融机构的变更、终止，以及业务范围和增加业务范围内的业务品种，自收到申请文件之日起三个月内；

（三）审查董事和高级管理人员的任职资格，自收到申请文件之日起三十日内。

第二十三条　银行业监督管理机构应当对银行业金融机构的业务活动及其风险状况进行非现场监管，建立银行业金融机构监督管理信息系统，分析、评价银行业金融机构的风险状况。

第二十四条　银行业监督管理机构应当对银行业金融机构的业务活动及其风险状况进行现场检查。

国务院银行业监督管理机构应当制定现场检查程序，规范现场检查行为。

第二十五条　国务院银行业监督管理机构应当对银行业金融机构实行并表监督管理。

第二十六条　国务院银行业监督管理机构对中国人民银行提出的检查银行业金融机构的建议，应当自收到建议之日起三十日内予以回复。

第二十七条　国务院银行业监督管理机构应当建立银行业金融机构监督管理评级体系和风险预警机制，根据银行业金融机构的评级情况和风险状况，确定对其现场检查的频率、范围和需要采取的其他措施。

第二十八条　国务院银行业监督管理机构应当建立银行业突发事件的发现、报告岗位责任制度。

银行业监督管理机构发现可能引发系统性银行业风险、严重影响社会稳定的突发事件的，应当立即向国务院银行业监督管理机构负责人报告；国务院银行业监督管理机构负责人认为需要向国务院报告的，应当立即向国务院报告，并告知中国人民银行、国务院财政部门等有关部门。

第二十九条　国务院银行业监督管理机构应当会同中国人民银行、国务院财政部门等有关部门建立银行业突发事件处置制度，制定银行业突发事件处置预案，明确处置机构和人员及其职责、处置措施和处置程序，及时、有效地处置银行业突发事件。

第三十条　国务院银行业监督管理机构负责统一编制全国银行业金融机构的统计数据、报表，并按照国家有关规定予以公布。

第三十一条　国务院银行业监督管理机构对银行业自律组织的活动进行

指导和监督。

银行业自律组织的章程应当报国务院银行业监督管理机构备案。

第三十二条 国务院银行业监督管理机构可以开展与银行业监督管理有关的国际交流、合作活动。

第四章 监督管理措施

第三十三条 银行业监督管理机构根据履行职责的需要，有权要求银行业金融机构按照规定报送资产负债表、利润表和其他财务会计、统计报表、经营管理资料以及注册会计师出具的审计报告。

第三十四条 银行业监督管理机构根据审慎监管的要求，可以采取下列措施进行现场检查：

（一）进入银行业金融机构进行检查；

（二）询问银行业金融机构的工作人员，要求其对有关检查事项作出说明；

（三）查阅、复制银行业金融机构与检查事项有关的文件、资料，对可能被转移、隐匿或者毁损的文件、资料予以封存；

（四）检查银行业金融机构运用电子计算机管理业务数据的系统。

进行现场检查，应当经银行业监督管理机构负责人批准。现场检查时，检查人员不得少于二人，并应当出示合法证件和检查通知书；检查人员少于二人或者未出示合法证件和检查通知书的，银行业金融机构有权拒绝检查。

第三十五条 银行业监督管理机构根据履行职责的需要，可以与银行业金融机构董事、高级管理人员进行监督管理谈话，要求银行业金融机构董事、高级管理人员就银行业金融机构的业务活动和风险管理的重大事项作出说明。

第三十六条 银行业监督管理机构应当责令银行业金融机构按照规定，如实向社会公众披露财务会计报告、风险管理状况、董事和高级管理人员变更以及其他重大事项等信息。

第三十七条 银行业金融机构违反审慎经营规则的，国务院银行业监督管理机构或者其省一级派出机构应当责令限期改正；逾期未改正的，或者其行为严重危及该银行业金融机构的稳健运行、损害存款人和其他客户合法权益的，经国务院银行业监督管理机构或者其省一级派出机构负责人批准，可以区别情形，采取下列措施：

（一）责令暂停部分业务、停止批准开办新业务；

（二）限制分配红利和其他收入；

（三）限制资产转让；

（四）责令控股股东转让股权或者限制有关股东的权利；

（五）责令调整董事、高级管理人员或者限制其权利；

（六）停止批准增设分支机构。

银行业金融机构整改后，应当向国务院银行业监督管理机构或者其省一级派出机构提交报告。国务院银行业监督管理机构或者其省一级派出机构经验收，符合有关审慎经营规则的，应当自验收完毕之日起三日内解除对其采取的前款规定的有关措施。

第三十八条　银行业金融机构已经或者可能发生信用危机，严重影响存款人和其他客户合法权益的，国务院银行业监督管理机构可以依法对该银行业金融机构实行接管或者促成机构重组，接管和机构重组依照有关法律和国务院的规定执行。

第三十九条　银行业金融机构有违法经营、经营管理不善等情形，不予撤销将严重危害金融秩序、损害公众利益的，国务院银行业监督管理机构有权予以撤销。

第四十条　银行业金融机构被接管、重组或者被撤销的，国务院银行业监督管理机构有权要求该银行业金融机构的董事、高级管理人员和其他工作人员，按照国务院银行业监督管理机构的要求履行职责。

在接管、机构重组或者撤销清算期间，经国务院银行业监督管理机构负责人批准，对直接负责的董事、高级管理人员和其他直接责任人员，可以采取下列措施：

（一）直接负责的董事、高级管理人员和其他直接责任人员出境将对国家利益造成重大损失的，通知出境管理机关依法阻止其出境；

（二）申请司法机关禁止其转移、转让财产或者对其财产设定其他权利。

第四十一条　经国务院银行业监督管理机构或者其省一级派出机构负责人批准，银行业监督管理机构有权查询涉嫌金融违法的银行业金融机构及其工作人员以及关联行为人的账户；对涉嫌转移或者隐匿违法资金的，经银行业监督管理机构负责人批准，可以申请司法机关予以冻结。

第四十二条 银行业监督管理机构依法对银行业金融机构进行检查时，经设区的市一级以上银行业监督管理机构负责人批准，可以对与涉嫌违法事项有关的单位和个人采取下列措施：

（一）询问有关单位或者个人，要求其对有关情况作出说明；

（二）查阅、复制有关财务会计、财产权登记等文件、资料；

（三）对可能被转移、隐匿、毁损或者伪造的文件、资料，予以先行登记保存。

银行业监督管理机构采取前款规定措施，调查人员不得少于二人，并应当出示合法证件和调查通知书；调查人员少于二人或者未出示合法证件和调查通知书的，有关单位或者个人有权拒绝。对依法采取的措施，有关单位和个人应当配合，如实说明有关情况并提供有关文件、资料，不得拒绝、阻碍和隐瞒。

第五章 法律责任

第四十三条 银行业监督管理机构从事监督管理工作的人员有下列情形之一的，依法给予行政处分；构成犯罪的，依法追究刑事责任：

（一）违反规定审查批准银行业金融机构的设立、变更、终止，以及业务范围和业务范围内的业务品种的；

（二）违反规定对银行业金融机构进行现场检查的；

（三）未依照本法第二十八条规定报告突发事件的；

（四）违反规定查询账户或者申请冻结资金的；

（五）违反规定对银行业金融机构采取措施或者处罚的；

（六）违反本法第四十二条规定对有关单位或者个人进行调查的；

（七）滥用职权、玩忽职守的其他行为。

银行业监督管理机构从事监督管理工作的人员贪污受贿，泄露国家秘密、商业秘密和个人隐私，构成犯罪的，依法追究刑事责任；尚不构成犯罪的，依法给予行政处分。

第四十四条 擅自设立银行业金融机构或者非法从事银行业金融机构的业务活动的，由国务院银行业监督管理机构予以取缔；构成犯罪的，依法追究刑事责任；尚不构成犯罪的，由国务院银行业监督管理机构没收违法所得，违法所得五十万元以上的，并处违法所得一倍以上五倍以下罚款；没有违法所得或者违法所得不足五十万元的，处五十万元以上二百万元以下罚款。

第四十五条　银行业金融机构有下列情形之一，由国务院银行业监督管理机构责令改正，有违法所得的，没收违法所得，违法所得五十万元以上的，并处违法所得一倍以上五倍以下罚款；没有违法所得或者违法所得不足五十万元的，处五十万元以上二百万元以下罚款；情节特别严重或者逾期不改正的，可以责令停业整顿或者吊销其经营许可证；构成犯罪的，依法追究刑事责任：

（一）未经批准设立分支机构的；

（二）未经批准变更、终止的；

（三）违反规定从事未经批准或者未备案的业务活动的；

（四）违反规定提高或者降低存款利率、贷款利率的。

第四十六条　银行业金融机构有下列情形之一，由国务院银行业监督管理机构责令改正，并处二十万元以上五十万元以下罚款；情节特别严重或者逾期不改正的，可以责令停业整顿或者吊销其经营许可证；构成犯罪的，依法追究刑事责任：

（一）未经任职资格审查任命董事、高级管理人员的；

（二）拒绝或者阻碍非现场监管或者现场检查的；

（三）提供虚假的或者隐瞒重要事实的报表、报告等文件、资料的；

（四）未按照规定进行信息披露的；

（五）严重违反审慎经营规则的；

（六）拒绝执行本法第三十七条规定的措施的。

第四十七条　银行业金融机构不按照规定提供报表、报告等文件、资料的，由银行业监督管理机构责令改正，逾期不改正的，处十万元以上三十万元以下罚款。

第四十八条　银行业金融机构违反法律、行政法规以及国家有关银行业监督管理规定的，银行业监督管理机构除依照本法第四十四条至第四十七条规定处罚外，还可以区别不同情形，采取下列措施：

（一）责令银行业金融机构对直接负责的董事、高级管理人员和其他直接责任人员给予纪律处分；

（二）银行业金融机构的行为尚不构成犯罪的，对直接负责的董事、高级管理人员和其他直接责任人员给予警告，处五万元以上五十万元以下罚款；

（三）取消直接负责的董事、高级管理人员一定期限直至终身的任职资格，禁止直接负责的董事、高级管理人员和其他直接责任人员一定期限直至终身从事银行业工作。

第四十九条 阻碍银行业监督管理机构工作人员依法执行检查、调查职务的，由公安机关依法给予治安管理处罚；构成犯罪的，依法追究刑事责任。

第六章 附则

第五十条 对在中华人民共和国境内设立的政策性银行、金融资产管理公司的监督管理，法律、行政法规另有规定的，依照其规定。

第五十一条 对在中华人民共和国境内设立的外资银行业金融机构、中外合资银行业金融机构、外国银行业金融机构的分支机构的监督管理，法律、行政法规另有规定的，依照其规定。

第五十二条 本法自 2004 年 2 月 1 日起施行。

（提示：1. 依据本法设定的相关事项已被列入《国务院关于取消和调整一批行政审批项目等事项的决定》的附件 5《国务院决定保留的工商登记前置审批事项目录（共计 34 项）》；2. 依据本法设定的相关事项已被列入《国务院关于第六批取消和调整行政审批项目的决定》的附件 1《国务院决定取消的行政审批项目目录（171 项）》；3. 依据本法设定的相关事项已被列入《国务院关于第五批取消和下放管理层级行政审批项目的决定》的附件 1《国务院决定取消的行政审批项目目录（113 项)》）。

中华人民共和国商业银行法
（2015 年修订）

第一章　总则

第一条　为了保护商业银行、存款人和其他客户的合法权益，规范商业银行的行为，提高信贷资产质量，加强监督管理，保障商业银行的稳健运行，维护金融秩序，促进社会主义市场经济的发展，制定本法。

第二条　本法所称的商业银行是指依照本法和《中华人民共和国公司法》设立的吸收公众存款、发放贷款、办理结算等业务的企业法人。

第三条　商业银行可以经营下列部分或者全部业务：

（一）吸收公众存款；

（二）发放短期、中期和长期贷款；

（三）办理国内外结算；

（四）办理票据承兑与贴现；

（五）发行金融债券；

（六）代理发行、代理兑付、承销政府债券；

（七）买卖政府债券、金融债券；

（八）从事同业拆借；

（九）买卖、代理买卖外汇；

（十）从事银行卡业务；

（十一）提供信用证服务及担保；

（十二）代理收付款项及代理保险业务；

（十三）提供保管箱服务；

（十四）经国务院银行业监督管理机构批准的其他业务。

经营范围由商业银行章程规定，报国务院银行业监督管理机构批准。

商业银行经中国人民银行批准，可以经营结汇、售汇业务。

第四条 商业银行以安全性、流动性、效益性为经营原则，实行自主经营，自担风险，自负盈亏，自我约束。

商业银行依法开展业务，不受任何单位和个人的干涉。

商业银行以其全部法人财产独立承担民事责任。

第五条 商业银行与客户的业务往来，应当遵循平等、自愿、公平和诚实信用的原则。

第六条 商业银行应当保障存款人的合法权益不受任何单位和个人的侵犯。

第七条 商业银行开展信贷业务，应当严格审查借款人的资信，实行担保，保障按期收回贷款。

商业银行依法向借款人收回到期贷款的本金和利息，受法律保护。

第八条 商业银行开展业务，应当遵守法律、行政法规的有关规定，不得损害国家利益、社会公共利益。

第九条 商业银行开展业务，应当遵守公平竞争的原则，不得从事不正当竞争。

第十条 商业银行依法接受国务院银行业监督管理机构的监督管理，但法律规定其有关业务接受其他监督管理部门或者机构监督管理的，依照其规定。

第二章　商业银行的设立和组织机构

第十一条 设立商业银行，应当经国务院银行业监督管理机构审查批准。

未经国务院银行业监督管理机构批准，任何单位和个人不得从事吸收公众存款等商业银行业务，任何单位不得在名称中使用"银行"字样。

第十二条　设立商业银行，应当具备下列条件：

（一）有符合本法和《中华人民共和国公司法》规定的章程；

（二）有符合本法规定的注册资本最低限额；

（三）有具备任职专业知识和业务工作经验的董事、高级管理人员；

（四）有健全的组织机构和管理制度；

（五）有符合要求的营业场所、安全防范措施和与业务有关的其他设施。

设立商业银行，还应当符合其他审慎性条件。

第十三条　设立全国性商业银行的注册资本最低限额为十亿元人民币。设立城市商业银行的注册资本最低限额为一亿元人民币，设立农村商业银行的注册资本最低限额为五千万元人民币。注册资本应当是实缴资本。

国务院银行业监督管理机构根据审慎监管的要求可以调整注册资本最低限额，但不得少于前款规定的限额。

第十四条　设立商业银行，申请人应当向国务院银行业监督管理机构提交下列文件、资料：

（一）申请书，申请书应当载明拟设立的商业银行的名称、所在地、注册资本、业务范围等；

（二）可行性研究报告；

（三）国务院银行业监督管理机构规定提交的其他文件、资料。

第十五条　设立商业银行的申请经审查符合本法第十四条规定的，申请人应当填写正式申请表，并提交下列文件、资料：

（一）章程草案；

（二）拟任职的董事、高级管理人员的资格证明；

（三）法定验资机构出具的验资证明；

（四）股东名册及其出资额、股份；

（五）持有注册资本百分之五以上的股东的资信证明和有关资料；

（六）经营方针和计划；

（七）营业场所、安全防范措施和与业务有关的其他设施的资料；

（八）国务院银行业监督管理机构规定的其他文件、资料。

第十六条　经批准设立的商业银行，由国务院银行业监督管理机构颁发经营许可证，并凭该许可证向工商行政管理部门办理登记，领取营业执照。

第十七条　商业银行的组织形式、组织机构适用《中华人民共和国公司法》的规定。

本法施行前设立的商业银行，其组织形式、组织机构不完全符合《中华人民共和国公司法》规定的，可以继续沿用原有的规定，适用前款规定的日期由国务院规定。

第十八条　国有独资商业银行设立监事会。监事会的产生办法由国务院规定。

监事会对国有独资商业银行的信贷资产质量、资产负债比例、国有资产保值增值等情况以及高级管理人员违反法律、行政法规或者章程的行为和损害银行利益的行为进行监督。

第十九条　商业银行根据业务需要可以在中华人民共和国境内外设立分支机构。设立分支机构必须经国务院银行业监督管理机构审查批准。在中华人民共和国境内的分支机构，不按行政区划设立。

商业银行在中华人民共和国境内设立分支机构，应当按照规定拨付与其经营规模相适应的营运资金额。拨付各分支机构营运资金额的总和，不得超过总行资本金总额的百分之六十。

第二十条　设立商业银行分支机构，申请人应当向国务院银行业监督管理机构提交下列文件、资料：

（一）申请书，申请书应当载明拟设立的分支机构的名称、营运资金额、业务范围、总行及分支机构所在地等；

（二）申请人最近二年的财务会计报告；

（三）拟任职的高级管理人员的资格证明；

（四）经营方针和计划；

（五）营业场所、安全防范措施和与业务有关的其他设施的资料；

（六）国务院银行业监督管理机构规定的其他文件、资料。

第二十一条　经批准设立的商业银行分支机构，由国务院银行业监督管理机构颁发经营许可证，并凭该许可证向工商行政管理部门办理登记，领取营业执照。

第二十二条　商业银行对其分支机构实行全行统一核算，统一调度资金，分级管理的财务制度。

商业银行分支机构不具有法人资格，在总行授权范围内依法开展业务，其民事责任由总行承担。

第二十三条　经批准设立的商业银行及其分支机构，由国务院银行业监督管理机构予以公告。

商业银行及其分支机构自取得营业执照之日起无正当理由超过六个月未开业的，或者开业后自行停业连续六个月以上的，由国务院银行业监督管理机构吊销其经营许可证，并予以公告。

第二十四条　商业银行有下列变更事项之一的，应当经国务院银行业监督管理机构批准：

（一）变更名称；

（二）变更注册资本；

（三）变更总行或者分支行所在地；

（四）调整业务范围；

（五）变更持有资本总额或者股份总额百分之五以上的股东；

（六）修改章程；

（七）国务院银行业监督管理机构规定的其他变更事项。

更换董事、高级管理人员时，应当报经国务院银行业监督管理机构审查其任职资格。

第二十五条　商业银行的分立、合并，适用《中华人民共和国公司法》的规定。

商业银行的分立、合并，应当经国务院银行业监督管理机构审查批准。

第二十六条　商业银行应当依照法律、行政法规的规定使用经营许可证。禁止伪造、变造、转让、出租、出借经营许可证。

第二十七条　有下列情形之一的，不得担任商业银行的董事、高级管理人员：

（一）因犯有贪污、贿赂、侵占财产、挪用财产罪或者破坏社会经济秩序罪，被判处刑罚，或者因犯罪被剥夺政治权利的；

（二）担任因经营不善破产清算的公司、企业的董事或者厂长、经理，并对该公司、企业的破产负有个人责任的；

（三）担任因违法被吊销营业执照的公司、企业的法定代表人，并负有个人责任的；

（四）个人所负数额较大的债务到期未清偿的。

第二十八条 任何单位和个人购买商业银行股份总额百分之五以上的，应当事先经国务院银行业监督管理机构批准。

第三章 对存款人的保护

第二十九条 商业银行办理个人储蓄存款业务，应当遵循存款自愿、取款自由、存款有息、为存款人保密的原则。

对个人储蓄存款，商业银行有权拒绝任何单位或者个人查询、冻结、扣划，但法律另有规定的除外。

第三十条 对单位存款，商业银行有权拒绝任何单位或者个人查询，但法律、行政法规另有规定的除外；有权拒绝任何单位或者个人冻结、扣划，但法律另有规定的除外。

第三十一条 商业银行应当按照中国人民银行规定的存款利率的上下限，确定存款利率，并予以公告。

第三十二条 商业银行应当按照中国人民银行的规定，向中国人民银行交存存款准备金，留足备付金。

第三十三条 商业银行应当保证存款本金和利息的支付，不得拖延、拒绝支付存款本金和利息。

第四章 贷款和其他业务的基本规则

第三十四条 商业银行根据国民经济和社会发展的需要，在国家产业政策指导下开展贷款业务。

第三十五条 商业银行贷款，应当对借款人的借款用途、偿还能力、还款方式等情况进行严格审查。

商业银行贷款，应当实行审贷分离、分级审批的制度。

第三十六条 商业银行贷款，借款人应当提供担保。商业银行应当对保证人的偿还能力，抵押物、质物的权属和价值以及实现抵押权、质权的可行性进行严格审查。

经商业银行审查、评估，确认借款人资信良好，确能偿还贷款的，可以不提供担保。

第三十七条　商业银行贷款，应当与借款人订立书面合同。合同应当约定贷款种类、借款用途、金额、利率、还款期限、还款方式、违约责任和双方认为需要约定的其他事项。

第三十八条　商业银行应当按照中国人民银行规定的贷款利率的上下限，确定贷款利率。

第三十九条　商业银行贷款，应当遵守下列资产负债比例管理的规定：

（一）资本充足率不得低于百分之八；

（二）流动性资产余额与流动性负债余额的比例不得低于百分之二十五；

（三）对同一借款人的贷款余额与商业银行资本余额的比例不得超过百分之十；

（四）国务院银行业监督管理机构对资产负债比例管理的其他规定。

本法施行前设立的商业银行，在本法施行后，其资产负债比例不符合前款规定的，应当在一定的期限内符合前款规定。具体办法由国务院规定。

第四十条　商业银行不得向关系人发放信用贷款；向关系人发放担保贷款的条件不得优于其他借款人同类贷款的条件。

前款所称关系人是指：

（一）商业银行的董事、监事、管理人员、信贷业务人员及其近亲属；

（二）前项所列人员投资或者担任高级管理职务的公司、企业和其他经济组织。

第四十一条　任何单位和个人不得强令商业银行发放贷款或者提供担保。商业银行有权拒绝任何单位和个人强令要求其发放贷款或者提供担保。

第四十二条　借款人应当按期归还贷款的本金和利息。

借款人到期不归还担保贷款的，商业银行依法享有要求保证人归还贷款本金和利息或者就该担保物优先受偿的权利。商业银行因行使抵押权、质权而取得的不动产或者股权，应当自取得之日起二年内予以处分。

借款人到期不归还信用贷款的，应当按照合同约定承担责任。

第四十三条　商业银行在中华人民共和国境内不得从事信托投资和证券经营业务，不得向非自用不动产投资或者向非银行金融机构和企业投资，但国家另有规定的除外。

第四十四条　商业银行办理票据承兑、汇兑、委托收款等结算业务，应当按照规定的期限兑现，收付入账，不得压单、压票或者违反规定退票。有关兑现、收付入账期限的规定应当公布。

第四十五条　商业银行发行金融债券或者到境外借款，应当依照法律、行政法规的规定报经批准。

第四十六条　同业拆借，应当遵守中国人民银行的规定。禁止利用拆入资金发放固定资产贷款或者用于投资。

拆出资金限于交足存款准备金、留足备付金和归还中国人民银行到期贷款之后的闲置资金。拆入资金用于弥补票据结算、联行汇差头寸的不足和解决临时性周转资金的需要。

第四十七条　商业银行不得违反规定提高或者降低利率以及采用其他不正当手段，吸收存款，发放贷款。

第四十八条　企业事业单位可以自主选择一家商业银行的营业场所开立一个办理日常转账结算和现金收付的基本账户，不得开立两个以上基本账户。

任何单位和个人不得将单位的资金以个人名义开立账户存储。

第四十九条　商业银行的营业时间应当方便客户，并予以公告。商业银行应当在公告的营业时间内营业，不得擅自停止营业或者缩短营业时间。

第五十条　商业银行办理业务，提供服务，按照规定收取手续费。收费项目和标准由国务院银行业监督管理机构、中国人民银行根据职责分工，分别会同国务院价格主管部门制定。

第五十一条　商业银行应当按照国家有关规定保存财务会计报表、业务合同以及其他资料。

第五十二条　商业银行的工作人员应当遵守法律、行政法规和其他各项业务管理的规定，不得有下列行为：

（一）利用职务上的便利，索取、收受贿赂或者违反国家规定收受各种名义的回扣、手续费；

（二）利用职务上的便利，贪污、挪用、侵占本行或者客户的资金；

（三）违反规定徇私向亲属、朋友发放贷款或者提供担保；

（四）在其他经济组织兼职；

（五）违反法律、行政法规和业务管理规定的其他行为。

第五十三条　商业银行的工作人员不得泄露其在任职期间知悉的国家秘密、商业秘密。

第五章 财务会计

第五十四条 商业银行应当依照法律和国家统一的会计制度以及国务院银行业监督管理机构的有关规定，建立、健全本行的财务、会计制度。

第五十五条 商业银行应当按照国家有关规定，真实记录并全面反映其业务活动和财务状况，编制年度财务会计报告，及时向国务院银行业监督管理机构、中国人民银行和国务院财政部门报送。商业银行不得在法定的会计账册外另立会计账册。

第五十六条 商业银行应当于每一会计年度终了三个月内，按照国务院银行业监督管理机构的规定，公布其上一年度的经营业绩和审计报告。

第五十七条 商业银行应当按照国家有关规定，提取呆账准备金，冲销呆账。

第五十八条 商业银行的会计年度自公历1月1日起至12月31日止。

第六章 监督管理

第五十九条 商业银行应当按照有关规定，制定本行的业务规则，建立、健全本行的风险管理和内部控制制度。

第六十条 商业银行应当建立、健全本行对存款、贷款、结算、呆账等各项情况的稽核、检查制度。

商业银行对分支机构应当进行经常性的稽核和检查监督。

第六十一条 商业银行应当按照规定向国务院银行业监督管理机构、中国人民银行报送资产负债表、利润表以及其他财务会计、统计报表和资料。

第六十二条 国务院银行业监督管理机构有权依照本法第三章、第四章、第五章的规定，随时对商业银行的存款、贷款、结算、呆账等情况进行检查监督。检查监督时，检查监督人员应当出示合法的证件。商业银行应当按照国务院银行业监督管理机构的要求，提供财务会计资料、业务合同和有关经营管理方面的其他信息。

中国人民银行有权依照《中华人民共和国中国人民银行法》第三十二条、第三十四条的规定对商业银行进行检查监督。

第六十三条 商业银行应当依法接受审计机关的审计监督。

第七章　接管和终止

第六十四条 商业银行已经或者可能发生信用危机，严重影响存款人的利益时，国务院银行业监督管理机构可以对该银行实行接管。

接管的目的是对被接管的商业银行采取必要措施，以保护存款人的利益，恢复商业银行的正常经营能力。被接管的商业银行的债权债务关系不因接管而变化。

第六十五条 接管由国务院银行业监督管理机构决定，并组织实施。国务院银行业监督管理机构的接管决定应当载明下列内容：

（一）被接管的商业银行名称；

（二）接管理由；

（三）接管组织；

（四）接管期限。

接管决定由国务院银行业监督管理机构予以公告。

第六十六条 接管自接管决定实施之日起开始。

自接管开始之日起，由接管组织行使商业银行的经营管理权力。

第六十七条 接管期限届满，国务院银行业监督管理机构可以决定延期，但接管期限最长不得超过二年。

第六十八条 有下列情形之一的，接管终止：

（一）接管决定规定的期限届满或者国务院银行业监督管理机构决定的接管延期届满；

（二）接管期限届满前，该商业银行已恢复正常经营能力；

（三）接管期限届满前，该商业银行被合并或者被依法宣告破产。

第六十九条 商业银行因分立、合并或者出现公司章程规定的解散事由需要解散的，应当向国务院银行业监督管理机构提出申请，并附解散的理由和支付存款的本金和利息等债务清偿计划。经国务院银行业监督管理机构批准后解散。

商业银行解散的，应当依法成立清算组，进行清算，按照清偿计划及时偿还存款本金和利息等债务。国务院银行业监督管理机构监督清算过程。

第七十条　商业银行因吊销经营许可证被撤销的，国务院银行业监督管理机构应当依法及时组织成立清算组，进行清算，按照清偿计划及时偿还存款本金和利息等债务。

第七十一条　商业银行不能支付到期债务，经国务院银行业监督管理机构同意，由人民法院依法宣告其破产。商业银行被宣告破产的，由人民法院组织国务院银行业监督管理机构等有关部门和有关人员成立清算组，进行清算。

商业银行破产清算时，在支付清算费用、所欠职工工资和劳动保险费用后，应当优先支付个人储蓄存款的本金和利息。

第七十二条　商业银行因解散、被撤销和被宣告破产而终止。

第八章　法律责任

第七十三条　商业银行有下列情形之一，对存款人或者其他客户造成财产损害的，应当承担支付迟延履行的利息以及其他民事责任：

（一）无故拖延、拒绝支付存款本金和利息的；

（二）违反票据承兑等结算业务规定，不予兑现，不予收付入账，压单、压票或者违反规定退票的；

（三）非法查询、冻结、扣划个人储蓄存款或者单位存款的；

（四）违反本法规定对存款人或者其他客户造成损害的其他行为。

有前款规定情形的，由国务院银行业监督管理机构责令改正，有违法所得的，没收违法所得，违法所得五万元以上的，并处违法所得一倍以上五倍以下罚款；没有违法所得或者违法所得不足五万元的，处五万元以上五十万元以下罚款。

第七十四条　商业银行有下列情形之一，由国务院银行业监督管理机构责令改正，有违法所得的，没收违法所得，违法所得五十万元以上的，并处违法所得一倍以上五倍以下罚款；没有违法所得或者违法所得不足五十万元的，处五十万元以上二百万元以下罚款；情节特别严重或者逾期不改正的，可以责令停业整顿或者吊销其经营许可证；构成犯罪的，依法追究刑事责任：

（一）未经批准设立分支机构的；

（二）未经批准分立、合并或者违反规定对变更事项不报批的；

（三）违反规定提高或者降低利率以及采用其他不正当手段，吸收存款、发放贷款的；

（四）出租、出借经营许可证的；

（五）未经批准买卖、代理买卖外汇的；

（六）未经批准买卖政府债券或者发行、买卖金融债券的；

（七）违反国家规定从事信托投资和证券经营业务、向非自用不动产投资或者向非银行金融机构和企业投资的；

（八）向关系人发放信用贷款或者发放担保贷款的条件优于其他借款人同类贷款的条件的。

第七十五条 商业银行有下列情形之一，由国务院银行业监督管理机构责令改正，并处二十万元以上五十万元以下罚款；情节特别严重或者逾期不改正的，可以责令停业整顿或者吊销其经营许可证；构成犯罪的，依法追究刑事责任：

（一）拒绝或者阻碍国务院银行业监督管理机构检查监督的；

（二）提供虚假的或者隐瞒重要事实的财务会计报告、报表和统计报表的；

（三）未遵守资本充足率、资产流动性比例、同一借款人贷款比例和国务院银行业监督管理机构有关资产负债比例管理的其他规定的。

第七十六条 商业银行有下列情形之一，由中国人民银行责令改正，有违法所得的，没收违法所得，违法所得五十万元以上的，并处违法所得一倍以上五倍以下罚款；没有违法所得或者违法所得不足五十万元的，处五十万元以上二百万元以下罚款；情节特别严重或者逾期不改正的，中国人民银行可以建议国务院银行业监督管理机构责令停业整顿或者吊销其经营许可证；构成犯罪的，依法追究刑事责任：

（一）未经批准办理结汇、售汇的；

（二）未经批准在银行间债券市场发行、买卖金融债券或者到境外借款的；

（三）违反规定同业拆借的。

第七十七条 商业银行有下列情形之一，由中国人民银行责令改正，并处二十万元以上五十万元以下罚款；情节特别严重或者逾期不改正的，中国人民银行可以建议国务院银行业监督管理机构责令停业整顿或者吊销其经营许可证；构成犯罪的，依法追究刑事责任：

（一）拒绝或者阻碍中国人民银行检查监督的；

（二）提供虚假的或者隐瞒重要事实的财务会计报告、报表和统计报表的；

（三）未按照中国人民银行规定的比例交存存款准备金的。

第七十八条　商业银行有本法第七十三条至第七十七条规定情形的，对直接负责的董事、高级管理人员和其他直接责任人员，应当给予纪律处分；构成犯罪的，依法追究刑事责任。

第七十九条　有下列情形之一，由国务院银行业监督管理机构责令改正，有违法所得的，没收违法所得，违法所得五万元以上的，并处违法所得一倍以上五倍以下罚款；没有违法所得或者违法所得不足五万元的，处五万元以上五十万元以下罚款：

（一）未经批准在名称中使用"银行"字样的；

（二）未经批准购买商业银行股份总额百分之五以上的；

（三）将单位的资金以个人名义开立账户存储的。

第八十条　商业银行不按照规定向国务院银行业监督管理机构报送有关文件、资料的，由国务院银行业监督管理机构责令改正，逾期不改正的，处十万元以上三十万元以下罚款。

商业银行不按照规定向中国人民银行报送有关文件、资料的，由中国人民银行责令改正，逾期不改正的，处十万元以上三十万元以下罚款。

第八十一条　未经国务院银行业监督管理机构批准，擅自设立商业银行，或者非法吸收公众存款、变相吸收公众存款，构成犯罪的，依法追究刑事责任；并由国务院银行业监督管理机构予以取缔。

伪造、变造、转让商业银行经营许可证，构成犯罪的，依法追究刑事责任。

第八十二条　借款人采取欺诈手段骗取贷款，构成犯罪的，依法追究刑事责任。

第八十三条　有本法第八十一条、第八十二条规定的行为，尚不构成犯罪的，由国务院银行业监督管理机构没收违法所得，违法所得五十万元以上的，并处违法所得一倍以上五倍以下罚款；没有违法所得或者违法所得不足五十万元的，处五十万元以上二百万元以下罚款。

第八十四条　商业银行工作人员利用职务上的便利，索取、收受贿赂或者违反国家规定收受各种名义的回扣、手续费，构成犯罪的，依法追究刑事责任；尚不构成犯罪的，应当给予纪律处分。

有前款行为，发放贷款或者提供担保造成损失的，应当承担全部或者部分赔偿责任。

第八十五条　商业银行工作人员利用职务上的便利，贪污、挪用、侵占本行或者客户资金，构成犯罪的，依法追究刑事责任；尚不构成犯罪的，应当给予纪律处分。

第八十六条　商业银行工作人员违反本法规定玩忽职守造成损失的，应当给予纪律处分；构成犯罪的，依法追究刑事责任。

违反规定徇私向亲属、朋友发放贷款或者提供担保造成损失的，应当承担全部或者部分赔偿责任。

第八十七条　商业银行工作人员泄露在任职期间知悉的国家秘密、商业秘密的，应当给予纪律处分；构成犯罪的，依法追究刑事责任。

第八十八条　单位或者个人强令商业银行发放贷款或者提供担保的，应当对直接负责的主管人员和其他直接责任人员或者个人给予纪律处分；造成损失的，应当承担全部或者部分赔偿责任。

商业银行的工作人员对单位或者个人强令其发放贷款或者提供担保未予拒绝的，应当给予纪律处分；造成损失的，应当承担相应的赔偿责任。

第八十九条　商业银行违反本法规定的，国务院银行业监督管理机构可以区别不同情形，取消其直接负责的董事、高级管理人员一定期限直至终身的任职资格，禁止直接负责的董事、高级管理人员和其他直接责任人员一定期限直至终身从事银行业工作。

商业银行的行为尚不构成犯罪的，对直接负责的董事、高级管理人员和其他直接责任人员，给予警告，处五万元以上五十万元以下罚款。

第九十条　商业银行及其工作人员对国务院银行业监督管理机构、中国人民银行的处罚决定不服的，可以依照《中华人民共和国行政诉讼法》的规定向人民法院提起诉讼。

第九章　附则

第九十条　本法施行前，按照国务院的规定经批准设立的商业银行不再办理审批手续。

第九十二条 外资商业银行、中外合资商业银行、外国商业银行分行适用本法规定，法律、行政法规另有规定的，依照其规定。

第九十三条 城市信用合作社、农村信用合作社办理存款、贷款和结算等业务，适用本法有关规定。

第九十四条 邮政企业办理商业银行的有关业务，适用本法有关规定。

第九十五条 本法自 1995 年 7 月 1 日起施行。

中华人民共和国合同法
（1999 年）

（1999 年 3 月 15 日第九届全国人民代表大会第二次会议通过，1999 年 3 月 15 日中华人民共和国主席令第 15 号公布，自 1999 年 10 月 1 日起施行。）

总　则

第一章　一般规定

第一条　为了保护合同当事人的合法权益，维护社会经济秩序，促进社会主义现代化建设，制定本法。

第二条　本法所称合同是平等主体的自然人、法人、其他组织之间设立、变更、终止民事权利义务关系的协议。

婚姻、收养、监护等有关身份关系的协议，适用其他法律的规定。

第三条　合同当事人的法律地位平等，一方不得将自己的意志强加给另一方。

第四条　当事人依法享有自愿订立合同的权利，任何单位和个人不得非法干预。

第五条 当事人应当遵循公平原则确定各方的权利和义务。

第六条 当事人行使权利、履行义务应当遵循诚实信用原则。

第七条 当事人订立、履行合同，应当遵守法律、行政法规，尊重社会公德，不得扰乱社会经济秩序，损害社会公共利益。

第八条 依法成立的合同，对当事人具有法律约束力。当事人应当按照约定履行自己的义务，不得擅自变更或者解除合同。

依法成立的合同，受法律保护。

第二章　合同的订立

第九条 当事人订立合同，应当具有相应的民事权利能力和民事行为能力。

当事人依法可以委托代理人订立合同。

第十条 当事人订立合同，有书面形式、口头形式和其他形式。

法律、行政法规规定采用书面形式的，应当采用书面形式。当事人约定采用书面形式的，应当采用书面形式。

第十一条 书面形式是指合同书、信件和数据电文（包括电报、电传、传真、电子数据交换和电子邮件）等可以有形地表现所载内容的形式。

第十二条 合同的内容由当事人约定，一般包括以下条款：

（一）当事人的名称或者姓名和住所；

（二）标的；

（三）数量；

（四）质量；

（五）价款或者报酬；

（六）履行期限、地点和方式；

（七）违约责任；

（八）解决争议的方法。

当事人可以参照各类合同的示范文本订立合同。

第十三条 当事人订立合同，采取要约、承诺方式。

第十四条　要约是希望和他人订立合同的意思表示，该意思表示应当符合下列规定：

（一）内容具体确定；

（二）表明经受要约人承诺，要约人即受该意思表示约束。

第十五条　要约邀请是希望他人向自己发出要约的意思表示。寄送的价目表、拍卖公告、招标公告、招股说明书、商业广告等为要约邀请。

商业广告的内容符合要约规定的，视为要约。

第十六条　要约到达受要约人时生效。

采用数据电文形式订立合同，收件人指定特定系统接收数据电文的，该数据电文进入该特定系统的时间，视为到达时间；未指定特定系统的，该数据电文进入收件人的任何系统的首次时间，视为到达时间。

第十七条　要约可以撤回。撤回要约的通知应当在要约到达受要约人之前或者与要约同时到达受要约人。

第十八条　要约可以撤销。撤销要约的通知应当在受要约人发出承诺通知之前到达受要约人。

第十九条　有下列情形之一的，要约不得撤销：

（一）要约人确定了承诺期限或者以其他形式明示要约不可撤销；

（二）受要约人有理由认为要约是不可撤销的，并已经为履行合同作了准备工作。

第二十条　有下列情形之一的，要约失效：

（一）拒绝要约的通知到达要约人；

（二）要约人依法撤销要约；

（三）承诺期限届满，受要约人未作出承诺；

（四）受要约人对要约的内容作出实质性变更。

第二十一条　承诺是受要约人同意要约的意思表示。

第二十二条　承诺应当以通知的方式作出，但根据交易习惯或者要约表明可以通过行为作出承诺的除外。

第二十三条　承诺应当在要约确定的期限内到达要约人。

要约没有确定承诺期限的，承诺应当依照下列规定到达：

（一）要约以对话方式作出的，应当即时作出承诺，但当事人另有约定的除外；

（二）要约以非对话方式作出的，承诺应当在合理期限内到达。

第二十四条　要约以信件或者电报作出的，承诺期限自信件载明的日期或者电报交发之日开始计算。信件未载明日期的，自投寄该信件的邮戳日期开始计算。要约以电话、传真等快速通讯方式作出的，承诺期限自要约到达受要约人时开始计算。

第二十五条　承诺生效时合同成立。

第二十六条　承诺通知到达要约人时生效。承诺不需要通知的，根据交易习惯或者要约的要求作出承诺的行为时生效。

采用数据电文形式订立合同的，承诺到达的时间适用本法第十六条第二款的规定。

第二十七条　承诺可以撤回。撤回承诺的通知应当在承诺通知到达要约人之前或者与承诺通知同时到达要约人。

第二十八条　受要约人超过承诺期限发出承诺的，除要约人及时通知受要约人该承诺有效的以外，为新要约。

第二十九条　受要约人在承诺期限内发出承诺，按照通常情形能够及时到达要约人，但因其他原因承诺到达要约人时超过承诺期限的，除要约人及时通知受要约人因承诺超过期限不接受该承诺的以外，该承诺有效。

第三十条　承诺的内容应当与要约的内容一致。受要约人对要约的内容作出实质性变更的，为新要约。有关合同标的、数量、质量、价款或者报酬、履行期限、履行地点和方式、违约责任和解决争议方法等的变更，是对要约内容的实质性变更。

第三十一条　承诺对要约的内容作出非实质性变更的，除要约人及时表示反对或者要约表明承诺不得对要约的内容作出任何变更的以外，该承诺有效，合同的内容以承诺的内容为准。

第三十二条　当事人采用合同书形式订立合同的，自双方当事人签字或者盖章时合同成立。

第三十三条　当事人采用信件、数据电文等形式订立合同的，可以在合同成立之前要求签订确认书。签订确认书时合同成立。

第三十四条　承诺生效的地点为合同成立的地点。

采用数据电文形式订立合同的，收件人的主营业地为合同成立的地点；没有主营业地的，其经常居住地为合同成立的地点。当事人另有约定的，按照其约定。

第三十五条 当事人采用合同书形式订立合同的，双方当事人签字或者盖章的地点为合同成立的地点。

第三十六条 法律、行政法规规定或者当事人约定采用书面形式订立合同，当事人未采用书面形式但一方已经履行主要义务，对方接受的，该合同成立。

第三十七条 采用合同书形式订立合同，在签字或者盖章之前，当事人一方已经履行主要义务，对方接受的，该合同成立。

第三十八条 国家根据需要下达指令性任务或者国家订货任务的，有关法人、其他组织之间应当依照有关法律、行政法规规定的权利和义务订立合同。

第三十九条 采用格式条款订立合同的，提供格式条款的一方应当遵循公平原则确定当事人之间的权利和义务，并采取合理的方式提请对方注意免除或者限制其责任的条款，按照对方的要求，对该条款予以说明。

格式条款是当事人为了重复使用而预先拟定，并在订立合同时未与对方协商的条款。

第四十条 格式条款具有本法第五十二条和第五十三条规定情形的，或者提供格式条款一方免除其责任、加重对方责任、排除对方主要权利的，该条款无效。

第四十一条 对格式条款的理解发生争议的，应当按照通常理解予以解释。对格式条款有两种以上解释的，应当作出不利于提供格式条款一方的解释。格式条款和非格式条款不一致的，应当采用非格式条款。

第四十二条 当事人在订立合同过程中有下列情形之一，给对方造成损失的，应当承担损害赔偿责任：

（一）假借订立合同，恶意进行磋商；

（二）故意隐瞒与订立合同有关的重要事实或者提供虚假情况；

（三）有其他违背诚实信用原则的行为。

第四十三条 当事人在订立合同过程中知悉的商业秘密，无论合同是否成立，不得泄露或者不正当地使用。泄露或者不正当地使用该商业秘密给对方造成损失的，应当承担损害赔偿责任。

第三章　合同的效力

第四十四条　依法成立的合同，自成立时生效。法律、行政法规规定应当办理批准、登记等手续生效的，依照其规定。

第四十五条　当事人对合同的效力可以约定附条件。附生效条件的合同，自条件成就时生效。附解除条件的合同，自条件成就时失效。

当事人为自己的利益不正当地阻止条件成就的，视为条件已成就；不正当地促成条件成就的，视为条件不成就。

第四十六条　当事人对合同的效力可以约定附期限。附生效期限的合同，自期限届至时生效。附终止期限的合同，自期限届满时失效。

第四十七条　限制民事行为能力人订立的合同，经法定代理人追认后，该合同有效，但纯获利益的合同或者与其年龄、智力、精神健康状况相适应而订立的合同，不必经法定代理人追认。

相对人可以催告法定代理人在一个月内予以追认。法定代理人未作表示的，视为拒绝追认。合同被追认之前，善意相对人有撤销的权利。撤销应当以通知的方式作出。

第四十八条　行为人没有代理权、超越代理权或者代理权终止后以被代理人名义订立的合同，未经被代理人追认，对被代理人不发生效力，由行为人承担责任。

相对人可以催告被代理人在一个月内予以追认。被代理人未作表示的，视为拒绝追认。合同被追认之前，善意相对人有撤销的权利。撤销应当以通知的方式作出。

第四十九条　行为人没有代理权、超越代理权或者代理权终止后以被代理人名义订立合同，相对人有理由相信行为人有代理权的，该代理行为有效。

第五十条　法人或者其他组织的法定代表人、负责人超越权限订立的合同，除相对人知道或者应当知道其超越权限的以外，该代表行为有效。

第五十一条　无处分权的人处分他人财产，经权利人追认或者无处分权的人订立合同后取得处分权的，该合同有效。

第五十二条　有下列情形之一的，合同无效：

（一）一方以欺诈、胁迫的手段订立合同，损害国家利益；

（二）恶意串通，损害国家、集体或者第三人利益；

（三）以合法形式掩盖非法目的；

（四）损害社会公共利益；

（五）违反法律、行政法规的强制性规定。

第五十三条 合同中的下列免责条款无效：

（一）造成对方人身伤害的；

（二）因故意或者重大过失造成对方财产损失的。

第五十四条 下列合同，当事人一方有权请求人民法院或者仲裁机构变更或者撤销：

（一）因重大误解订立的；

（二）在订立合同时显失公平的。

一方以欺诈、胁迫的手段或者乘人之危，使对方在违背真实意思的情况下订立的合同，受损害方有权请求人民法院或者仲裁机构变更或者撤销。

当事人请求变更的，人民法院或者仲裁机构不得撤销。

第五十五条 有下列情形之一的，撤销权消灭：

（一）具有撤销权的当事人自知道或者应当知道撤销事由之日起一年内没有行使撤销权；

（二）具有撤销权的当事人知道撤销事由后明确表示或者以自己的行为放弃撤销权。

第五十六条 无效的合同或者被撤销的合同自始没有法律约束力。合同部分无效，不影响其他部分效力的，其他部分仍然有效。

第五十七条 合同无效、被撤销或者终止的，不影响合同中独立存在的有关解决争议方法的条款的效力。

第五十八条 合同无效或者被撤销后，因该合同取得的财产，应当予以返还；不能返还或者没有必要返还的，应当折价补偿。有过错的一方应当赔偿对方因此所受到的损失，双方都有过错的，应当各自承担相应的责任。

第五十九条 当事人恶意串通，损害国家、集体或者第三人利益的，因此取得的财产收归国家所有或者返还集体、第三人。

第四章 合同的履行

第六十条 当事人应当按照约定全面履行自己的义务。

当事人应当遵循诚实信用原则，根据合同的性质、目的和交易习惯履行通知、协助、保密等义务。

第六十一条　合同生效后，当事人就质量、价款或者报酬、履行地点等内容没有约定或者约定不明确的，可以协议补充；不能达成补充协议的，按照合同有关条款或者交易习惯确定。

第六十二条　当事人就有关合同内容约定不明确，依照本法第六十一条的规定仍不能确定的，适用下列规定：

（一）质量要求不明确的，按照国家标准、行业标准履行；没有国家标准、行业标准的，按照通常标准或者符合合同目的的特定标准履行。

（二）价款或者报酬不明确的，按照订立合同时履行地的市场价格履行；依法应当执行政府定价或者政府指导价的，按照规定履行。

（三）履行地点不明确，给付货币的，在接受货币一方所在地履行；交付不动产的，在不动产所在地履行；其他标的，在履行义务一方所在地履行。

（四）履行期限不明确的，债务人可以随时履行，债权人也可以随时要求履行，但应当给对方必要的准备时间。

（五）履行方式不明确的，按照有利于实现合同目的的方式履行。

（六）履行费用的负担不明确的，由履行义务一方负担。

第六十三条　执行政府定价或者政府指导价的，在合同约定的交付期限内政府价格调整时，按照交付时的价格计价。逾期交付标的物的，遇价格上涨时，按照原价格执行；价格下降时，按照新价格执行。逾期提取标的物或者逾期付款的，遇价格上涨时，按照新价格执行；价格下降时，按照原价格执行。

第六十四条　当事人约定由债务人向第三人履行债务的，债务人未向第三人履行债务或者履行债务不符合约定，应当向债权人承担违约责任。

第六十五条　当事人约定由第三人向债权人履行债务的，第三人不履行债务或者履行债务不符合约定，债务人应当向债权人承担违约责任。

第六十六条　当事人互负债务，没有先后履行顺序的，应当同时履行。一方在对方履行之前有权拒绝其履行要求。一方在对方履行债务不符合约定时，有权拒绝其相应的履行要求。

第六十七条　当事人互负债务，有先后履行顺序，先履行一方未履行的，后履行一方有权拒绝其履行要求。先履行一方履行债务不符合约定的，后履行一方有权拒绝其相应的履行要求。

第六十八条　应当先履行债务的当事人，有确切证据证明对方有下列情形之一的，可以中止履行：

（一）经营状况严重恶化；

（二）转移财产、抽逃资金，以逃避债务；

（三）丧失商业信誉；

（四）有丧失或者可能丧失履行债务能力的其他情形。

当事人没有确切证据中止履行的，应当承担违约责任。

第六十九条　当事人依照本法第六十八条的规定中止履行的，应当及时通知对方。对方提供适当担保时，应当恢复履行。中止履行后，对方在合理期限内未恢复履行能力并且未提供适当担保的，中止履行的一方可以解除合同。

第七十条　债权人分立、合并或者变更住所没有通知债务人，致使履行债务发生困难的，债务人可以中止履行或者将标的物提存。

第七十一条　债权人可以拒绝债务人提前履行债务，但提前履行不损害债权人利益的除外。

债务人提前履行债务给债权人增加的费用，由债务人负担。

第七十二条　债权人可以拒绝债务人部分履行债务，但部分履行不损害债权人利益的除外。

债务人部分履行债务给债权人增加的费用，由债务人负担。

第七十三条　因债务人怠于行使其到期债权，对债权人造成损害的，债权人可以向人民法院请求以自己的名义代位行使债务人的债权，但该债权专属于债务人自身的除外。

代位权的行使范围以债权人的债权为限。债权人行使代位权的必要费用，由债务人负担。

第七十四条　因债务人放弃其到期债权或者无偿转让财产，对债权人造成损害的，债权人可以请求人民法院撤销债务人的行为。债务人以明显不合理的低价转让财产，对债权人造成损害，并且受让人知道该情形的，债权人也可以请求人民法院撤销债务人的行为。

撤销权的行使范围以债权人的债权为限。债权人行使撤销权的必要费用，由债务人负担。

第七十五条　撤销权自债权人知道或者应当知道撤销事由之日起一年内行使。自债务人的行为发生之日起五年内没有行使撤销权的，该撤销权消灭。

第七十六条　合同生效后，当事人不得因姓名、名称的变更或者法定代表人、负责人、承办人的变动而不履行合同义务。

第五章　合同的变更和转让

第七十七条　当事人协商一致，可以变更合同。法律、行政法规规定变更合同应当办理批准、登记等手续的，依照其规定。

第七十八条　当事人对合同变更的内容约定不明确的，推定为未变更。

第七十九条　债权人可以将合同的权利全部或者部分转让给第三人，但有下列情形之一的除外：

（一）根据合同性质不得转让；

（二）按照当事人约定不得转让；

（三）依照法律规定不得转让。

第八十条　债权人转让权利的，应当通知债务人。未经通知，该转让对债务人不发生效力。

债权人转让权利的通知不得撤销，但经受让人同意的除外。

第八十一条　债权人转让权利的，受让人取得与债权有关的从权利，但该从权利专属于债权人自身的除外。

第八十二条　债务人接到债权转让通知后，债务人对让与人的抗辩，可以向受让人主张。

第八十三条　债务人接到债权转让通知时，债务人对让与人享有债权，并且债务人的债权先于转让的债权到期或者同时到期的，债务人可以向受让人主张抵销。

第八十四条　债务人将合同的义务全部或者部分转移给第三人的，应当经债权人同意。

第八十五条　债务人转移义务的，新债务人可以主张原债务人对债权人的抗辩。

第八十六条　债务人转移义务的，新债务人应当承担与主债务有关的从债务，但该从债务专属于原债务人自身的除外。

第八十七条 法律、行政法规规定转让权利或者转移义务应当办理批准、登记等手续的，依照其规定。

第八十八条 当事人一方经对方同意，可以将自己在合同中的权利和义务一并转让给第三人。

第八十九条 权利和义务一并转让的，适用本法第七十九条、第八十一条至第八十三条、第八十五条至第八十七条的规定。

第九十条 当事人订立合同后合并的，由合并后的法人或者其他组织行使合同权利，履行合同义务。当事人订立合同后分立的，除债权人和债务人另有约定的以外，由分立的法人或者其他组织对合同的权利和义务享有连带债权，承担连带债务。

第六章 合同的权利义务终止

第九十一条 有下列情形之一的，合同的权利义务终止：

（一）债务已经按照约定履行；

（二）合同解除；

（三）债务相互抵销；

（四）债务人依法将标的物提存；

（五）债权人免除债务；

（六）债权债务同归于一人；

（七）法律规定或者当事人约定终止的其他情形。

第九十二条 合同的权利义务终止后，当事人应当遵循诚实信用原则，根据交易习惯履行通知、协助、保密等义务。

第九十三条 当事人协商一致，可以解除合同。

当事人可以约定一方解除合同的条件。解除合同的条件成就时，解除权人可以解除合同。

第九十四条 有下列情形之一的，当事人可以解除合同：

（一）因不可抗力致使不能实现合同目的；

（二）在履行期限届满之前，当事人一方明确表示或者以自己的行为表明不履行主要债务；

（三）当事人一方迟延履行主要债务，经催告后在合理期限内仍未履行；

（四）当事人一方迟延履行债务或者有其他违约行为致使不能实现合同目的；

（五）法律规定的其他情形。

第九十五条　法律规定或者当事人约定解除权行使期限，期限届满当事人不行使的，该权利消灭。

法律没有规定或者当事人没有约定解除权行使期限，经对方催告后在合理期限内不行使的，该权利消灭。

第九十六条　当事人一方依照本法第九十三条第二款、第九十四条的规定主张解除合同的，应当通知对方。合同自通知到达对方时解除。对方有异议的，可以请求人民法院或者仲裁机构确认解除合同的效力。

法律、行政法规规定解除合同应当办理批准、登记等手续的，依照其规定。

第九十七条　合同解除后，尚未履行的，终止履行；已经履行的，根据履行情况和合同性质，当事人可以要求恢复原状、采取其他补救措施，并有权要求赔偿损失。

第九十八条　合同的权利义务终止，不影响合同中结算和清理条款的效力。

第九十九条　当事人互负到期债务，该债务的标的物种类、品质相同的，任何一方可以将自己的债务与对方的债务抵销，但依照法律规定或者按照合同性质不得抵销的除外。

当事人主张抵销的，应当通知对方。通知自到达对方时生效。抵销不得附条件或者附期限。

第一百条　当事人互负债务，标的物种类、品质不相同的，经双方协商一致，也可以抵销。

第一百零一条　有下列情形之一，难以履行债务的，债务人可以将标的物提存：

（一）债权人无正当理由拒绝受领；

（二）债权人下落不明；

（三）债权人死亡未确定继承人或者丧失民事行为能力未确定监护人；

（四）法律规定的其他情形。

标的物不适于提存或者提存费用过高的，债务人依法可以拍卖或者变卖标的物，提存所得的价款。

第一百零二条 标的物提存后，除债权人下落不明的以外，债务人应当及时通知债权人或者债权人的继承人、监护人。

第一百零三条 标的物提存后，毁损、灭失的风险由债权人承担。提存期间，标的物的孳息归债权人所有。提存费用由债权人负担。

第一百零四条 债权人可以随时领取提存物，但债权人对债务人负有到期债务的，在债权人未履行债务或者提供担保之前，提存部门根据债务人的要求应当拒绝其领取提存物。

债权人领取提存物的权利，自提存之日起五年内不行使而消灭，提存物扣除提存费用后归国家所有。

第一百零五条 债权人免除债务人部分或者全部债务的，合同的权利义务部分或者全部终止。

第一百零六条 债权和债务同归于一人的，合同的权利义务终止，但涉及第三人利益的除外。

第七章　违约责任

第一百零七条 当事人一方不履行合同义务或者履行合同义务不符合约定的，应当承担继续履行、采取补救措施或者赔偿损失等违约责任。

第一百零八条 当事人一方明确表示或者以自己的行为表明不履行合同义务的，对方可以在履行期限届满之前要求其承担违约责任。

第一百零九条 当事人一方未支付价款或者报酬的，对方可以要求其支付价款或者报酬。

第一百一十条 当事人一方不履行非金钱债务或者履行非金钱债务不符合约定的，对方可以要求履行，但有下列情形之一的除外：

（一）法律上或者事实上不能履行；

（二）债务的标的不适于强制履行或者履行费用过高；

（三）债权人在合理期限内未要求履行。

第一百一十一条 质量不符合约定的，应当按照当事人的约定承担违约责任。对违约责任没有约定或者约定不明确，依照本法第六十一条的规定仍不能确定的，受损害方根据标的的性质以及损失的大小，可以合理选择要求对方承担修理、更换、重作、退货、减少价款或者报酬等违约责任。

第一百一十二条 当事人一方不履行合同义务或者履行合同义务不符合约定的，在履行义务或者采取补救措施后，对方还有其他损失的，应当赔偿损失。

第一百一十三条 当事人一方不履行合同义务或者履行合同义务不符合约定，给对方造成损失的，损失赔偿额应当相当于因违约所造成的损失，包括合同履行后可以获得的利益，但不得超过违反合同一方订立合同时预见到或者应当预见到的因违反合同可能造成的损失。

经营者对消费者提供商品或者服务有欺诈行为的，依照《中华人民共和国消费者权益保护法》的规定承担损害赔偿责任。

第一百一十四条 当事人可以约定一方违约时应当根据违约情况向对方支付一定数额的违约金，也可以约定因违约产生的损失赔偿额的计算方法。

约定的违约金低于造成的损失的，当事人可以请求人民法院或者仲裁机构予以增加；约定的违约金过分高于造成的损失的，当事人可以请求人民法院或者仲裁机构予以适当减少。

当事人就迟延履行约定违约金的，违约方支付违约金后，还应当履行债务。

第一百一十五条 当事人可以依照《中华人民共和国担保法》约定一方向对方给付定金作为债权的担保。债务人履行债务后，定金应当抵作价款或者收回。给付定金的一方不履行约定的债务的，无权要求返还定金；收受定金的一方不履行约定的债务的，应当双倍返还定金。

第一百一十六条 当事人既约定违约金，又约定定金的，一方违约时，对方可以选择适用违约金或者定金条款。

第一百一十七条 因不可抗力不能履行合同的，根据不可抗力的影响，部分或者全部免除责任，但法律另有规定的除外。当事人迟延履行后发生不可抗力的，不能免除责任。

本法所称不可抗力，是指不能预见、不能避免并不能克服的客观情况。

第一百一十八条 当事人一方因不可抗力不能履行合同的，应当及时通知对方，以减轻可能给对方造成的损失，并应当在合理期限内提供证明。

第一百一十九条 当事人一方违约后，对方应当采取适当措施防止损失的扩大；没有采取适当措施致使损失扩大的，不得就扩大的损失要求赔偿。

当事人因防止损失扩大而支出的合理费用，由违约方承担。

第一百二十条 当事人双方都违反合同的，应当各自承担相应的责任。

第一百二十一条 当事人一方因第三人的原因造成违约的，应当向对方承担违约责任。当事人一方和第三人之间的纠纷，依照法律规定或者按照约定解决。

第一百二十二条 因当事人一方的违约行为，侵害对方人身、财产权益的，受损害方有权选择依照本法要求其承担违约责任或者依照其他法律请求其承担侵权责任。

第八章 其他规定

第一百二十三条 其他法律对合同另有规定的，依照其规定。

第一百二十四条 本法分则或者其他法律没有明文规定的合同，适用本法总则的规定，并可以参照本法分则或者其他法律最相类似的规定。

第一百二十五条 当事人对合同条款的理解有争议的，应当按照合同所使用的词句、合同的有关条款、合同的目的、交易习惯以及诚实信用原则，确定该条款的真实意思。

合同文本采用两种以上文字订立并约定具有同等效力的，对各文本使用的词句推定具有相同含义。各文本使用的词句不一致的，应当根据合同的目的予以解释。

第一百二十六条 涉外合同的当事人可以选择处理合同争议所适用的法律，但法律另有规定的除外。涉外合同的当事人没有选择的，适用与合同有最密切联系的国家的法律。

在中华人民共和国境内履行的中外合资经营企业合同、中外合作经营企业合同、中外合作勘探开发自然资源合同，适用中华人民共和国法律。

第一百二十七条 工商行政管理部门和其他有关行政主管部门在各自的职权范围内，依照法律、行政法规的规定，对利用合同危害国家利益、社会公共利益的违法行为，负责监督处理；构成犯罪的，依法追究刑事责任。

第一百二十八条 当事人可以通过和解或者调解解决合同争议。

当事人不愿和解、调解或者和解、调解不成的，可以根据仲裁协议向仲裁机构申请仲裁。涉外合同的当事人可以根据仲裁协议向中国仲裁机构或者其他仲裁机构申请仲裁。当事人没有订立仲裁协议或者仲裁协议无效的，可以向人民法院起诉。当事人应当履行发生法律效力的判决、仲裁裁决、调解书；拒不履行的，对方可以请求人民法院执行。

第一百二十九条　因国际货物买卖合同和技术进出口合同争议提起诉讼或者申请仲裁的期限为四年，自当事人知道或者应当知道其权利受到侵害之日起计算。因其他合同争议提起诉讼或者申请仲裁的期限，依照有关法律的规定。

第九章　买卖合同

第一百三十条　买卖合同是出卖人转移标的物的所有权于买受人，买受人支付价款的合同。

第一百三十一条　买卖合同的内容除依照本法第十二条的规定以外，还可以包括包装方式、检验标准和方法、结算方式、合同使用的文字及其效力等条款。

第一百三十二条　出卖的标的物，应当属于出卖人所有或者出卖人有权处分。法律、行政法规禁止或者限制转让的标的物，依照其规定。

第一百三十三条　标的物的所有权自标的物交付时起转移，但法律另有规定或者当事人另有约定的除外。

第一百三十四条　当事人可以在买卖合同中约定买受人未履行支付价款或者其他义务的，标的物的所有权属于出卖人。

第一百三十五条　出卖人应当履行向买受人交付标的物或者交付提取标的物的单证，并转移标的物所有权的义务。

第一百三十六条　出卖人应当按照约定或者交易习惯向买受人交付提取标的物单证以外的有关单证和资料。

第一百三十七条　出卖具有知识产权的计算机软件等标的物的，除法律另有规定或者当事人另有约定的以外，该标的物的知识产权不属于买受人。

第一百三十八条　出卖人应当按照约定的期限交付标的物。约定交付期间的，出卖人可以在该交付期间内的任何时间交付。

第一百三十九条　当事人没有约定标的物的交付期限或者约定不明确的，

适用本法第六十一条、第六十二条第四项的规定。

第一百四十条 标的物在订立合同之前已为买受人占有的，合同生效的时间为交付时间。

第一百四十一条 出卖人应当按照约定的地点交付标的物。

当事人没有约定交付地点或者约定不明确，依照本法第六十一条的规定仍不能确定的，适用下列规定：

（一）标的物需要运输的，出卖人应当将标的物交付给第一承运人以运交给买受人；

（二）标的物不需要运输，出卖人和买受人订立合同时知道标的物在某一地点的，出卖人应当在该地点交付标的物；不知道标的物在某一地点的，应当在出卖人订立合同时的营业地交付标的物。

第一百四十二条 标的物毁损、灭失的风险，在标的物交付之前由出卖人承担，交付之后由买受人承担，但法律另有规定或者当事人另有约定的除外。

第一百四十三条 因买受人的原因致使标的物不能按照约定的期限交付的，买受人应当自违反约定之日起承担标的物毁损、灭失的风险。

第一百四十四条 出卖人出卖交由承运人运输的在途标的物，除当事人另有约定的以外，毁损、灭失的风险自合同成立时起由买受人承担。

第一百四十五条 当事人没有约定交付地点或者约定不明确，依照本法第一百四十一条第二款第一项的规定标的物需要运输的，出卖人将标的物交付给第一承运人后，标的物毁损、灭失的风险由买受人承担。

第一百四十六条 出卖人按照约定或者依照本法第一百四十一条第二款第二项的规定将标的物置于交付地点，买受人违反约定没有收取的，标的物毁损、灭失的风险自违反约定之日起由买受人承担。

第一百四十七条 出卖人按照约定未交付有关标的物的单证和资料的，不影响标的物毁损、灭失风险的转移。

第一百四十八条 因标的物质量不符合质量要求，致使不能实现合同目的的，买受人可以拒绝接受标的物或者解除合同。买受人拒绝接受标的物或者解除合同的，标的物毁损、灭失的风险由出卖人承担。

第一百四十九条 标的物毁损、灭失的风险由买受人承担的，不影响因出卖人履行债务不符合约定，买受人要求其承担违约责任的权利。

第一百五十条　出卖人就交付的标的物，负有保证第三人不得向买受人主张任何权利的义务，但法律另有规定的除外。

第一百五十一条　买受人订立合同时知道或者应当知道第三人对买卖的标的物享有权利的，出卖人不承担本法第一百五十条规定的义务。

第一百五十二条　买受人有确切证据证明第三人可能就标的物主张权利的，可以中止支付相应的价款，但出卖人提供适当担保的除外。

第一百五十三条　出卖人应当按照约定的质量要求交付标的物。出卖人提供有关标的物质量说明的，交付的标的物应当符合该说明的质量要求。

第一百五十四条　当事人对标的物的质量要求没有约定或者约定不明确，依照本法第六十一条的规定仍不能确定的，适用本法第六十二条第一项的规定。

第一百五十五条　出卖人交付的标的物不符合质量要求的，买受人可以依照本法第一百一十一条的规定要求承担违约责任。

第一百五十六条　出卖人应当按照约定的包装方式交付标的物。对包装方式没有约定或者约定不明确，依照本法第六十一条的规定仍不能确定的，应当按照通用的方式包装，没有通用方式的，应当采取足以保护标的物的包装方式。

第一百五十七条　买受人收到标的物时应当在约定的检验期间内检验。没有约定检验期间的，应当及时检验。

第一百五十八条　当事人约定检验期间的，买受人应当在检验期间内将标的物的数量或者质量不符合约定的情形通知出卖人。买受人怠于通知的，视为标的物的数量或者质量符合约定。

当事人没有约定检验期间的，买受人应当在发现或者应当发现标的物的数量或者质量不符合约定的合理期间内通知出卖人。买受人在合理期间内未通知或者自标的物收到之日起两年内未通知出卖人的，视为标的物的数量或者质量符合约定，但对标的物有质量保证期的，适用质量保证期，不适用该两年的规定。

出卖人知道或者应当知道提供的标的物不符合约定的，买受人不受前两款规定的通知时间的限制。

第一百五十九条　买受人应当按照约定的数额支付价款。对价款没有约定或者约定不明确的，适用本法第六十一条、第六十二条第二项的规定。

第一百六十条　买受人应当按照约定的地点支付价款。对支付地点没有约定或者约定不明确，依照本法第六十一条的规定仍不能确定的，买受人应当在出卖人的营业地支付，但约定支付价款以交付标的物或者交付提取标的物单证为条件的，在交付标的物或者交付提取标的物单证的所在地支付。

第一百六十一条　买受人应当按照约定的时间支付价款。对支付时间没有约定或者约定不明确，依照本法第六十一条的规定仍不能确定的，买受人应当在收到标的物或者提取标的物单证的同时支付。

第一百六十二条　出卖人多交标的物的，买受人可以接收或者拒绝接收多交的部分。买受人接收多交部分的，按照合同的价格支付价款；买受人拒绝接收多交部分的，应当及时通知出卖人。

第一百六十三条　标的物在交付之前产生的孳息，归出卖人所有，交付之后产生的孳息，归买受人所有。

第一百六十四条　因标的物的主物不符合约定而解除合同的，解除合同的效力及于从物。因标的物的从物不符合约定被解除的，解除的效力不及于主物。

第一百六十五条　标的物为数物，其中一物不符合约定的，买受人可以就该物解除，但该物与他物分离使标的物的价值显受损害的，当事人可以就数物解除合同。

第一百六十六条　出卖人分批交付标的物的，出卖人对其中一批标的物不交付或者交付不符合约定，致使该批标的物不能实现合同目的的，买受人可以就该批标的物解除。

出卖人不交付其中一批标的物或者交付不符合约定，致使今后其他各批标的物的交付不能实现合同目的的，买受人可以就该批以及今后其他各批的物解除。买受人如果就其中一批标的物解除，该批标的物与其他各批的物相互依存的，可以就已经交付和未交付的各批标的物解除。

第一百六十七条　分期付款的买受人未支付到期价款的金额达到全部价款的五分之一的，出卖人可以要求买受人支付全部价款或者解除合同。

出卖人解除合同的，可以向买受人要求支付该标的物的使用费。

第一百六十八条　凭样品买卖的当事人应当封存样品，并可以对样品质量予以说明。出卖人交付的标的物应当与样品及其说明的质量相同。

第一百六十九条　凭样品买卖的买受人不知道样品有隐蔽瑕疵的，即使交付的标的物与样品相同，出卖人交付的标的物的质量仍然应当符合同种物的通常标准。

第一百七十条　试用买卖的当事人可以约定标的物的试用期间。对试用期间没有约定或者约定不明确，依照本法第六十一条的规定仍不能确定的，由出卖人确定。

第一百七十一条　试用买卖的买受人在试用期内可以购买标的物，也可以拒绝购买。试用期间届满，买受人对是否购买标的物未作表示的，视为购买。

第一百七十二条　招标投标买卖的当事人的权利和义务以及招标投标程序等，依照有关法律、行政法规的规定。

第一百七十三条　拍卖的当事人的权利和义务以及拍卖程序等，依照有关法律、行政法规的规定。

第一百七十四条　法律对其他有偿合同有规定的，依照其规定；没有规定的，参照买卖合同的有关规定。

第一百七十五条　当事人约定易货交易，转移标的物的所有权的，参照买卖合同的有关规定。

第十章　供用电、水、气、热力合同

第一百七十六条　供用电合同是供电人向用电人供电，用电人支付电费的合同。

第一百七十七条　供用电合同的内容包括供电的方式、质量、时间，用电容量、地址、性质，计量方式，电价、电费的结算方式，供用电设施的维护责任等条款。

第一百七十八条　供用电合同的履行地点，按照当事人约定；当事人没有约定或者约定不明确的，供电设施的产权分界处为履行地点。

第一百七十九条　供电人应当按照国家规定的供电质量标准和约定安全供电。供电人未按照国家规定的供电质量标准和约定安全供电，造成用电人损失的，应当承担损害赔偿责任。

第一百八十条　供电人因供电设施计划检修、临时检修、依法限电或者用电人违法用电等原因，需要中断供电时，应当按照国家有关规定事先通知用电人。未事先通知用电人中断供电，造成用电人损失的，应当承担损害赔偿责任。

第一百八十一条　因自然灾害等原因断电，供电人应当按照国家有关规定及时抢修。未及时抢修，造成用电人损失的，应当承担损害赔偿责任。

第一百八十二条　用电人应当按照国家有关规定和当事人的约定及时交付电费。用电人逾期不交付电费的，应当按照约定支付违约金。经催告用电人在合理期限内仍不交付电费和违约金的，供电人可以按照国家规定的程序中止供电。

第一百八十三条　用电人应当按照国家有关规定和当事人的约定安全用电。用电人未按照国家有关规定和当事人的约定安全用电，造成供电人损失的，应当承担损害赔偿责任。

第一百八十四条　供用水、供用气、供用热力合同，参照供用电合同的有关规定。

第十一章　赠与合同

第一百八十五条　赠与合同是赠与人将自己的财产无偿给予受赠人，受赠人表示接受赠与的合同。

第一百八十六条　赠与人在赠与财产的权利转移之前可以撤销赠与。

具有救灾、扶贫等社会公益、道德义务性质的赠与合同或者经过公证的赠与合同，不适用前款规定。

第一百八十七条　赠与的财产依法需要办理登记等手续的，应当办理有关手续。

第一百八十八条　具有救灾、扶贫等社会公益、道德义务性质的赠与合同或者经过公证的赠与合同，赠与人不交付赠与的财产的，受赠人可以要求交付。

第一百八十九条　因赠与人故意或者重大过失致使赠与的财产毁损、灭失的，赠与人应当承担损害赔偿责任。

第一百九十条　赠与可以附义务。

赠与附义务的，受赠人应当按照约定履行义务。

第一百九十一条　赠与的财产有瑕疵的，赠与人不承担责任。附义务的赠与，赠与的财产有瑕疵的，赠与人在附义务的限度内承担与出卖人相同的责任。

赠与人故意不告知瑕疵或者保证无瑕疵，造成受赠人损失的，应当承担损害赔偿责任。

第一百九十二条　受赠人有下列情形之一的，赠与人可以撤销赠与：

（一）严重侵害赠与人或者赠与人的近亲属；

（二）对赠与人有扶养义务而不履行；

（三）不履行赠与合同约定的义务。赠与人的撤销权，自知道或者应当知道撤销原因之日起一年内行使。

第一百九十三条　因受赠人的违法行为致使赠与人死亡或者丧失民事行为能力的，赠与人的继承人或者法定代理人可以撤销赠与。

赠与人的继承人或者法定代理人的撤销权，自知道或者应当知道撤销原因之日起六个月内行使。

第一百九十四条　撤销权人撤销赠与的，可以向受赠人要求返还赠与的财产。

第一百九十五条　赠与人的经济状况显著恶化，严重影响其生产经营或者家庭生活的，可以不再履行赠与义务。

第十二章　借款合同

第一百九十六条　借款合同是借款人向贷款人借款，到期返还借款并支付利息的合同。

第一百九十七条　借款合同采用书面形式，但自然人之间借款另有约定的除外。借款合同的内容包括借款种类、币种、用途、数额、利率、期限和还款方式等条款。

第一百九十八条　订立借款合同，贷款人可以要求借款人提供担保。担保依照《中华人民共和国担保法》的规定。

第一百九十九条　订立借款合同，借款人应当按照贷款人的要求提供与借款有关的业务活动和财务状况的真实情况。

第二百条　借款的利息不得预先在本金中扣除。利息预先在本金中扣除的，应当按照实际借款数额返还借款并计算利息。

第二百零一条　贷款人未按照约定的日期、数额提供借款，造成借款人损失的，应当赔偿损失。

借款人未按照约定的日期、数额收取借款的，应当按照约定的日期、数额支付利息。

第二百零二条 贷款人按照约定可以检查、监督借款的使用情况。借款人应当按照约定向贷款人定期提供有关财务会计报表等资料。

第二百零三条 借款人未按照约定的借款用途使用借款的，贷款人可以停止发放借款、提前收回借款或者解除合同。

第二百零四条 办理贷款业务的金融机构贷款的利率，应当按照中国人民银行规定的贷款利率的上下限确定。

第二百零五条 借款人应当按照约定的期限支付利息。对支付利息的期限没有约定或者约定不明确，依照本法第六十一条的规定仍不能确定，借款期间不满一年的，应当在返还借款时一并支付；借款期间一年以上的，应当在每届满一年时支付，剩余期间不满一年的，应当在返还借款时一并支付。

第二百零六条 借款人应当按照约定的期限返还借款。对借款期限没有约定或者约定不明确，依照本法第六十一条的规定仍不能确定的，借款人可以随时返还；贷款人可以催告借款人在合理期限内返还。

第二百零七条 借款人未按照约定的期限返还借款的，应当按照约定或者国家有关规定支付逾期利息。

第二百零八条 借款人提前偿还借款的，除当事人另有约定的以外，应当按照实际借款的期间计算利息。

第二百零九条 借款人可以在还款期限届满之前向贷款人申请展期。贷款人同意的，可以展期。

第二百一十条 自然人之间的借款合同，自贷款人提供借款时生效。

第二百一十一条 自然人之间的借款合同对支付利息没有约定或者约定不明确的，视为不支付利息。

自然人之间的借款合同约定支付利息的，借款的利率不得违反国家有关限制借款利率的规定。

第十三章 租赁合同

第二百一十二条 租赁合同是出租人将租赁物交付承租人使用、收益，承租人支付租金的合同。

第二百一十三条　租赁合同的内容包括租赁物的名称、数量、用途、租赁期限、租金及其支付期限和方式、租赁物维修等条款。

第二百一十四条　租赁期限不得超过二十年。超过二十年的，超过部分无效。

租赁期间届满，当事人可以续订租赁合同，但约定的租赁期限自续订之日起不得超过二十年。

第二百一十五条　租赁期限六个月以上的，应当采用书面形式。当事人未采用书面形式的，视为不定期租赁。

第二百一十六条　出租人应当按照约定将租赁物交付承租人，并在租赁期间保持租赁物符合约定的用途。

第二百一十七条　承租人应当按照约定的方法使用租赁物。对租赁物的使用方法没有约定或者约定不明确，依照本法第六十一条的规定仍不能确定的，应当按照租赁物的性质使用。

第二百一十八条　承租人按照约定的方法或者租赁物的性质使用租赁物，致使租赁物受到损耗的，不承担损害赔偿责任。

第二百一十九条　承租人未按照约定的方法或者租赁物的性质使用租赁物，致使租赁物受到损失的，出租人可以解除合同并要求赔偿损失。

第二百二十条　出租人应当履行租赁物的维修义务，但当事人另有约定的除外。

第二百二十一条　承租人在租赁物需要维修时可以要求出租人在合理期限内维修。出租人未履行维修义务的，承租人可以自行维修，维修费用由出租人负担。因维修租赁物影响承租人使用的，应当相应减少租金或者延长租期。

第二百二十二条　承租人应当妥善保管租赁物，因保管不善造成租赁物毁损、灭失的，应当承担损害赔偿责任。

第二百二十三条　承租人经出租人同意，可以对租赁物进行改善或者增设他物。承租人未经出租人同意，对租赁物进行改善或者增设他物的，出租人可以要求承租人恢复原状或者赔偿损失。

第二百二十四条　承租人经出租人同意，可以将租赁物转租给第三人。承租人转租的，承租人与出租人之间的租赁合同继续有效，第三人对租赁物造成损失的，承租人应当赔偿损失。

承租人未经出租人同意转租的，出租人可以解除合同。

第二百二十五条　在租赁期间因占有、使用租赁物获得的收益，归承租人所有，但当事人另有约定的除外。

第二百二十六条　承租人应当按照约定的期限支付租金。对支付期限没有约定或者约定不明确，依照本法第六十一条的规定仍不能确定，租赁期间不满一年的，应当在租赁期间届满时支付；租赁期间一年以上的，应当在每届满一年时支付，剩余期间不满一年的，应当在租赁期间届满时支付。

第二百二十七条　承租人无正当理由未支付或者迟延支付租金的，出租人可以要求承租人在合理期限内支付。承租人逾期不支付的，出租人可以解除合同。

第二百二十八条　因第三人主张权利，致使承租人不能对租赁物使用、收益的，承租人可以要求减少租金或者不支付租金。

第三人主张权利的，承租人应当及时通知出租人。

第二百二十九条　租赁物在租赁期间发生所有权变动的，不影响租赁合同的效力。

第二百三十条　出租人出卖租赁房屋的，应当在出卖之前的合理期限内通知承租人，承租人享有以同等条件优先购买的权利。

第二百三十一条　因不可归责于承租人的事由，致使租赁物部分或者全部毁损、灭失的，承租人可以要求减少租金或者不支付租金；因租赁物部分或者全部毁损、灭失，致使不能实现合同目的的，承租人可以解除合同。

第二百三十二条　当事人对租赁期限没有约定或者约定不明确，依照本法第六十一条的规定仍不能确定的，视为不定期租赁。当事人可以随时解除合同，但出租人解除合同应当在合理期限之前通知承租人。

第二百三十三条　租赁物危及承租人的安全或者健康的，即使承租人订立合同时明知该租赁物质量不合格，承租人仍然可以随时解除合同。

第二百三十四条　承租人在房屋租赁期间死亡的，与其生前共同居住的人可以按照原租赁合同租赁该房屋。

第二百三十五条　租赁期间届满，承租人应当返还租赁物。返还的租赁物应当符合按照约定或者租赁物的性质使用后的状态。

第二百三十六条　租赁期间届满，承租人继续使用租赁物，出租人没有提出异议的，原租赁合同继续有效，但租赁期限为不定期。

第十四章　融资租赁合同

第二百三十七条　融资租赁合同是出租人根据承租人对出卖人、租赁物的选择，向出卖人购买租赁物，提供给承租人使用，承租人支付租金的合同。

第二百三十八条　融资租赁合同的内容包括租赁物名称、数量、规格、技术性能、检验方法、租赁期限、租金构成及其支付期限和方式、币种、租赁期间届满租赁物的归属等条款。

融资租赁合同应当采用书面形式。

第二百三十九条　出租人根据承租人对出卖人、租赁物的选择订立的买卖合同，出卖人应当按照约定向承租人交付标的物，承租人享有与受领标的物有关的买受人的权利。

第二百四十条　出租人、出卖人、承租人可以约定，出卖人不履行买卖合同义务的，由承租人行使索赔的权利。承租人行使索赔权利的，出租人应当协助。

第二百四十一条　出租人根据承租人对出卖人、租赁物的选择订立的买卖合同，未经承租人同意，出租人不得变更与承租人有关的合同内容。

第二百四十二条　出租人享有租赁物的所有权。承租人破产的，租赁物不属于破产财产。

第二百四十三条　融资租赁合同的租金，除当事人另有约定的以外，应当根据购买租赁物的大部分或者全部成本以及出租人的合理利润确定。

第二百四十四条　租赁物不符合约定或者不符合使用目的的，出租人不承担责任，但承租人依赖出租人的技能确定租赁物或者出租人干预选择租赁物的除外。

第二百四十五条　出租人应当保证承租人对租赁物的占有和使用。

第二百四十六条　承租人占有租赁物期间，租赁物造成第三人的人身伤害或者财产损害的，出租人不承担责任。

第二百四十七条　承租人应当妥善保管、使用租赁物。

承租人应当履行占有租赁物期间的维修义务。

第二百四十八条　承租人应当按照约定支付租金。承租人经催告后在合理期限内仍不支付租金的，出租人可以要求支付全部租金；也可以解除合同，收回租赁物。

第二百四十九条　当事人约定租赁期间届满租赁物归承租人所有，承租人已经支付大部分租金，但无力支付剩余租金，出租人因此解除合同收回租赁物的，收回的租赁物的价值超过承租人欠付的租金以及其他费用的，承租人可以要求部分返还。

第二百五十条　出租人和承租人可以约定租赁期间届满租赁物的归属。对租赁物的归属没有约定或者约定不明确，依照本法第六十一条的规定仍不能确定的，租赁物的所有权归出租人。

第十五章　承揽合同

第二百五十一条　承揽合同是承揽人按照定作人的要求完成工作，交付工作成果，定作人给付报酬的合同。

承揽包括加工、定作、修理、复制、测试、检验等工作。

第二百五十二条　承揽合同的内容包括承揽的标的、数量、质量、报酬、承揽方式、材料的提供、履行期限、验收标准和方法等条款。

第二百五十三条　承揽人应当以自己的设备、技术和劳力，完成主要工作，但当事人另有约定的除外。

承揽人将其承揽的主要工作交由第三人完成的，应当就该第三人完成的工作成果向定作人负责；未经定作人同意的，定作人也可以解除合同。

第二百五十四条　承揽人可以将其承揽的辅助工作交由第三人完成。承揽人将其承揽的辅助工作交由第三人完成的，应当就该第三人完成的工作成果向定作人负责。

第二百五十五条　承揽人提供材料的，承揽人应当按照约定选用材料，并接受定作人检验。

第二百五十六条　定作人提供材料的，定作人应当按照约定提供材料。承揽人对定作人提供的材料，应当及时检验，发现不符合约定时，应当及时通知定作人更换、补齐或者采取其他补救措施。

承揽人不得擅自更换定作人提供的材料，不得更换不需要修理的零部件。

第二百五十七条　承揽人发现定作人提供的图纸或者技术要求不合理的，

应当及时通知定作人。因定作人怠于答复等原因造成承揽人损失的，应当赔偿损失。

第二百五十八条 定作人中途变更承揽工作的要求，造成承揽人损失的，应当赔偿损失。

第二百五十九条 承揽工作需要定作人协助的，定作人有协助的义务。

定作人不履行协助义务致使承揽工作不能完成的，承揽人可以催告定作人在合理期限内履行义务，并可以顺延履行期限；定作人逾期不履行的，承揽人可以解除合同。

第二百六十条 承揽人在工作期间，应当接受定作人必要的监督检验。定作人不得因监督检验妨碍承揽人的正常工作。

第二百六十一条 承揽人完成工作的，应当向定作人交付工作成果，并提交必要的技术资料和有关质量证明。定作人应当验收该工作成果。

第二百六十二条 承揽人交付的工作成果不符合质量要求的，定作人可以要求承揽人承担修理、重作、减少报酬、赔偿损失等违约责任。

第二百六十三条 定作人应当按照约定的期限支付报酬。对支付报酬的期限没有约定或者约定不明确，依照本法第六十一条的规定仍不能确定的，定作人应当在承揽人交付工作成果时支付；工作成果部分交付的，定作人应当相应支付。

第二百六十四条 定作人未向承揽人支付报酬或者材料费等价款的，承揽人对完成的工作成果享有留置权，但当事人另有约定的除外。

第二百六十五条 承揽人应当妥善保管定作人提供的材料以及完成的工作成果，因保管不善造成毁损、灭失的，应当承担损害赔偿责任。

第二百六十六条 承揽人应当按照定作人的要求保守秘密，未经定作人许可，不得留存复制品或者技术资料。

第二百六十七条 共同承揽人对定作人承担连带责任，但当事人另有约定的除外。

第二百六十八条 定作人可以随时解除承揽合同，造成承揽人损失的，应当赔偿损失。

第十六章　建设工程合同

第二百六十九条 建设工程合同是承包人进行工程建设，发包人支付价款的合同。

建设工程合同包括工程勘察、设计、施工合同。

第二百七十条　建设工程合同应当采用书面形式。

第二百七十一条　建设工程的招标投标活动，应当依照有关法律的规定公开、公平、公正进行。

第二百七十二条　发包人可以与总承包人订立建设工程合同，也可以分别与勘察人、设计人、施工人订立勘察、设计、施工承包合同。发包人不得将应当由一个承包人完成的建设工程肢解成若干部分发包给几个承包人。

总承包人或者勘察、设计、施工承包人经发包人同意，可以将自己承包的部分工作交由第三人完成。第三人就其完成的工作成果与总承包人或者勘察、设计、施工承包人向发包人承担连带责任。承包人不得将其承包的全部建设工程转包给第三人或者将其承包的全部建设工程肢解以后以分包的名义分别转包给第三人。禁止承包人将工程分包给不具备相应资质条件的单位。

禁止分包单位将其承包的工程再分包。建设工程主体结构的施工必须由承包人自

行完成。

第二百七十三条　国家重大建设工程合同，应当按照国家规定的程序和国家批准的投资计划、可行性研究报告等文件订立。

第二百七十四条　勘察、设计合同的内容包括提交有关基础资料和文件（包括概预算）的期限、质量要求、费用以及其他协作条件等条款。

第二百七十五条　施工合同的内容包括工程范围、建设工期、中间交工工程的开工和竣工时间、工程质量、工程造价、技术资料交付时间、材料和设备供应责任、拨款和结算、竣工验收、质量保修范围和质量保证期、双方相互协作等条款。

第二百七十六条　建设工程实行监理的，发包人应当与监理人采用书面形式订立委托监理合同。发包人与监理人的权利和义务以及法律责任，应当依照本法委托合同以及其他有关法律、行政法规的规定。

第二百七十七条　发包人在不妨碍承包人正常作业的情况下，可以随时对作业进度、质量进行检查。

　　第二百七十八条　隐蔽工程在隐蔽以前，承包人应当通知发包人检查。发包人没有及时检查的，承包人可以顺延工程日期，并有权要求赔偿停工、窝工等损失。

　　第二百七十九条　建设工程竣工后，发包人应当根据施工图纸及说明书、国家颁发的施工验收规范和质量检验标准及时进行验收。验收合格的，发包人应当按照约定支付价款，并接收该建设工程。

　　建设工程竣工经验收合格后，方可交付使用；未经验收或者验收不合格的，不得交付使用。

　　第二百八十条　勘察、设计的质量不符合要求或者未按照期限提交勘察、设计文件拖延工期，造成发包人损失的，勘察人、设计人应当继续完善勘察、设计，减收或者免收勘察、设计费并赔偿损失。

　　第二百八十一条　因施工人的原因致使建设工程质量不符合约定的，发包人有权要求施工人在合理期限内无偿修理或者返工、改建。经过修理或者返工、改建后，造成逾期交付的，施工人应当承担违约责任。

　　第二百八十二条　因承包人的原因致使建设工程在合理使用期限内造成人身和财产损害的，承包人应当承担损害赔偿责任。

　　第二百八十三条　发包人未按照约定的时间和要求提供原材料、设备、场地、资金、技术资料的，承包人可以顺延工程日期，并有权要求赔偿停工、窝工等损失。

　　第二百八十四条　因发包人的原因致使工程中途停建、缓建的，发包人应当采取措施弥补或者减少损失，赔偿承包人因此造成的停工、窝工、倒运、机械设备调迁、材料和构件积压等损失和实际费用。

　　第二百八十五条　因发包人变更计划，提供的资料不准确，或者未按照期限提供必需的勘察、设计工作条件而造成勘察、设计的返工、停工或者修改设计，发包人应当按照勘察人、设计人实际消耗的工作量增付费用。

　　第二百八十六条　发包人未按照约定支付价款的，承包人可以催告发包人在合理期限内支付价款。发包人逾期不支付的，除按照建设工程的性质不宜折价、拍卖的以外，承包人可以与发包人协议将该工程折价，也可以申请人民法院将该工程依法拍卖。建设工程的价款就该工程折价或者拍卖的价款优先受偿。

　　第二百八十七条　本章没有规定的，适用承揽合同的有关规定。

第十七章　运输合同

第一节　一般规定

第二百八十八条　运输合同是承运人将旅客或者货物从起运地点运输到约定地点，旅客、托运人或者收货人支付票款或者运输费用的合同。

第二百八十九条　从事公共运输的承运人不得拒绝旅客、托运人通常、合理的运输要求。

第二百九十条　承运人应当在约定期间或者合理期间内将旅客、货物安全运输到约定地点。

第二百九十一条　承运人应当按照约定的或者通常的运输路线将旅客、货物运输到约定地点。

第二百九十二条　旅客、托运人或者收货人应当支付票款或者运输费用。承运人未按照约定路线或者通常路线运输增加票款或者运输费用的，旅客、托运人或者收货人可以拒绝支付增加部分的票款或者运输费用。

第二节　客运合同

第二百九十三条　客运合同自承运人向旅客交付客票时成立，但当事人另有约定或者另有交易习惯的除外。

第二百九十四条　旅客应当持有效客票乘运。旅客无票乘运、超程乘运、越级乘运或者持失效客票乘运的，应当补交票款，承运人可以按照规定加收票款。旅客不交付票款的，承运人可以拒绝运输。

第二百九十五条　旅客因自己的原因不能按照客票记载的时间乘坐的，应当在约定的时间内办理退票或者变更手续。逾期办理的，承运人可以不退票款，并不再承担运输义务。

第二百九十六条　旅客在运输中应当按照约定的限量携带行李。超过限量携带行李的，应当办理托运手续。

第二百九十七条　旅客不得随身携带或者在行李中夹带易燃、易爆、有毒、有腐蚀性、有放射性以及有可能危及运输工具上人身和财产安全的危险物品或者其他违禁物品。

旅客违反前款规定的，承运人可以将违禁物品卸下、销毁或者送交有关部门。旅客坚持携带或者夹带违禁物品的，承运人应当拒绝运输。

第二百九十八条 承运人应当向旅客及时告知有关不能正常运输的重要事由和安全运输应当注意的事项。

第二百九十九条 承运人应当按照客票载明的时间和班次运输旅客。承运人迟延运输的，应当根据旅客的要求安排改乘其他班次或者退票。

第三百条 承运人擅自变更运输工具而降低服务标准的，应当根据旅客的要求退票或者减收票款；提高服务标准的，不应当加收票款。

第三百零一条 承运人在运输过程中，应当尽力救助患有急病、分娩、遇险的旅客。

第三百零二条 承运人应当对运输过程中旅客的伤亡承担损害赔偿责任，但伤亡是旅客自身健康原因造成的或者承运人证明伤亡是旅客故意、重大过失造成的除外。前款规定适用于按照规定免票、持优待票或者经承运人许可搭乘的无票旅客。

第三百零三条 在运输过程中旅客自带物品毁损、灭失，承运人有过错的，应当承担损害赔偿责任。

旅客托运的行李毁损、灭失的，适用货物运输的有关规定。

第三节　货运合同

第三百零四条 托运人办理货物运输，应当向承运人准确表明收货人的名称或者姓名或者凭指示的收货人，货物的名称、性质、重量、数量，收货地点等有关货物运输的必要情况。

因托运人申报不实或者遗漏重要情况，造成承运人损失的，托运人应当承担损害赔偿责任。

第三百零五条 货物运输需要办理审批、检验等手续的，托运人应当将办理完有关手续的文件提交承运人。

第三百零六条 托运人应当按照约定的方式包装货物。对包装方式没有约定或者约定不明确的，适用本法第一百五十六条的规定。

托运人违反前款规定的，承运人可以拒绝运输。

第三百零七条 托运人托运易燃、易爆、有毒、有腐蚀性、有放射性等危险物品的，应当按照国家有关危险物品运输的规定对危险物品妥善包装，作出危险物标志和标签，并将有关危险物品的名称、性质和防范措施的书面材料提交承运人。

托运人违反前款规定的，承运人可以拒绝运输，也可以采取相应措施以避免损失的发生，因此产生的费用由托运人承担。

第三百零八条 在承运人将货物交付收货人之前，托运人可以要求承运人中止运输、返还货物、变更到达地或者将货物交给其他收货人，但应当赔偿承运人因此受到的损失。

第三百零九条 货物运输到达后，承运人知道收货人的，应当及时通知收货人，收货人应当及时提货。收货人逾期提货的，应当向承运人支付保管费等费用。

第三百一十条 收货人提货时应当按照约定的期限检验货物。对检验货物的期限没有约定或者约定不明确，依照本法第六十一条的规定仍不能确定的，应当在合理期限内检验货物。收货人在约定的期限或者合理期限内对货物的数量、毁损等未提出异议的，视为承运人已经按照运输单证的记载交付的初步证据。

第三百一十一条 承运人对运输过程中货物的毁损、灭失承担损害赔偿责任，但承运人证明货物的毁损、灭失是因不可抗力、货物本身的自然性质或者合理损耗以及托运人、收货人的过错造成的，不承担损害赔偿责任。

第三百一十二条 货物的毁损、灭失的赔偿额，当事人有约定的，按照其约定；没有约定或者约定不明确，依照本法第六十一条的规定仍不能确定的，按照交付或者应当交付时货物到达地的市场价格计算。法律、行政法规对赔偿额的计算方法和赔偿限额另有规定的，依照其规定。

第三百一十三条 两个以上承运人以同一运输方式联运的，与托运人订立合同的承运人应当对全程运输承担责任。损失发生在某一运输区段的，与托运人订立合同的承运人和该区段的承运人承担连带责任。

第三百一十四条 货物在运输过程中因不可抗力灭失，未收取运费的，承运人不得要求支付运费；已收取运费的，托运人可以要求返还。

第三百一十五条 托运人或者收货人不支付运费、保管费以及其他运输费用的，承运人对相应的运输货物享有留置权，但当事人另有约定的除外。

第三百一十六条 收货人不明或者收货人无正当理由拒绝受领货物的，依照本法第一百零一条的规定，承运人可以提存货物。

第四节 多式联运合同

第三百一十七条 多式联运经营人负责履行或者组织履行多式联运合同，对全程运输享有承运人的权利，承担承运人的义务。

第三百一十八条 多式联运经营人可以与参加多式联运的各区段承运人就多式联运合同的各区段运输约定相互之间的责任，但该约定不影响多式联运经营人对全程运输承担的义务。

第三百一十九条 多式联运经营人收到托运人交付的货物时，应当签发多式联运单据。按照托运人的要求，多式联运单据可以是可转让单据，也可以是不可转让单据。

第三百二十条 因托运人托运货物时的过错造成多式联运经营人损失的，即使托运人已经转让多式联运单据，托运人仍然应当承担损害赔偿责任。

第三百二十一条 货物的毁损、灭失发生于多式联运的某一运输区段的，多式联运经营人的赔偿责任和责任限额，适用调整该区段运输方式的有关法律规定。货物毁损、灭失发生的运输区段不能确定的，依照本章规定承担损害赔偿责任。

第十八章　技术合同

第一节　一般规定

第三百二十二条 技术合同是当事人就技术开发、转让、咨询或者服务订立的确立相互之间权利和义务的合同。

第三百二十三条 订立技术合同，应当有利于科学技术的进步，加速科学技术成果的转化、应用和推广。

第三百二十四条 技术合同的内容由当事人约定，一般包括以下条款：

（一）项目名称；

（二）标的的内容、范围和要求；

（三）履行的计划、进度、期限、地点、地域和方式；

（四）技术情报和资料的保密；

（五）风险责任的承担；

（六）技术成果的归属和收益的分成办法；

（七）验收标准和方法；

（八）价款、报酬或者使用费及其支付方式；

（九）违约金或者损失赔偿的计算方法；

（十）解决争议的方法；

（十一）名词和术语的解释。

与履行合同有关的技术背景资料、可行性论证和技术评价报告、项目任务书和计划书、技术标准、技术规范、原始设计和工艺文件，以及其他技术文档，按照当事人的约定可以作为合同的组成部分。

技术合同涉及专利的，应当注明发明创造的名称、专利申请人和专利权人、申请日期、申请号、专利号以及专利权的有效期限。

第三百二十五条 技术合同价款、报酬或者使用费的支付方式由当事人约定，可以采取一次总算、一次总付或者一次总算、分期支付，也可以采取提成支付或者提成支付附加预付入门费的方式。

约定提成支付的，可以按照产品价格、实施专利和使用技术秘密后新增的产值、利润或者产品销售额的一定比例提成，也可以按照约定的其他方式计算。提成支付的比例可以采取固定比例、逐年递增比例或者逐年递减比例。约定提成支付的，当事人应当在合同中约定查阅有关会计账目的办法。

第三百二十六条 职务技术成果的使用权、转让权属于法人或者其他组织的，法人或者其他组织可以就该项职务技术成果订立技术合同。法人或者其他组织应当从使用和转让该项职务技术成果所取得的收益中提取一定比例，对完成该项职务技术成果的个人给予奖励或者报酬。法人或者其他组织订立技术合同转让职务技术成果时，职务技术成果的完成人享有以同等条件优先受让的权利。

职务技术成果是执行法人或者其他组织的工作任务，或者主要是利用法人或者其他组织的物质技术条件所完成的技术成果。

第三百二十七条 非职务技术成果的使用权、转让权属于完成技术成果的个人，完成技术成果的个人可以就该项非职务技术成果订立技术合同。

第三百二十八条 完成技术成果的个人有在有关技术成果文件上写明自己是技术成果完成者的权利和取得荣誉证书、奖励的权利。

第三百二十九条 非法垄断技术、妨碍技术进步或者侵害他人技术成果的技术合同无效。

第二节　技术开发合同

第三百三十条 技术开发合同是指当事人之间就新技术、新产品、新工艺或者新材料及其系统的研究开发所订立的合同。

技术开发合同包括委托开发合同和合作开发合同。

技术开发合同应当采用书面形式。

当事人之间就具有产业应用价值的科技成果实施转化订立的合同，参照技术开发合同的规定。

第三百三十一条 委托开发合同的委托人应当按照约定支付研究开发经费和报酬；提供技术资料、原始数据；完成协作事项；接受研究开发成果。

第三百三十二条 委托开发合同的研究开发人应当按照约定制定和实施研究开发计划；合理使用研究开发经费；按期完成研究开发工作，交付研究开发成果，提供有关的技术资料和必要的技术指导，帮助委托人掌握研究开发成果。

第三百三十三条 委托人违反约定造成研究开发工作停滞、延误或者失败的，应当承担违约责任。

第三百三十四条 研究开发人违反约定造成研究开发工作停滞、延误或者失败的，应当承担违约责任。

第三百三五条 合作开发合同的当事人应当按照约定进行投资，包括以技术进行投资；分工参与研究开发工作；协作配合研究开发工作。

第三百三十六条 合作开发合同的当事人违反约定造成研究开发工作停滞、延误或者失败的，应当承担违约责任。

第三百三十七条 因作为技术开发合同标的的技术已经由他人公开，致使技术开发合同的履行没有意义的，当事人可以解除合同。

第三百三十八条 在技术开发合同履行过程中，因出现无法克服的技术困难，致使研究开发失败或者部分失败的，该风险责任由当事人约定。没有约定或者约定不明确，依照本法第六十一条的规定仍不能确定的，风险责任由当事人合理分担。

当事人一方发现前款规定的可能致使研究开发失败或者部分失败的情形时，应当及时通知另一方并采取适当措施减少损失。没有及时通知并采取适当措施，致使损失扩大的，应当就扩大的损失承担责任。

第三百三十九条 委托开发完成的发明创造，除当事人另有约定的以外，申请专利的权利属于研究开发人。

研究开发人取得专利权的，委托人可以免费实施该专利。研究开发人转让专利申请权的，委托人享有以同等条件优先受让的权利。

第三百四十条　合作开发完成的发明创造，除当事人另有约定的以外，申请专利的权利属于合作开发的当事人共有。当事人一方转让其共有的专利申请权的，其他各方享有以同等条件优先受让的权利。

合作开发的当事人一方声明放弃其共有的专利申请权的，可以由另一方单独申请或者由其他各方共同申请。申请人取得专利权的，放弃专利申请权的一方可以免费实施该专利。合作开发的当事人一方不同意申请专利的，另一方或者其他各方不得申请专利。

第三百四十一条　委托开发或者合作开发完成的技术秘密成果的使用权、转让权以及利益的分配办法，由当事人约定。没有约定或者约定不明确，依照本法第六十一条的规定仍不能确定的，当事人均有使用和转让的权利，但委托开发的研究开发人不得在向委托人交付研究开发成果之前，将研究开发成果转让给第三人。

第三节　技术转让合同

第三百四十二条　技术转让合同包括专利权转让、专利申请权转让、技术秘密转让、专利实施许可合同。

技术转让合同应当采用书面形式。

第三百四十三条　技术转让合同可以约定让与人和受让人实施专利或者使用技术秘密的范围，但不得限制技术竞争和技术发展。

第三百四十四条　专利实施许可合同只在该专利权的存续期间内有效。专利权有效期限届满或者专利权被宣布无效的，专利权人不得就该专利与他人订立专利实施许可合同。

第三百四十五条　专利实施许可合同的让与人应当按照约定许可受让人实施专利，交付实施专利有关的技术资料，提供必要的技术指导。

第三百四十六条　专利实施许可合同的受让人应当按照约定实施专利，不得许可约定以外的第三人实施该专利；并按照约定支付使用费。

第三百四十七条　技术秘密转让合同的让与人应当按照约定提供技术资料，进行技术指导，保证技术的实用性、可靠性，承担保密义务。

第三百四十八条　技术秘密转让合同的受让人应当按照约定使用技术，支付使用费，承担保密义务。

第三百四十九条　技术转让合同的让与人应当保证自己是所提供的技术的合法拥有者，并保证所提供的技术完整、无误、有效，能够达到约定的目标。

第三百五十条 技术转让合同的受让人应当按照约定的范围和期限，对让与人提供的技术中尚未公开的秘密部分，承担保密义务。

第三百五十一条 让与人未按照约定转让技术的，应当返还部分或者全部使用费，并应当承担违约责任；实施专利或者使用技术秘密超越约定的范围的，违反约定擅自许可第三人实施该项专利或者使用该项技术秘密的，应当停止违约行为，承担违约责任；违反约定的保密义务的，应当承担违约责任。

第三百五十二条 受让人未按照约定支付使用费的，应当补交使用费并按照约定支付违约金；不补交使用费或者支付违约金的，应当停止实施专利或者使用技术秘密，交还技术资料，承担违约责任；实施专利或者使用技术秘密超越约定的范围的，未经让与人同意擅自许可第三人实施该专利或者使用该技术秘密的，应当停止违约行为，承担违约责任；违反约定的保密义务的，应当承担违约责任。

第三百五十三条 受让人按照约定实施专利、使用技术秘密侵害他人合法权益的，由让与人承担责任，但当事人另有约定的除外。

第三百五十四条 当事人可以按照互利的原则，在技术转让合同中约定实施专利、使用技术秘密后续改进的技术成果的分享办法。没有约定或者约定不明确，依照本法第六十一条的规定仍不能确定的，一方后续改进的技术成果，其他各方无权分享。

第三百五十五条 法律、行政法规对技术进出口合同或者专利、专利申请合同另有规定的，依照其规定。

第四节 技术咨询合同和技术服务合同

第三百五十六条 技术咨询合同包括就特定技术项目提供可行性论证、技术预测、专题技术调查、分析评价报告等合同。

技术服务合同是指当事人一方以技术知识为另一方解决特定技术问题所订立的合同，不包括建设工程合同和承揽合同。

第三百五十条七 技术咨询合同的委托人应当按照约定阐明咨询的问题，提供技术背景材料及有关技术资料、数据；接受受托人的工作成果，支付报酬。

第三百五十八条 技术咨询合同的受托人应当按照约定的期限完成咨询

报告或者解答问题；提出的咨询报告应当达到约定的要求。

第三百五十九条 技术咨询合同的委托人未按照约定提供必要的资料和数据，影响工作进度和质量，不接受或者逾期接受工作成果的，支付的报酬不得追回，未支付的报酬应当支付。

技术咨询合同的受托人未按期提出咨询报告或者提出的咨询报告不符合约定的，应当承担减收或者免收报酬等违约责任。

技术咨询合同的委托人按照受托人符合约定要求的咨询报告和意见作出决策所造成的损失，由委托人承担，但当事人另有约定的除外。

第三百六十条 技术服务合同的委托人应当按照约定提供工作条件，完成配合事项；接受工作成果并支付报酬。

第三百六十一条 技术服务合同的受托人应当按照约定完成服务项目，解决技术问题，保证工作质量，并传授解决技术问题的知识。

第三百六十二条 技术服务合同的委托人不履行合同义务或者履行合同义务不符合约定，影响工作进度和质量，不接受或者逾期接受工作成果的，支付的报酬不得追回，未支付的报酬应当支付。

技术服务合同的受托人未按照合同约定完成服务工作的，应当承担免收报酬等违约责任。

第三百六十三条 在技术咨询合同、技术服务合同履行过程中，受托人利用委托人提供的技术资料和工作条件完成的新的技术成果，属于受托人。委托人利用受托人的工作成果完成的新的技术成果，属于委托人。当事人另有约定的，按照其约定。

第三百六十四条 法律、行政法规对技术中介合同、技术培训合同另有规定的，依照其规定。

第十九章 保管合同

第三百六十五条 保管合同是保管人保管寄存人交付的保管物，并返还该物的合同。

第三百六十六条 寄存人应当按照约定向保管人支付保管费。

当事人对保管费没有约定或者约定不明确，依照本法第六十一条的规定仍不能确定的，保管是无偿的。

第三百六十七条 保管合同自保管物交付时成立，但当事人另有约定的除外。

第三百六十八条　寄存人向保管人交付保管物的，保管人应当给付保管凭证，但另有交易习惯的除外。

第三百六十九条　保管人应当妥善保管保管物。

当事人可以约定保管场所或者方法。除紧急情况或者为了维护寄存人利益的以外，不得擅自改变保管场所或者方法。

第三百七十条　寄存人交付的保管物有瑕疵或者按照保管物的性质需要采取特殊保管措施的，寄存人应当将有关情况告知保管人。寄存人未告知，致使保管物受损失的，保管人不承担损害赔偿责任；保管人因此受损失的，除保管人知道或者应当知道并且未采取补救措施的以外，寄存人应当承担损害赔偿责任。

第三百七十一条　保管人不得将保管物转交第三人保管，但当事人另有约定的除外。

保管人违反前款规定，将保管物转交第三人保管，对保管物造成损失的，应当承担损害赔偿责任。

第三百七十二条　保管人不得使用或者许可第三人使用保管物，但当事人另有约定的除外。

第三百七十三条　第三人对保管物主张权利的，除依法对保管物采取保全或者执行的以外，保管人应当履行向寄存人返还保管物的义务。

第三人对保管人提起诉讼或者对保管物申请扣押的，保管人应当及时通知寄存人。

第三百七十四条　保管期间，因保管人保管不善造成保管物毁损、灭失的，保管人应当承担损害赔偿责任，但保管是无偿的，保管人证明自己没有重大过失的，不承担损害赔偿责任。

第三百七十五条　寄存人寄存货币、有价证券或者其他贵重物品的，应当向保管人声明，由保管人验收或者封存。寄存人未声明的，该物品毁损、灭失后，保管人可以按照一般物品予以赔偿。

第三百七十六条　寄存人可以随时领取保管物。

当事人对保管期间没有约定或者约定不明确的，保管人可以随时要求寄存人领取保管物；约定保管期间的，保管人无特别事由，不得要求寄存人提前领取保管物。

第三百七十七条　保管期间届满或者寄存人提前领取保管物的，保管人应当将原物及其孳息归还寄存人。

第三百七十八条 保管人保管货币的，可以返还相同种类、数量的货币。保管其他可替代物的，可以按照约定返还相同种类、品质、数量的物品。

第三百七十九条 有偿的保管合同，寄存人应当按照约定的期限向保管人支付保管费。当事人对支付期限没有约定或者约定不明确，依照本法第六十一条的规定仍不能确定的，应当在领取保管物的同时支付。

第三百八十条 寄存人未按照约定支付保管费以及其他费用的，保管人对保管物享有留置权，但当事人另有约定的除外。

第二十章　仓储合同

第三百八十一条 仓储合同是保管人储存存货人交付的仓储物，存货人支付仓储费的合同。

第三百八十二条 仓储合同自成立时生效。

第三百八十三条 储存易燃、易爆、有毒、有腐蚀性、有放射性等危险物品或者易变质物品，存货人应当说明该物品的性质，提供有关资料。

存货人违反前款规定的，保管人可以拒收仓储物，也可以采取相应措施以避免损失的发生，因此产生的费用由存货人承担。

保管人储存易燃、易爆、有毒、有腐蚀性、有放射性等危险物品的，应当具备相应的保管条件。

第三百八十四条 保管人应当按照约定对入库仓储物进行验收。保管人验收时发现入库仓储物与约定不符合的，应当及时通知存货人。保管人验收后，发生仓储物的品种、数量、质量不符合约定的，保管人应当承担损害赔偿责任。

第三百八十五条 存货人交付仓储物的，保管人应当给付仓单。

第三百八十六条 保管人应当在仓单上签字或者盖章。仓单包括下列事项：

（一）存货人的名称或者姓名和住所；

（二）仓储物的品种、数量、质量、包装、件数和标记；

（三）仓储物的损耗标准；

（四）储存场所；

（五）储存期间；

（六）仓储费；

（七）仓储物已经办理保险的，其保险金额、期间以及保险人的名称；

（八）填发人、填发地和填发日期。

第三百八十七条　仓单是提取仓储物的凭证。存货人或者仓单持有人在仓单上背书并经保管人签字或者盖章的，可以转让提取仓储物的权利。

第三百八十八条　保管人根据存货人或者仓单持有人的要求，应当同意其检查仓储物或者提取样品。

第三百八十九条　保管人对入库仓储物发现有变质或者其他损坏的，应当及时通知存货人或者仓单持有人。

第三百九十条　保管人对入库仓储物发现有变质或者其他损坏，危及其他仓储物的安全和正常保管的，应当催告存货人或者仓单持有人作出必要的处置。因情况紧急，保管人可以作出必要的处置，但事后应当将该情况及时通知存货人或者仓单持有人。

第三百九十一条　当事人对储存期间没有约定或者约定不明确的，存货人或者仓单持有人可以随时提取仓储物，保管人也可以随时要求存货人或者仓单持有人提取仓储物，但应当给予必要的准备时间。

第三百九十二条　储存期间届满，存货人或者仓单持有人应当凭仓单提取仓储物。存货人或者仓单持有人逾期提取的，应当加收仓储费；提前提取的，不减收仓储费。

第三百九十三条　储存期间届满，存货人或者仓单持有人不提取仓储物的，保管人可以催告其在合理期限内提取，逾期不提取的，保管人可以提存仓储物。

第三百九十四条　储存期间，因保管人保管不善造成仓储物毁损、灭失的，保管人应当承担损害赔偿责任。

因仓储物的性质、包装不符合约定或者超过有效储存期造成仓储物变质、损坏的，保管人不承担损害赔偿责任。

第三百九十五条　本章没有规定的，适用保管合同的有关规定。

第二十一章　委托合同

第三百九十六条　委托合同是委托人和受托人约定，由受托人处理委托人事务的合同。

第三百九十七条 委托人可以特别委托受托人处理一项或者数项事务，也可以概括委托受托人处理一切事务。

第三百九十八条 委托人应当预付处理委托事务的费用。受托人为处理委托事务垫付的必要费用，委托人应当偿还该费用及其利息。

第三百九十九条 受托人应当按照委托人的指示处理委托事务。需要变更委托人指示的，应当经委托人同意；因情况紧急，难以和委托人取得联系的，受托人应当妥善处理委托事务，但事后应当将该情况及时报告委托人。

第四百条 受托人应当亲自处理委托事务。经委托人同意，受托人可以转委托。转委托经同意的，委托人可以就委托事务直接指示转委托的第三人，受托人仅就第三人的选任及其对第三人的指示承担责任。转委托未经同意的，受托人应当对转委托的第三人的行为承担责任，但在紧急情况下受托人为维护委托人的利益需要转委托的除外。

第四百零一条 受托人应当按照委托人的要求，报告委托事务的处理情况。委托合同终止时，受托人应当报告委托事务的结果。

第四百零二条 受托人以自己的名义，在委托人的授权范围内与第三人订立的合同，第三人在订立合同时知道受托人与委托人之间的代理关系的，该合同直接约束委托人和第三人，但有确切证据证明该合同只约束受托人和第三人的除外。

第四百零三条 受托人以自己的名义与第三人订立合同时，第三人不知道受托人与委托人之间的代理关系的，受托人因第三人的原因对委托人不履行义务，受托人应当向委托人披露第三人，委托人因此可以行使受托人对第三人的权利，但第三人与受托人订立合同时如果知道该委托人就不会订立合同的除外。

受托人因委托人的原因对第三人不履行义务，受托人应当向第三人披露委托人，第三人因此可以选择受托人或者委托人作为相对人主张其权利，但第三人不得变更选定的相对人。

委托人行使受托人对第三人的权利的，第三人可以向委托人主张其对受托人的抗辩。第三人选定委托人作为其相对人的，委托人可以向第三人主张其对受托人的抗辩以及受托人对第三人的抗辩。

第四百零四条　受托人处理委托事务取得的财产，应当转交给委托人。

第四百零五条　受托人完成委托事务的，委托人应当向其支付报酬。因不可归责于受托人的事由，委托合同解除或者委托事务不能完成的，委托人应当向受托人支付相应的报酬。当事人另有约定的，按照其约定。

第四百零六条　有偿的委托合同，因受托人的过错给委托人造成损失的，委托人可以要求赔偿损失。无偿的委托合同，因受托人的故意或者重大过失给委托人造成损失的，委托人可以要求赔偿损失。

受托人超越权限给委托人造成损失的，应当赔偿损失。

第四百零七条　受托人处理委托事务时，因不可归责于自己的事由受到损失的，可以向委托人要求赔偿损失。

第四百零八条　委托人经受托人同意，可以在受托人之外委托第三人处理委托事务。因此给受托人造成损失的，受托人可以向委托人要求赔偿损失。

第四百零九条　两个以上的受托人共同处理委托事务的，对委托人承担连带责任。

第四百一十条　委托人或者受托人可以随时解除委托合同。因解除合同给对方造成损失的，除不可归责于该当事人的事由以外，应当赔偿损失。

第四百一十一条　委托人或者受托人死亡、丧失民事行为能力或者破产的，委托合同终止，但当事人另有约定或者根据委托事务的性质不宜终止的除外。

第四百一十二条　因委托人死亡、丧失民事行为能力或者破产，致使委托合同终止将损害委托人利益的，在委托人的继承人、法定代理人或者清算组织承受委托事务之前，受托人应当继续处理委托事务。

第四百一十三条　因受托人死亡、丧失民事行为能力或者破产，致使委托合同终止的，受托人的继承人、法定代理人或者清算组织应当及时通知委托人。因委托合同终止将损害委托人利益的，在委托人作出善后处理之前，受托人的继承人、法定代理人或者清算组织应当采取必要措施。

第二十二章　行纪合同

第四百一十四条　行纪合同是行纪人以自己的名义为委托人从事贸易活

动，委托人支付报酬的合同。

第四百一十五条　行纪人处理委托事务支出的费用，由行纪人负担，但当事人另有约定的除外。

第四百一十六条　行纪人占有委托物的，应当妥善保管委托物。

第四百一十七条　委托物交付给行纪人时有瑕疵或者容易腐烂、变质的，经委托人同意，行纪人可以处分该物；和委托人不能及时取得联系的，行纪人可以合理处分。

第四百一十八条　行纪人低于委托人指定的价格卖出或者高于委托人指定的价格买入的，应当经委托人同意。未经委托人同意，行纪人补偿其差额的，该买卖对委托人发生效力。

行纪人高于委托人指定的价格卖出或者低于委托人指定的价格买入的，可以按照约定增加报酬。没有约定或者约定不明确，依照本法第六十一条的规定仍不能确定的，该利益属于委托人。

委托人对价格有特别指示的，行纪人不得违背该指示卖出或者买入。

第四百一十九条　行纪人卖出或者买入具有市场定价的商品，除委托人有相反的意思表示的以外，行纪人自己可以作为买受人或者出卖人。

行纪人有前款规定情形的，仍然可以要求委托人支付报酬。

第四百二十条　行纪人按照约定买入委托物，委托人应当及时受领。经行纪人催告，委托人无正当理由拒绝受领的，行纪人依照本法第一百零一条的规定可以提存委托物。

委托物不能卖出或者委托人撤回出卖，经行纪人催告，委托人不取回或者不处分该物的，行纪人依照本法第一百零一条的规定可以提存委托物。

第四百二十一条　行纪人与第三人订立合同的，行纪人对该合同直接享有权利、承担义务。

第三人不履行义务致使委托人受到损害的，行纪人应当承担损害赔偿责任，但行纪人与委托人另有约定的除外。

第四百二十二条　行纪人完成或者部分完成委托事务的，委托人应当向其支付相应的报酬。委托人逾期不支付报酬的，行纪人对委托物享有留置权，但当事人另有约定的除外。

第四百二十三条　本章没有规定的，适用委托合同的有关规定。

第二十三章　居间合同

第四百二十四条　居间合同是居间人向委托人报告订立合同的机会或者提供订立合同的媒介服务，委托人支付报酬的合同。

第四百二十五条　居间人应当就有关订立合同的事项向委托人如实报告。

居间人故意隐瞒与订立合同有关的重要事实或者提供虚假情况，损害委托人利益的，不得要求支付报酬并应当承担损害赔偿责任。

第四百二十六条　居间人促成合同成立的，委托人应当按照约定支付报酬。对居间人的报酬没有约定或者约定不明确，依照本法第六十一条的规定仍不能确定的，根据居间人的劳务合理确定。因居间人提供订立合同的媒介服务而促成合同成立的，由该合同的当事人平均负担居间人的报酬。居间人促成合同成立的，居间活动的费用，由居间人负担。

第四百二十七条　居间人未促成合同成立的，不得要求支付报酬，但可以要求委托人支付从事居间活动支出的必要费用。

附　则

第四百二十八条　本法自 1999 年 10 月 1 日起施行，《中华人民共和国经济合同法》、《中华人民共和国涉外经济合同法》、《中华人民共和国技术合同法》同时废止。

最高人民法院关于适用《中华人民共和国合同法》若干问题的解释（一）

（法释〔1999〕19 号，1999 年 12 月 19 日）

《最高人民法院关于适用〈中华人民共和国合同法〉若干问题的解释（一）》已于 1999 年 12 月 1 日由最高人民法院审判委员会第 1090 次会议通过，

现予公布，自 1999 年 12 月 29 日起施行。

为了正确审理合同纠纷案件，根据《中华人民共和国合同法》（以下简称合同法）的规定，对人民法院适用合同法的有关问题作出如下解释：

一、法律适用范围

第一条 合同法实施以后成立的合同发生纠纷起诉到人民法院的，适用合同法的规定；合同法实施以前成立的合同发生纠纷起诉到人民法院的，除本解释另有规定的以外，适用当时的法律规定，当时没有法律规定的，可以适用合同法的有关规定。

第二条 合同成立于合同法实施之前，但合同约定的履行期限跨越合同法实施之日或者履行期限在合同法实施之后，因履行合同发生的纠纷，适用合同法第四章的有关规定。

第三条 人民法院确认合同效力时，对合同法实施以前成立的合同，适用当时的法律合同无效而适用合同法合同有效的，则适用合同法。

第四条 合同法实施以后，人民法院确认合同无效，应当以全国人大及其常委会制定的法律和国务院制定的行政法规为依据，不得以地方性法规、行政规章为依据。

第五条 人民法院对合同法实施以前已经作出终审裁决的案件进行再审，不适用合同法。

二、诉讼时效

第六条 技术合同争议当事人的权利受到侵害的事实发生在合同法实施之前，自当事人知道或者应当知道其权利受到侵害之日起至合同法实施之日超过一年的，人民法院不予保护；尚未超过一年的，其提起诉讼的时效期间为两年。

第七条 技术进出口合同争议当事人的权利受到侵害的事实发生在合同法实施之前，自当事人知道或者应当知道其权利受到侵害之日起至合同法施行之日超过两年的，人民法院不予保护；尚未超过两年的，其提起诉讼的时效期间为四年。

第八条 合同法第五十五条规定的"一年"、第七十五条和第一百零四条第二款规定的"五年"为不变期间，不适用诉讼时效中止、中断或者延长的规定。

三、合同效力

第九条 依照合同法第四十四条第二款的规定，法律、行政法规规定合同应当办理批准手续，或者办理批准、登记等手续才生效，在一审法庭辩论终结前当事人仍未办理批准手续的，或者仍未办理批准、登记等手续的，人民法院应当认定该合同未生效；法律、行政法规规定合同应当办理登记手续，但未规定登记后生效的，当事人未办理登记手续不影响合同的效力，合同标的物所有权及其他物权不能转移。合同法第七十七条第二款、第八十七条、第九十六条第二款所列合同变更、转让、解除等情形，依照前款规定处理。

第十条 当事人超越经营范围订立合同，人民法院不因此认定合同无效。但违反国家限制经营、特许经营以及法律、行政法规禁止经营规定的除外。

四、代位权

第十一条 债权人依照合同法第七十三条的规定提起代位权诉讼，应当符合下列条件：

（一）债权人对债务人的债权合法；

（二）债务人怠于行使其到期债权，对债权人造成损害；

（三）债务人的债权已到期；

（四）债务人的债权不是专属于债务人自身的债权。

第十二条 合同法第七十三条第一款规定的专属于债务人自身的债权，是指基于扶养关系、抚养关系、赡养关系、继承关系产生的给付请求权和劳动报酬、退休金、养老金、抚恤金、安置费、人寿保险、人身伤害赔偿请求权等权利。

第十三条 合同法第七十三条规定的"债务人怠于行使其到期债权，对债权人造成损害的"，是指债务人不履行其对债权人的到期债务，又不以诉讼方式或者仲裁方式向其债务人主张其享有的具有金钱给付内容的到期债权，致使债权人的到期债权未能实现。

次债务人（即债务人的债务人）不认为债务人有怠于行使其到期债权情况的，应当承担举证责任。

第十四条　债权人依照合同法第七十三条的规定提起代位权诉讼的，由被告住所地人民法院管辖。

第十五条　债权人向人民法院起诉债务人以后，又向同一人民法院对次债务人提起代位权诉讼，符合本解释第十三条的规定和《中华人民共和国民事诉讼法》第一百零八条规定的起诉条件的，应当立案受理；不符合本解释第十三条规定的，告知债权人向次债务人住所地人民法院另行起诉。

受理代位权诉讼的人民法院在债权人起诉债务人的诉讼裁决发生法律效力以前，应当依照《中华人民共和国民事诉讼法》第一百三十六条第（五）项的规定中止代位权诉讼。

第十六条　债权人以次债务人为被告向人民法院提起代位权诉讼，未将债务人列为第三人的，人民法院可以追加债务人为第三人。

两个或者两个以上债权人以同一次债务人为被告提起代位权诉讼的，人民法院可以合并审理。

第十七条　在代位权诉讼中，债权人请求人民法院对次债务人的财产采取保全措施的，应当提供相应的财产担保。

第十八条　在代位权诉讼中，次债务人对债务人的抗辩，可以向债权人主张。

债务人在代位权诉讼中对债权人的债权提出异议，经审查异议成立的，人民法院应当裁定驳回债权人的起诉。

第十九条　在代位权诉讼中，债权人胜诉的，诉讼费由次债务人负担，从实现的债权中优先支付。

第二十条　债权人向次债务人提起的代位权诉讼经人民法院审理后认定代位权成立的，由次债务人向债权人履行清偿义务，债权人与债务人、债务人与次债务人之间相应的债权债务关系即予消灭。

第二十一条　在代位权诉讼中，债权人行使代位权的请求数额超过债务人所负债务额或者超过次债务人对债务人所负债务额的，对超出部分人民法院不予支持。

第二十二条　债务人在代位权诉讼中，对超过债权人代位请求数额的债权部分起诉次债务人的,人民法院应当告知其向有管辖权的人民法院另行起诉。

债务人的起诉符合法定条件的,人民法院应当受理;受理债务人起诉的人民法院在代位权诉讼裁决发生法律效力以前,应当依法中止。

五、撤销权

第二十三条　债权人依照合同法第七十四条的规定提起撤销权诉讼的,由被告住所地人民法院管辖。

第二十四条　债权人依照合同法第七十四条的规定提起撤销权诉讼时只以债务人为被告,未将受益人或者受让人列为第三人的,人民法院可以追加该受益人或者受让人为第三人。

第二十五条　债权人依照合同法第七十四条的规定提起撤销权诉讼,请求人民法院撤销债务人放弃债权或转让财产的行为,人民法院应当就债权人主张的部分进行审理,依法撤销的,该行为自始无效。

两个或者两个以上债权人以同一债务人为被告,就同一标的提起撤销权诉讼的,人民法院可以合并审理。

第二十六条　债权人行使撤销权所支付的律师代理费、差旅费等必要费用,由债务人负担;第三人有过错的,应当适当分担。

六、合同转让中的第三人

第二十七条　债权人转让合同权利后,债务人与受让人之间因履行合同发生纠纷诉至人民法院,债务人对债权人的权利提出抗辩的,可以将债权人列为第三人。

第二十八条　经债权人同意,债务人转移合同义务后,受让人与债权人之间因履行合同发生纠纷诉至人民法院,受让人就债务人对债权人的权利提出抗辩的,可以将债务人列为第三人。

第二十九条　合同当事人一方经对方同意将其在合同中的权利义务一并转让给受让人,对方与受让人因履行合同发生纠纷诉至人民法院,对方就合同权利义务提出抗辩的,可以将出让方列为第三人。

七、请求权竞合

第三十条 债权人依照合同法第一百二十二条的规定向人民法院起诉时作出选择后，在一审开庭以前又变更诉讼请求的，人民法院应当准许。对方当事人提出管辖权异议，经审查异议成立的，人民法院应当驳回起诉。

最高人民法院关于适用《中华人民共和国合同法》若干问题的解释（二）

（法释〔2009〕5 号，中华人民共和国最高人民法院公告）

《最高人民法院关于适用〈中华人民共和国合同法〉若干问题的解释（二）》已于 2009 年 2 月 9 日由最高人民法院审判委员会第 1 462 次会议通过，现予公布，自 2009 年 5 月 13 日起施行。

二〇〇九年四月二十四日

为了正确审理合同纠纷案件，根据《中华人民共和国合同法》的规定，对人民法院适用合同法的有关问题作出如下解释：

一、合同的订立

第一条 当事人对合同是否成立存在争议，人民法院能够确定当事人名称或者姓名、标的和数量的，一般应当认定合同成立。但法律另有规定或者当事人另有约定的除外。

对合同欠缺的前款规定以外的其他内容，当事人达不成协议的，人民法院依照合同法第六十一条、第六十二条、第一百二十五条等有关规定予以确定。

第二条 当事人未以书面形式或者口头形式订立合同，但从双方从事的民事行为能够推定双方有订立合同意愿的，人民法院可以认定是以合同法第十条第一款中的"其他形式"订立的合同。但法律另有规定的除外。

第三条 悬赏人以公开方式声明对完成一定行为的人支付报酬，完成特定行为的人请求悬赏人支付报酬的，人民法院依法予以支持。但悬赏有合同法第五十二条规定情形的除外。

第四条 采用书面形式订立合同，合同约定的签订地与实际签字或者盖章地点不符的，人民法院应当认定约定的签订地为合同签订地；合同没有约定签订地，双方当事人签字或者盖章不在同一地点的，人民法院应当认定最后签字或者盖章的地点为合同签订地。

第五条 当事人采用合同书形式订立合同的，应当签字或者盖章。当事人在合同书上摁手印的，人民法院应当认定其具有与签字或者盖章同等的法律效力。

第六条 提供格式条款的一方对格式条款中免除或者限制其责任的内容，在合同订立时采用足以引起对方注意的文字、符号、字体等特别标识，并按照对方的要求对该格式条款予以说明的，人民法院应当认定符合合同法第三十九条所称"采取合理的方式"。

提供格式条款一方对已尽合理提示及说明义务承担举证责任。

第七条 下列情形，不违反法律、行政法规强制性规定的，人民法院可以认定为合同法所称"交易习惯"：

（一）在交易行为当地或者某一领域、某一行业通常采用并为交易对方订立合同时所知道或者应当知道的做法；

（二）当事人双方经常使用的习惯做法。

对于交易习惯，由提出主张的一方当事人承担举证责任。

第八条 依照法律、行政法规的规定经批准或者登记才能生效的合同成立后，有义务办理申请批准或者申请登记等手续的一方当事人未按照法律规定或者合同约定办理申请批准或者未申请登记的，属于合同法第四十二条第（三）项规定的"其他违背诚实信用原则的行为"，人民法院可以根据案件的具体情况和相对人的请求，判决相对人自己办理有关手续；对方当事人对由此产生的费用和给相对人造成的实际损失，应当承担损害赔偿责任。

二、合同的效力

第九条 提供格式条款的一方当事人违反合同法第三十九条第一款关于

提示和说明义务的规定，导致对方没有注意免除或者限制其责任的条款，对方当事人申请撤销该格式条款的，人民法院应当支持。

第十条 提供格式条款的一方当事人违反合同法第三十九条第一款的规定，并具有合同法第四十条规定的情形之一的，人民法院应当认定该格式条款无效。

第十一条 根据合同法第四十七条、第四十八条的规定，追认的意思表示自到达相对人时生效，合同自订立时起生效。

第十二条 无权代理人以被代理人的名义订立合同，被代理人已经开始履行合同义务的，视为对合同的追认。

第十三条 被代理人依照合同法第四十九条的规定承担有效代理行为所产生的责任后，可以向无权代理人追偿因代理行为而遭受的损失。

第十四条 合同法第五十二条第（五）项规定的"强制性规定"，是指效力性强制性规定。

第十五条 出卖人就同一标的物订立多重买卖合同，合同均不具有合同法第五十二条规定的无效情形，买受人因不能按照合同约定取得标的物所有权，请求追究出卖人违约责任的，人民法院应予支持。

三、合同的履行

第十六条 人民法院根据具体案情可以将合同法第六十四条、第六十五条规定的第三人列为无独立请求权的第三人，但不得依职权将其列为该合同诉讼案件的被告或者有独立请求权的第三人。

第十七条 债权人以境外当事人为被告提起的代位权诉讼，人民法院根据《中华人民共和国民事诉讼法》第二百四十一条的规定确定管辖。

第十八条 债务人放弃其未到期的债权或者放弃债权担保，或者恶意延长到期债权的履行期，对债权人造成损害，债权人依照合同法第七十四条的规定提起撤销权诉讼的，人民法院应当支持。

第十九条 对于合同法第七十四条规定的"明显不合理的低价"，人民法院应当以交易当地一般经营者的判断，并参考交易当时交易地的物价部门指导价或者市场交易价，结合其他相关因素综合考虑予以确认。

转让价格达不到交易时交易地的指导价或者市场交易价百分之七十的，

一般可以视为明显不合理的低价；对转让价格高于当地指导价或者市场交易价百分之三十的，一般可以视为明显不合理的高价。

债务人以明显不合理的高价收购他人财产，人民法院可以根据债权人的申请，参照合同法第七十四条的规定予以撤销。

第二十条　债务人的给付不足以清偿其对同一债权人所负的数笔相同种类的全部债务，应当优先抵充已到期的债务；几项债务均到期的，优先抵充对债权人缺乏担保或者担保数额最少的债务；担保数额相同的，优先抵充债务负担较重的债务；负担相同的，按照债务到期的先后顺序抵充；到期时间相同的，按比例抵充。但是，债权人与债务人对清偿的债务或者清偿抵充顺序有约定的除外。

第二十一条　债务人除主债务之外还应当支付利息和费用，当其给付不足以清偿全部债务时，并且当事人没有约定的，人民法院应当按照下列顺序抵充：

（一）实现债权的有关费用；

（二）利息；

（三）主债务。

四、合同的权利义务终止

第二十二条　当事人一方违反合同法第九十二条规定的义务，给对方当事人造成损失，对方当事人请求赔偿实际损失的，人民法院应当支持。

第二十三条　对于依照合同法第九十九条的规定可以抵销的到期债权，当事人约定不得抵销的，人民法院可以认定该约定有效。

第二十四条　当事人对合同法第九十六条、第九十九条规定的合同解除或者债务抵销虽有异议，但在约定的异议期限届满后才提出异议并向人民法院起诉的，人民法院不予支持；当事人没有约定异议期间，在解除合同或者债务抵销通知到达之日起三个月以后才向人民法院起诉的，人民法院不予支持。

第二十五条　依照合同法第一百零一条的规定，债务人将合同标的物或者标的物拍卖、变卖所得价款交付提存部门时，人民法院应当认定提存成立。

提存成立的，视为债务人在其提存范围内已经履行债务。

第二十六条　合同成立以后客观情况发生了当事人在订立合同时无法预见的、非不可抗力造成的不属于商业风险的重大变化，继续履行合同对于一方当事人明显不公平或者不能实现合同目的，当事人请求人民法院变更或者解除合同的，人民法院应当根据公平原则，并结合案件的实际情况确定是否变更或者解除。

五、违约责任

第二十七条　当事人通过反诉或者抗辩的方式，请求人民法院依照合同法第一百一十四条第二款的规定调整违约金的，人民法院应予支持。

第二十八条　当事人依照合同法第一百一十四条第二款的规定，请求人民法院增加违约金的，增加后的违约金数额以不超过实际损失额为限。增加违约金以后，当事人又请求对方赔偿损失的，人民法院不予支持。

第二十九条　当事人主张约定的违约金过高请求予以适当减少的，人民法院应当以实际损失为基础，兼顾合同的履行情况、当事人的过错程度以及预期利益等综合因素，根据公平原则和诚实信用原则予以衡量，并作出裁决。

当事人约定的违约金超过造成损失的百分之三十的，一般可以认定为合同法第一百一十四条第二款规定的"过分高于造成的损失"。

六、附则

第三十条　合同法施行后成立的合同发生纠纷的案件，本解释施行后尚未终审的，适用本解释；本解释施行前已经终审，当事人申请再审或者按照审判监督程序决定再审的，不适用本解释。

中华人民共和国公司法
（2013 年修订）

（中华人民共和国主席令第 8 号，2013 年 12 月 28 日）

　　（1993 年 12 月 29 日第八届全国人民代表大会常务委员会第五次会议通过，根据 1999 年 12 月 25 日第九届全国人民代表大会常务委员会第十三次会议《关于修改〈中华人民共和国公司法〉的决定》第一次修正；根据 2004 年 8 月 28 日第十届全国人民代表大会常务委员会第十一次会议《关于修改〈中华人民共和国公司法〉的决定》第二次修正；2005 年 10 月 27 日第十届全国人民代表大会常务委员会第十八次会议修订；根据 2013 年 12 月 28 日第十二届全国人民代表大会常务委员会第六次会议《关于修改〈中华人民共和国海洋环境保护法〉等七部法律的决定》第三次修正。）

第一章　总则

第一条　为了规范公司的组织和行为，保护公司、股东和债权人的合法权益，维护社会经济秩序，促进社会主义市场经济的发展，制定本法。

第二条　本法所称公司是指依照本法在中国境内设立的有限责任公司和股份有限公司。

第三条　公司是企业法人，有独立的法人财产，享有法人财产权。公司以其全部财产对公司的债务承担责任。

有限责任公司的股东以其认缴的出资额为限对公司承担责任；股份有限公司的股东以其认购的股份为限对公司承担责任。

第四条　公司股东依法享有资产收益、参与重大决策和选择管理者等权利。

第五条　公司从事经营活动，必须遵守法律、行政法规，遵守社会公德、商业道德，诚实守信，接受政府和社会公众的监督，承担社会责任。

公司的合法权益受法律保护，不受侵犯。

第六条　设立公司，应当依法向公司登记机关申请设立登记。符合本法规定的设立条件的，由公司登记机关分别登记为有限责任公司或者股份有限公司；不符合本法规定的设立条件的，不得登记为有限责任公司或者股份有限公司。

法律、行政法规规定设立公司必须报经批准的，应当在公司登记前依法办理批准手续。

公众可以向公司登记机关申请查询公司登记事项，公司登记机关应当提供查询服务。

第七条　依法设立的公司，由公司登记机关发给公司营业执照。公司营业执照签发日期为公司成立日期。

公司营业执照应当载明公司的名称、住所、注册资本、经营范围、法定代表人姓名等事项。

公司营业执照记载的事项发生变更的，公司应当依法办理变更登记，由公司登记机关换发营业执照。

第八条　依照本法设立的有限责任公司，必须在公司名称中标明有限责任公司或者有限公司字样。

依照本法设立的股份有限公司，必须在公司名称中标明股份有限公司或者股份公司字样。

第九条　有限责任公司变更为股份有限公司，应当符合本法规定的股份有限公司的条件。股份有限公司变更为有限责任公司，应当符合本法规定的有限责任公司的条件。

有限责任公司变更为股份有限公司的，或者股份有限公司变更为有限责任公司的，公司变更前的债权、债务由变更后的公司承继。

第十条　公司以其主要办事机构所在地为住所。

第十一条　设立公司必须依法制定公司章程。公司章程对公司、股东、董事、监事、高级管理人员具有约束力。

第十二条　公司的经营范围由公司章程规定，并依法登记。公司可以修改公司章程，改变经营范围，但是应当办理变更登记。

公司的经营范围中属于法律、行政法规规定须经批准的项目，应当依法经过批准。

第十三条 公司法定代表人依照公司章程的规定，由董事长、执行董事或者经理担任，并依法登记。公司法定代表人变更，应当办理变更登记。

第十四条 公司可以设立分公司。设立分公司，应当向公司登记机关申请登记，领取营业执照。分公司不具有法人资格，其民事责任由公司承担。

公司可以设立子公司，子公司具有法人资格，依法独立承担民事责任。

第十五条 公司可以向其他企业投资；但是，除法律另有规定外，不得成为对所投资企业的债务承担连带责任的出资人。

第十六条 公司向其他企业投资或者为他人提供担保，依照公司章程的规定，由董事会或者股东会、股东大会决议；公司章程对投资或者担保的总额及单项投资或者担保的数额有限额规定的，不得超过规定的限额。

公司为公司股东或者实际控制人提供担保的，必须经股东会或者股东大会决议。

前款规定的股东或者受前款规定的实际控制人支配的股东，不得参加前款规定事项的表决。该项表决由出席会议的其他股东所持表决权的过半数通过。

第十七条 公司必须保护职工的合法权益，依法与职工签订劳动合同，参加社会保险，加强劳动保护，实现安全生产。

公司应当采用多种形式，加强公司职工的职业教育和岗位培训，提高职工素质。

第十八条 公司职工依照《中华人民共和国工会法》组织工会，开展工会活动，维护职工合法权益。公司应当为本公司工会提供必要的活动条件。公司工会代表职工就职工的劳动报酬、工作时间、福利、保险和劳动安全卫生等事项依法与公司签订集体合同。

公司依照宪法和有关法律的规定，通过职工代表大会或者其他形式，实行民主管理。

公司研究决定改制以及经营方面的重大问题、制定重要的规章制度时，应当听取公司工会的意见，并通过职工代表大会或者其他形式听取职工的意见和建议。

第十九条 在公司中，根据中国共产党章程的规定，设立中国共产党的组织，开展党的活动。公司应当为党组织的活动提供必要条件。

第二十条　公司股东应当遵守法律、行政法规和公司章程，依法行使股东权利，不得滥用股东权利损害公司或者其他股东的利益；不得滥用公司法人独立地位和股东有限责任损害公司债权人的利益。

公司股东滥用股东权利给公司或者其他股东造成损失的，应当依法承担赔偿责任。

公司股东滥用公司法人独立地位和股东有限责任，逃避债务，严重损害公司债权人利益的，应当对公司债务承担连带责任。

第二十一条　公司的控股股东、实际控制人、董事、监事、高级管理人员不得利用其关联关系损害公司利益。

违反前款规定，给公司造成损失的，应当承担赔偿责任。

第二十二条　公司股东会或者股东大会、董事会的决议内容违反法律、行政法规的无效。

股东会或者股东大会、董事会的会议召集程序、表决方式违反法律、行政法规或者公司章程，或者决议内容违反公司章程的，股东可以自决议作出之日起六十日内，请求人民法院撤销。

股东依照前款规定提起诉讼的，人民法院可以应公司的请求，要求股东提供相应担保。

公司根据股东会或者股东大会、董事会决议已办理变更登记的，人民法院宣告该决议无效或者撤销该决议后，公司应当向公司登记机关申请撤销变更登记。

第二章　有限责任公司的设立和组织机构

第一节　设立

第二十三条　设立有限责任公司，应当具备下列条件：

（一）股东符合法定人数；

（二）有符合公司章程规定的全体股东认缴的出资额；

（三）股东共同制定公司章程；

（四）有公司名称，建立符合有限责任公司要求的组织机构；

（五）有公司住所。

第二十四条　有限责任公司由五十个以下股东出资设立。

第二十五条 有限责任公司章程应当载明下列事项：

（一）公司名称和住所；

（二）公司经营范围；

（三）公司注册资本；

（四）股东的姓名或者名称；

（五）股东的出资方式、出资额和出资时间；

（六）公司的机构及其产生办法、职权、议事规则；

（七）公司法定代表人；

（八）股东会会议认为需要规定的其他事项。

股东应当在公司章程上签名、盖章。

第二十六条 有限责任公司的注册资本为在公司登记机关登记的全体股东认缴的出资额。

法律、行政法规以及国务院决定对有限责任公司注册资本实缴、注册资本最低限额另有规定的，从其规定。

第二十七条 股东可以用货币出资，也可以用实物、知识产权、土地使用权等可以用货币估价并可以依法转让的非货币财产作价出资；但是，法律、行政法规规定不得作为出资的财产除外。

对作为出资的非货币财产应当评估作价，核实财产，不得高估或者低估作价。法律、行政法规对评估作价有规定的，从其规定。

第二十八条 股东应当按期足额缴纳公司章程中规定的各自所认缴的出资额。股东以货币出资的，应当将货币出资足额存入有限责任公司在银行开设的账户；以非货币财产出资的，应当依法办理其财产权的转移手续。

股东不按照前款规定缴纳出资的，除应当向公司足额缴纳外，还应当向已按期足额缴纳出资的股东承担违约责任。

第二十九条 股东认足公司章程规定的出资后，由全体股东指定的代表或者共同委托的代理人向公司登记机关报送公司登记申请书、公司章程等文件，申请设立登记。

第三十条 有限责任公司成立后，发现作为设立公司出资的非货币财产的实际价额显著低于公司章程所定价额的，应当由交付该出资的股东补足其差额；公司设立时的其他股东承担连带责任。

第三十一条 有限责任公司成立后，应当向股东签发出资证明书。

出资证明书应当载明下列事项：

（一）公司名称；

（二）公司成立日期；

（三）公司注册资本；

（四）股东的姓名或者名称、缴纳的出资额和出资日期；

（五）出资证明书的编号和核发日期。

出资证明书由公司盖章。

第三十二条　有限责任公司应当置备股东名册，记载下列事项：

（一）股东的姓名或者名称及住所；

（二）股东的出资额；

（三）出资证明书编号。

记载于股东名册的股东，可以依股东名册主张行使股东权利。

公司应当将股东的姓名或者名称向公司登记机关登记；登记事项发生变更的，应当办理变更登记。未经登记或者变更登记的，不得对抗第三人。

第三十三条　股东有权查阅、复制公司章程、股东会会议记录、董事会会议决议、监事会会议决议和财务会计报告。

股东可以要求查阅公司会计账簿。股东要求查阅公司会计账簿的，应当向公司提出书面请求，说明目的。公司有合理根据认为股东查阅会计账簿有不正当目的，可能损害公司合法利益的，可以拒绝提供查阅，并应当自股东提出书面请求之日起十五日内书面答复股东并说明理由。公司拒绝提供查阅的，股东可以请求人民法院要求公司提供查阅。

第三十四条　股东按照实缴的出资比例分取红利；公司新增资本时，股东有权优先按照实缴的出资比例认缴出资。但是，全体股东约定不按照出资比例分取红利或者不按照出资比例优先认缴出资的除外。

第三十五条　公司成立后，股东不得抽逃出资。

第二节　组织机构

第三十六条　有限责任公司股东会由全体股东组成。股东会是公司的权力机构，依照本法行使职权。

第三十七条　股东会行使下列职权：

（一）决定公司的经营方针和投资计划；

（二）选举和更换非由职工代表担任的董事、监事，决定有关董事、监事的报酬事项；

（三）审议批准董事会的报告；

（四）审议批准监事会或者监事的报告；

（五）审议批准公司的年度财务预算方案、决算方案；

（六）审议批准公司的利润分配方案和弥补亏损方案；

（七）对公司增加或者减少注册资本作出决议；

（八）对发行公司债券作出决议；

（九）对公司合并、分立、解散、清算或者变更公司形式作出决议；

（十）修改公司章程；

（十一）公司章程规定的其他职权。

对前款所列事项股东以书面形式一致表示同意的，可以不召开股东会会议，直接作出决定，并由全体股东在决定文件上签名、盖章。

第三十八条　首次股东会会议由出资最多的股东召集和主持，依照本法规定行使职权。

第三十九条　股东会会议分为定期会议和临时会议。

定期会议应当依照公司章程的规定按时召开。代表十分之一以上表决权的股东，三分之一以上的董事，监事会或者不设监事会的公司的监事提议召开临时会议的，应当召开临时会议。

第四十条　有限责任公司设立董事会的，股东会会议由董事会召集，董事长主持；董事长不能履行职务或者不履行职务的，由副董事长主持；副董事长不能履行职务或者不履行职务的，由半数以上董事共同推举一名董事主持。

有限责任公司不设董事会的，股东会会议由执行董事召集和主持。

董事会或者执行董事不能履行或者不履行召集股东会会议职责的，由监事会或者不设监事会的公司的监事召集和主持；监事会或者监事不召集和主持的，代表十分之一以上表决权的股东可以自行召集和主持。

第四十一条　召开股东会会议，应当于会议召开十五日前通知全体股东；但是，公司章程另有规定或者全体股东另有约定的除外。

股东会应当对所议事项的决定作成会议记录，出席会议的股东应当在会议记录上签名。

第四十二条　股东会会议由股东按照出资比例行使表决权；但是，公司章程另有规定的除外。

第四十三条　股东会的议事方式和表决程序，除本法有规定的外，由公司章程规定。

股东会会议作出修改公司章程、增加或者减少注册资本的决议，以及公司合并、分立、解散或者变更公司形式的决议，必须经代表三分之二以上表决权的股东通过。

第四十四条　有限责任公司设董事会，其成员为三人至十三人；但是，本法第五十条另有规定的除外。

两个以上的国有企业或者两个以上的其他国有投资主体投资设立的有限责任公司，其董事会成员中应当有公司职工代表；其他有限责任公司董事会成员中可以有公司职工代表。董事会中的职工代表由公司职工通过职工代表大会、职工大会或者其他形式民主选举产生。

董事会设董事长一人，可以设副董事长。董事长、副董事长的产生办法由公司章程规定。

第四十五条　董事任期由公司章程规定，但每届任期不得超过三年。董事任期届满，连选可以连任。

董事任期届满未及时改选，或者董事在任期内辞职导致董事会成员低于法定人数的，在改选出的董事就任前，原董事仍应当依照法律、行政法规和公司章程的规定，履行董事职务。

第四十六条　董事会对股东会负责，行使下列职权：

（一）召集股东会会议，并向股东会报告工作；

（二）执行股东会的决议；

（三）决定公司的经营计划和投资方案；

（四）制订公司的年度财务预算方案、决算方案；

（五）制订公司的利润分配方案和弥补亏损方案；

（六）制订公司增加或者减少注册资本以及发行公司债券的方案；

（七）制订公司合并、分立、解散或者变更公司形式的方案；

（八）决定公司内部管理机构的设置；

（九）决定聘任或者解聘公司经理及其报酬事项，并根据经理的提名决定聘任或者解聘公司副经理、财务负责人及其报酬事项；

（十）制定公司的基本管理制度；

（十一）公司章程规定的其他职权。

第四十七条 董事会会议由董事长召集和主持；董事长不能履行职务或者不履行职务的，由副董事长召集和主持；副董事长不能履行职务或者不履行职务的，由半数以上董事共同推举一名董事召集和主持。

第四十八条 董事会的议事方式和表决程序，除本法有规定的外，由公司章程规定。

董事会应当对所议事项的决定作成会议记录，出席会议的董事应当在会议记录上签名。

董事会决议的表决，实行一人一票。

第四十九条 有限责任公司可以设经理，由董事会决定聘任或者解聘。经理对董事会负责，行使下列职权：

（一）主持公司的生产经营管理工作，组织实施董事会决议；

（二）组织实施公司年度经营计划和投资方案；

（三）拟订公司内部管理机构设置方案；

（四）拟订公司的基本管理制度；

（五）制定公司的具体规章；

（六）提请聘任或者解聘公司副经理、财务负责人；

（七）决定聘任或者解聘除应由董事会决定聘任或者解聘以外的负责管理人员；

（八）董事会授予的其他职权。

公司章程对经理职权另有规定的，从其规定。

经理列席董事会会议。

第五十条 股东人数较少或者规模较小的有限责任公司，可以设一名执行董事，不设董事会。执行董事可以兼任公司经理。

执行董事的职权由公司章程规定。

第五十一条 有限责任公司设监事会，其成员不得少于三人。股东人数较少或者规模较小的有限责任公司，可以设一至二名监事，不设监事会。

监事会应当包括股东代表和适当比例的公司职工代表，其中职工代表的比例不得低于三分之一，具体比例由公司章程规定。监事会中的职工代表由公司职工通过职工代表大会、职工大会或者其他形式民主选举产生。

监事会设主席一人，由全体监事过半数选举产生。监事会主席召集和主持监事会会议；监事会主席不能履行职务或者不履行职务的，由半数以上监事共同推举一名监事召集和主持监事会会议。

董事、高级管理人员不得兼任监事。

第五十二条　监事的任期每届为三年。监事任期届满，连选可以连任。

监事任期届满未及时改选，或者监事在任期内辞职导致监事会成员低于法定人数的，在改选出的监事就任前，原监事仍应当依照法律、行政法规和公司章程的规定，履行监事职务。

第五十三条　监事会、不设监事会的公司的监事行使下列职权：

（一）检查公司财务；

（二）对董事、高级管理人员执行公司职务的行为进行监督，对违反法律、行政法规、公司章程或者股东会决议的董事、高级管理人员提出罢免的建议；

（三）当董事、高级管理人员的行为损害公司的利益时，要求董事、高级管理人员予以纠正；

（四）提议召开临时股东会会议，在董事会不履行本法规定的召集和主持股东会会议职责时召集和主持股东会会议；

（五）向股东会会议提出提案；

（六）依照本法第一百五十一条的规定，对董事、高级管理人员提起诉讼；

（七）公司章程规定的其他职权。

第五十四条　监事可以列席董事会会议，并对董事会决议事项提出质询或者建议。

监事会、不设监事会的公司的监事发现公司经营情况异常，可以进行调查；必要时，可以聘请会计师事务所等协助其工作，费用由公司承担。

第五十五条　监事会每年度至少召开一次会议，监事可以提议召开临时监事会会议。

监事会的议事方式和表决程序，除本法有规定的外，由公司章程规定。

监事会决议应当经半数以上监事通过。

监事会应当对所议事项的决定作成会议记录，出席会议的监事应当在会议记录上签名。

第五十六条　监事会、不设监事会的公司的监事行使职权所必需的费用，由公司承担。

第三节　一人有限责任公司的特别规定

第五十七条　一人有限责任公司的设立和组织机构，适用本节规定；本节没有规定的，适用本章第一节、第二节的规定。

本法所称一人有限责任公司，是指只有一个自然人股东或者一个法人股东的有限责任公司。

第五十八条　一个自然人只能投资设立一个一人有限责任公司。该一人有限责任公司不能投资设立新的一人有限责任公司。

第五十九条　一人有限责任公司应当在公司登记中注明自然人独资或者法人独资，并在公司营业执照中载明。

第六十条　一人有限责任公司章程由股东制定。

第六十一条　一人有限责任公司不设股东会。股东作出本法第三十七条第一款所列决定时，应当采用书面形式，并由股东签名后置备于公司。

第六十二条　一人有限责任公司应当在每一会计年度终了时编制财务会计报告，并经会计师事务所审计。

第六十三条　一人有限责任公司的股东不能证明公司财产独立于股东自己的财产的，应当对公司债务承担连带责任。

第四节　国有独资公司的特别规定

第六十四条　国有独资公司的设立和组织机构，适用本节规定；本节没有规定的，适用本章第一节、第二节的规定。

本法所称国有独资公司，是指国家单独出资、由国务院或者地方人民政府授权本级人民政府国有资产监督管理机构履行出资人职责的有限责任公司。

第六十五条　国有独资公司章程由国有资产监督管理机构制定，或者由董事会制订报国有资产监督管理机构批准。

第六十六条　国有独资公司不设股东会，由国有资产监督管理机构行使股东会职权。国有资产监督管理机构可以授权公司董事会行使股东会的部分职权，决定公司的重大事项，但公司的合并、分立、解散、增加或者减少注册资本和发行公司债券，必须由国有资产监督管理机构决定；其中，重要的国有独资公司合并、分立、解散、申请破产的，应当由国有资产监督管理机构审核后，报本级人民政府批准。

前款所称重要的国有独资公司，按照国务院的规定确定。

第六十七条　国有独资公司设董事会，依照本法第四十六条、第六十六条的规定行使职权。董事每届任期不得超过三年。董事会成员中应当有公司职工代表。

董事会成员由国有资产监督管理机构委派；但是，董事会成员中的职工代表由公司职工代表大会选举产生。

董事会设董事长一人，可以设副董事长。董事长、副董事长由国有资产监督管理机构从董事会成员中指定。

第六十八条　国有独资公司设经理，由董事会聘任或者解聘。经理依照本法第四十九条规定行使职权。

经国有资产监督管理机构同意，董事会成员可以兼任经理。

第六十九条　国有独资公司的董事长、副董事长、董事、高级管理人员，未经国有资产监督管理机构同意，不得在其他有限责任公司、股份有限公司或者其他经济组织兼职。

第七十条　国有独资公司监事会成员不得少于五人，其中职工代表的比例不得低于三分之一，具体比例由公司章程规定。

监事会成员由国有资产监督管理机构委派；但是，监事会成员中的职工代表由公司职工代表大会选举产生。监事会主席由国有资产监督管理机构从监事会成员中指定。

监事会行使本法第五十三条第（一）项至第（三）项规定的职权和国务院规定的其他职权。

第三章　有限责任公司的股权转让

第七十一条　有限责任公司的股东之间可以相互转让其全部或者部分股权。

股东向股东以外的人转让股权，应当经其他股东过半数同意。股东应就其股权转让事项书面通知其他股东征求同意，其他股东自接到书面通知之日起满三十日未答复的，视为同意转让。其他股东半数以上不同意转让的，不同意的股东应当购买该转让的股权；不购买的，视为同意转让。

经股东同意转让的股权，在同等条件下，其他股东有优先购买权。两个以上股东主张行使优先购买权的，协商确定各自的购买比例；协商不成的，按照转让时各自的出资比例行使优先购买权。

公司章程对股权转让另有规定的，从其规定。

第七十二条 人民法院依照法律规定的强制执行程序转让股东的股权时，应当通知公司及全体股东，其他股东在同等条件下有优先购买权。其他股东自人民法院通知之日起满二十日不行使优先购买权的，视为放弃优先购买权。

第七十三条 依照本法第七十一条、第七十二条转让股权后，公司应当注销原股东的出资证明书，向新股东签发出资证明书，并相应修改公司章程和股东名册中有关股东及其出资额的记载。对公司章程的该项修改不需再由股东会表决。

第七十四条 有下列情形之一的，对股东会该项决议投反对票的股东可以请求公司按照合理的价格收购其股权：

（一）公司连续五年不向股东分配利润，而公司该五年连续盈利，并且符合本法规定的分配利润条件的；

（二）公司合并、分立、转让主要财产的；

（三）公司章程规定的营业期限届满或者章程规定的其他解散事由出现，股东会会议通过决议修改章程使公司存续的。

自股东会会议决议通过之日起六十日内，股东与公司不能达成股权收购协议的，股东可以自股东会会议决议通过之日起九十日内向人民法院提起诉讼。

第七十五条 自然人股东死亡后，其合法继承人可以继承股东资格；但是，公司章程另有规定的除外。

第四章　股份有限公司的设立和组织机构

第一节　设立

第七十六条 设立股份有限公司，应当具备下列条件：

（一）发起人符合法定人数；

（二）有符合公司章程规定的全体发起人认购的股本总额或者募集的实收股本总额；

（三）股份发行、筹办事项符合法律规定；

（四）发起人制订公司章程，采用募集方式设立的经创立大会通过；

（五）有公司名称，建立符合股份有限公司要求的组织机构；

（六）有公司住所。

第七十七条 股份有限公司的设立，可以采取发起设立或者募集设立的方式。

发起设立，是指由发起人认购公司应发行的全部股份而设立公司。

募集设立，是指由发起人认购公司应发行股份的一部分，其余股份向社会公开募集或者向特定对象募集而设立公司。

第七十八条 设立股份有限公司，应当有二人以上二百人以下为发起人，其中须有半数以上的发起人在中国境内有住所。

第七十九条 股份有限公司发起人承担公司筹办事务。

发起人应当签订发起人协议，明确各自在公司设立过程中的权利和义务。

第八十条 股份有限公司采取发起设立方式设立的，注册资本为在公司登记机关登记的全体发起人认购的股本总额。在发起人认购的股份缴足前，不得向他人募集股份。

股份有限公司采取募集方式设立的，注册资本为在公司登记机关登记的实收股本总额。

法律、行政法规以及国务院决定对股份有限公司注册资本实缴、注册资本最低限额另有规定的，从其规定。

第八十一条 股份有限公司章程应当载明下列事项：

（一）公司名称和住所；

（二）公司经营范围；

（三）公司设立方式；

（四）公司股份总数、每股金额和注册资本；

（五）发起人的姓名或者名称、认购的股份数、出资方式和出资时间；

（六）董事会的组成、职权和议事规则；

（七）公司法定代表人；

（八）监事会的组成、职权和议事规则；

（九）公司利润分配办法；

（十）公司的解散事由与清算办法；

（十一）公司的通知和公告办法；

（十二）股东大会会议认为需要规定的其他事项。

第八十二条　发起人的出资方式，适用本法第二十七条的规定。

第八十三条　以发起设立方式设立股份有限公司的，发起人应当书面认足公司章程规定其认购的股份，并按照公司章程规定缴纳出资。以非货币财产出资的，应当依法办理其财产权的转移手续。

发起人不依照前款规定缴纳出资的，应当按照发起人协议承担违约责任。

发起人认足公司章程规定的出资后，应当选举董事会和监事会，由董事会向公司登记机关报送公司章程以及法律、行政法规规定的其他文件，申请设立登记。

第八十四条　以募集设立方式设立股份有限公司的，发起人认购的股份不得少于公司股份总数的百分之三十五；但是，法律、行政法规另有规定的，从其规定。

第八十五条　发起人向社会公开募集股份，必须公告招股说明书，并制作认股书。认股书应当载明本法第八十六条所列事项，由认股人填写认购股数、金额、住所，并签名、盖章。认股人按照所认购股数缴纳股款。

第八十六条　招股说明书应当附有发起人制订的公司章程，并载明下列事项：

（一）发起人认购的股份数；

（二）每股的票面金额和发行价格；

（三）无记名股票的发行总数；

（四）募集资金的用途；

（五）认股人的权利、义务；

（六）本次募股的起止期限及逾期未募足时认股人可以撤回所认股份的说明。

第八十七条　发起人向社会公开募集股份，应当由依法设立的证券公司承销，签订承销协议。

第八十八条　发起人向社会公开募集股份，应当同银行签订代收股款协议。

代收股款的银行应当按照协议代收和保存股款，向缴纳股款的认股人出具收款单据，并负有向有关部门出具收款证明的义务。

第八十九条　发行股份的股款缴足后，必须经依法设立的验资机构验资并出具证明。发起人应当自股款缴足之日起三十日内主持召开公司创立大会。

创立大会由发起人、认股人组成。

发行的股份超过招股说明书规定的截止期限尚未募足的，或者发行股份的股款缴足后，发起人在三十日内未召开创立大会的，认股人可以按照所缴股款并加算银行同期存款利息，要求发起人返还。

第九十条　发起人应当在创立大会召开十五日前将会议日期通知各认股人或者予以公告。创立大会应有代表股份总数过半数的发起人、认股人出席，方可举行。

创立大会行使下列职权：

（一）审议发起人关于公司筹办情况的报告；

（二）通过公司章程；

（三）选举董事会成员；

（四）选举监事会成员；

（五）对公司的设立费用进行审核；

（六）对发起人用于抵作股款的财产的作价进行审核；

（七）发生不可抗力或者经营条件发生重大变化直接影响公司设立的，可以作出不设立公司的决议。

创立大会对前款所列事项作出决议，必须经出席会议的认股人所持表决权过半数通过。

第九十一条　发起人、认股人缴纳股款或者交付抵作股款的出资后，除未按期募足股份、发起人未按期召开创立大会或者创立大会决议不设立公司的情形外，不得抽回其股本。

第九十二条　董事会应于创立大会结束后三十日内，向公司登记机关报送下列文件，申请设立登记：

（一）公司登记申请书；

（二）创立大会的会议记录；

（三）公司章程；

（四）验资证明；

（五）法定代表人、董事、监事的任职文件及其身份证明；

（六）发起人的法人资格证明或者自然人身份证明；

（七）公司住所证明。

以募集方式设立股份有限公司公开发行股票的，还应当向公司登记机关报送国务院证券监督管理机构的核准文件。

第九十三条　股份有限公司成立后，发起人未按照公司章程的规定缴足出资的，应当补缴；其他发起人承担连带责任。

股份有限公司成立后，发现作为设立公司出资的非货币财产的实际价额显著低于公司章程所定价额的，应当由交付该出资的发起人补足其差额；其他发起人承担连带责任。

第九十四条　股份有限公司的发起人应当承担下列责任：

（一）公司不能成立时，对设立行为所产生的债务和费用负连带责任；

（二）公司不能成立时，对认股人已缴纳的股款，负返还股款并加算银行同期存款利息的连带责任；

（三）在公司设立过程中，由于发起人的过失致使公司利益受到损害的，应当对公司承担赔偿责任。

第九十五条　有限责任公司变更为股份有限公司时，折合的实收股本总额不得高于公司净资产额。有限责任公司变更为股份有限公司，为增加资本公开发行股份时，应当依法办理。

第九十六条　股份有限公司应当将公司章程、股东名册、公司债券存根、股东大会会议记录、董事会会议记录、监事会会议记录、财务会计报告置备于本公司。

第九十七条　股东有权查阅公司章程、股东名册、公司债券存根、股东大会会议记录、董事会会议决议、监事会会议决议、财务会计报告，对公司的经营提出建议或者质询。

第二节　股东大会

第九十八条　股份有限公司股东大会由全体股东组成。股东大会是公司的权力机构，依照本法行使职权。

第九十九条　本法第三十七条第一款关于有限责任公司股东会职权的规定，适用于股份有限公司股东大会。

第一百条　股东大会应当每年召开一次年会。有下列情形之一的，应当在两个月内召开临时股东大会：

（一）董事人数不足本法规定人数或者公司章程所定人数的三分之二时；

（二）公司未弥补的亏损达实收股本总额三分之一时；

（三）单独或者合计持有公司百分之十以上股份的股东请求时；

（四）董事会认为必要时；

（五）监事会提议召开时；

（六）公司章程规定的其他情形。

第一百零一条 股东大会会议由董事会召集，董事长主持；董事长不能履行职务或者不履行职务的，由副董事长主持；副董事长不能履行职务或者不履行职务的，由半数以上董事共同推举一名董事主持。

董事会不能履行或者不履行召集股东大会会议职责的，监事会应当及时召集和主持；监事会不召集和主持的，连续九十日以上单独或者合计持有公司百分之十以上股份的股东可以自行召集和主持。

第一百零二条 召开股东大会会议，应当将会议召开的时间、地点和审议的事项于会议召开二十日前通知各股东；临时股东大会应当于会议召开十五日前通知各股东；发行无记名股票的，应当于会议召开三十日前公告会议召开的时间、地点和审议事项。

单独或者合计持有公司百分之三以上股份的股东，可以在股东大会召开十日前提出临时提案并书面提交董事会；董事会应当在收到提案后二日内通知其他股东，并将该临时提案提交股东大会审议。临时提案的内容应当属于股东大会职权范围，并有明确议题和具体决议事项。

股东大会不得对前两款通知中未列明的事项作出决议。

无记名股票持有人出席股东大会会议的，应当于会议召开五日前至股东大会闭会时将股票交存于公司。

第一百零三条 股东出席股东大会会议，所持每一股份有一表决权。但是，公司持有的本公司股份没有表决权。

股东大会作出决议，必须经出席会议的股东所持表决权过半数通过。但是，股东大会作出修改公司章程、增加或者减少注册资本的决议，以及公司合并、分立、解散或者变更公司形式的决议，必须经出席会议的股东所持表决权的三分之二以上通过。

第一百零四条 本法和公司章程规定公司转让、受让重大资产或者对外提供担保等事项必须经股东大会作出决议的，董事会应当及时召集股东大会会议，由股东大会就上述事项进行表决。

第一百零五条 股东大会选举董事、监事，可以依照公司章程的规定或者股东大会的决议，实行累积投票制。

本法所称累积投票制，是指股东大会选举董事或者监事时，每一股份拥有与应选董事或者监事人数相同的表决权，股东拥有的表决权可以集中使用。

第一百零六条 股东可以委托代理人出席股东大会会议，代理人应当向公司提交股东授权委托书，并在授权范围内行使表决权。

第一百零七条 股东大会应当对所议事项的决定作成会议记录，主持人、出席会议的董事应当在会议记录上签名。会议记录应当与出席股东的签名册及代理出席的委托书一并保存。

第三节 董事会、经理

第一百零八条 股份有限公司设董事会，其成员为五人至十九人。

董事会成员中可以有公司职工代表。董事会中的职工代表由公司职工通过职工代表大会、职工大会或者其他形式民主选举产生。

本法第四十五条关于有限责任公司董事任期的规定，适用于股份有限公司董事。

本法第四十六条关于有限责任公司董事会职权的规定，适用于股份有限公司董事会。

第一百零九条 董事会设董事长一人，可以设副董事长。董事长和副董事长由董事会以全体董事的过半数选举产生。

董事长召集和主持董事会会议，检查董事会决议的实施情况。副董事长协助董事长工作，董事长不能履行职务或者不履行职务的，由副董事长履行职务；副董事长不能履行职务或者不履行职务的，由半数以上董事共同推举一名董事履行职务。

第一百一十条 董事会每年度至少召开两次会议，每次会议应当于会议召开十日前通知全体董事和监事。

代表十分之一以上表决权的股东、三分之一以上董事或者监事会，可以提议召开董事会临时会议。董事长应当自接到提议后十日内，召集和主持董事会会议。

董事会召开临时会议，可以另定召集董事会的通知方式和通知时限。

第一百一十一条 董事会会议应有过半数的董事出席方可举行。董事会作出决议，必须经全体董事的过半数通过。

董事会决议的表决，实行一人一票。

第一百一十二条 董事会会议，应由董事本人出席；董事因故不能出席，可以书面委托其他董事代为出席，委托书中应载明授权范围。

董事会应当对会议所议事项的决定作成会议记录，出席会议的董事应当在会议记录上签名。

董事应当对董事会的决议承担责任。董事会的决议违反法律、行政法规或者公司章程、股东大会决议，致使公司遭受严重损失的，参与决议的董事对公司负赔偿责任。但经证明在表决时曾表明异议并记载于会议记录的，该董事可以免除责任。

第一百一十三条　股份有限公司设经理，由董事会决定聘任或者解聘。

本法第四十九条关于有限责任公司经理职权的规定，适用于股份有限公司经理。

第一百一十四条　公司董事会可以决定由董事会成员兼任经理。

第一百一十五条　公司不得直接或者通过子公司向董事、监事、高级管理人员提供借款。

第一百一十六条　公司应当定期向股东披露董事、监事、高级管理人员从公司获得报酬的情况。

第四节　监事会

第一百一十七条　股份有限公司设监事会，其成员不得少于三人。

监事会应当包括股东代表和适当比例的公司职工代表，其中职工代表的比例不得低于三分之一，具体比例由公司章程规定。监事会中的职工代表由公司职工通过职工代表大会、职工大会或者其他形式民主选举产生。

监事会设主席一人，可以设副主席。监事会主席和副主席由全体监事过半数选举产生。监事会主席召集和主持监事会会议；监事会主席不能履行职务或者不履行职务的，由监事会副主席召集和主持监事会会议；监事会副主席不能履行职务或者不履行职务的，由半数以上监事共同推举一名监事召集和主持监事会会议。

董事、高级管理人员不得兼任监事。

本法第五十二条关于有限责任公司监事任期的规定，适用于股份有限公司监事。

第一百一十八条　本法第五十三条、第五十四条关于有限责任公司监事会职权的规定，适用于股份有限公司监事会。

监事会行使职权所必需的费用，由公司承担。

第一百一十九条 监事会每六个月至少召开一次会议。监事可以提议召开临时监事会会议。

监事会的议事方式和表决程序，除本法有规定的外，由公司章程规定。

监事会决议应当经半数以上监事通过。

监事会应当对所议事项的决定作成会议记录，出席会议的监事应当在会议记录上签名。

第五节　上市公司组织机构的特别规定

第一百二十条 本法所称上市公司，是指其股票在证券交易所上市交易的股份有限公司。

第一百二十一条 上市公司在一年内购买、出售重大资产或者担保金额超过公司资产总额百分之三十的，应当由股东大会作出决议，并经出席会议的股东所持表决权的三分之二以上通过。

第一百二十二条 上市公司设独立董事，具体办法由国务院规定。

第一百二十三条 上市公司设董事会秘书，负责公司股东大会和董事会会议的筹备、文件保管以及公司股东资料的管理，办理信息披露事务等事宜。

第一百二十四条 上市公司董事与董事会会议决议事项所涉及的企业有关联关系的，不得对该项决议行使表决权，也不得代理其他董事行使表决权。该董事会会议由过半数的无关联关系董事出席即可举行，董事会会议所作决议须经无关联关系董事过半数通过。出席董事会的无关联关系董事人数不足三人的，应将该事项提交上市公司股东大会审议。

第五章　股份有限公司的股份发行和转让

第一节　股份发行

第一百二十五条 股份有限公司的资本划分为股份，每一股的金额相等。

公司的股份采取股票的形式。股票是公司签发的证明股东所持股份的凭证。

第一百二十六条 股份的发行，实行公平、公正的原则，同种类的每一股份应当具有同等权利。

同次发行的同种类股票，每股的发行条件和价格应当相同；任何单位或者个人所认购的股份，每股应当支付相同价额。

第一百二十七条　股票发行价格可以按票面金额，也可以超过票面金额，但不得低于票面金额。

第一百二十八条　股票采用纸面形式或者国务院证券监督管理机构规定的其他形式。

股票应当载明下列主要事项：

（一）公司名称；

（二）公司成立日期；

（三）股票种类、票面金额及代表的股份数；

（四）股票的编号。

股票由法定代表人签名，公司盖章。

发起人的股票，应当标明发起人股票字样。

第一百二十九条　公司发行的股票，可以为记名股票，也可以为无记名股票。

公司向发起人、法人发行的股票，应当为记名股票，并应当记载该发起人、法人的名称或者姓名，不得另立户名或者以代表人姓名记名。

第一百三十条　公司发行记名股票的，应当置备股东名册，记载下列事项：

（一）股东的姓名或者名称及住所；

（二）各股东所持股份数；

（三）各股东所持股票的编号；

（四）各股东取得股份的日期。

发行无记名股票的，公司应当记载其股票数量、编号及发行日期。

第一百三十一条　国务院可以对公司发行本法规定以外的其他种类的股份，另行作出规定。

第一百三十二条　股份有限公司成立后，即向股东正式交付股票。公司成立前不得向股东交付股票。

第一百三十三条　公司发行新股，股东大会应当对下列事项作出决议：

（一）新股种类及数额；

（二）新股发行价格；

（三）新股发行的起止日期；

（四）向原有股东发行新股的种类及数额。

第一百三十四条　公司经国务院证券监督管理机构核准公开发行新股时，必须公告新股招股说明书和财务会计报告，并制作认股书。

本法第八十七条、第八十八条的规定适用于公司公开发行新股。

第一百三十五条　公司发行新股，可以根据公司经营情况和财务状况，确定其作价方案。

第一百三十六条　公司发行新股募足股款后，必须向公司登记机关办理变更登记，并公告。

第二节　股份转让

第一百三十七条　股东持有的股份可以依法转让。

第一百三十条　一百三十八条　股东转让其股份，应当在依法设立的证券交易场所进行或者按照国务院规定的其他方式进行。

第一百三十九条　记名股票，由股东以背书方式或者法律、行政法规规定的其他方式转让；转让后由公司将受让人的姓名或者名称及住所记载于股东名册。

股东大会召开前二十日内或者公司决定分配股利的基准日前五日内，不得进行前款规定的股东名册的变更登记。但是，法律对上市公司股东名册变更登记另有规定的，从其规定。

第一百四十条　无记名股票的转让，由股东将该股票交付给受让人后即发生转让的效力。

第一百四十一条　发起人持有的本公司股份，自公司成立之日起一年内不得转让。公司公开发行股份前已发行的股份，自公司股票在证券交易所上市交易之日起一年内不得转让。

公司董事、监事、高级管理人员应当向公司申报所持有的本公司的股份及其变动情况，在任职期间每年转让的股份不得超过其所持有本公司股份总数的百分之二十五；所持本公司股份自公司股票上市交易之日起一年内不得转让。上述人员离职后半年内，不得转让其所持有的本公司股份。公司章程可以对公司董事、监事、高级管理人员转让其所持有的本公司股份作出其他限制性规定。

第一百四十二条　公司不得收购本公司股份。但是，有下列情形之一的除外：

（一）减少公司注册资本；

（二）与持有本公司股份的其他公司合并；

（三）将股份奖励给本公司职工；

（四）股东因对股东大会作出的公司合并、分立决议持异议，要求公司收购其股份的。

公司因前款第（一）项至第（三）项的原因收购本公司股份的，应当经股东大会决议。公司依照前款规定收购本公司股份后，属于第（一）项情形的，应当自收购之日起十日内注销；属于第（二）项、第（四）项情形的，应当在六个月内转让或者注销。

公司依照第一款第（三）项规定收购的本公司股份，不得超过本公司已发行股份总额的百分之五；用于收购的资金应当从公司的税后利润中支出；所收购的股份应当在一年内转让给职工。

公司不得接受本公司的股票作为质押权的标的。

第一百四十三条　记名股票被盗、遗失或者灭失，股东可以依照《中华人民共和国民事诉讼法》规定的公示催告程序，请求人民法院宣告该股票失效。人民法院宣告该股票失效后，股东可以向公司申请补发股票。

第一百四十四条　上市公司的股票，依照有关法律、行政法规及证券交易所交易规则上市交易。

第一百四十五条　上市公司必须依照法律、行政法规的规定，公开其财务状况、经营情况及重大诉讼，在每会计年度内半年公布一次财务会计报告。

第六章　公司董事、监事、高级管理人员的资格和义务

第一百四十六条　有下列情形之一的，不得担任公司的董事、监事、高级管理人员：

（一）无民事行为能力或者限制民事行为能力；

（二）因贪污、贿赂、侵占财产、挪用财产或者破坏社会主义市场经济秩序，被判处刑罚，执行期满未逾五年，或者因犯罪被剥夺政治权利，执行期满未逾五年；

（三）担任破产清算的公司、企业的董事或者厂长、经理，对该公司、企业的破产负有个人责任的，自该公司、企业破产清算完结之日起未逾

三年；

（四）担任因违法被吊销营业执照、责令关闭的公司、企业的法定代表人，并负有个人责任的，自该公司、企业被吊销营业执照之日起未逾三年；

（五）个人所负数额较大的债务到期未清偿。

公司违反前款规定选举、委派董事、监事或者聘任高级管理人员的，该选举、委派或者聘任无效。

董事、监事、高级管理人员在任职期间出现本条第一款所列情形的，公司应当解除其职务。

第一百四十七条 董事、监事、高级管理人员应当遵守法律、行政法规和公司章程，对公司负有忠实义务和勤勉义务。

董事、监事、高级管理人员不得利用职权收受贿赂或者其他非法收入，不得侵占公司的财产。

第一百四十八条 董事、高级管理人员不得有下列行为：

（一）挪用公司资金；

（二）将公司资金以其个人名义或者以其他个人名义开立账户存储；

（三）违反公司章程的规定，未经股东会、股东大会或者董事会同意，将公司资金借贷给他人或者以公司财产为他人提供担保；

（四）违反公司章程的规定或者未经股东会、股东大会同意，与本公司订立合同或者进行交易；

（五）未经股东会或者股东大会同意，利用职务便利为自己或者他人谋取属于公司的商业机会，自营或者为他人经营与所任职公司同类的业务；

（六）接受他人与公司交易的佣金归为己有；

（七）擅自披露公司秘密；

（八）违反对公司忠实义务的其他行为。

董事、高级管理人员违反前款规定所得的收入应当归公司所有。

第一百四十九条 董事、监事、高级管理人员执行公司职务时违反法律、行政法规或者公司章程的规定，给公司造成损失的，应当承担赔偿责任。

第一百五十条 股东会或者股东大会要求董事、监事、高级管理人员列席会议的，董事、监事、高级管理人员应当列席并接受股东的质询。

董事、高级管理人员应当如实向监事会或者不设监事会的有限责任公司的监事提供有关情况和资料，不得妨碍监事会或者监事行使职权。

第一百五十一条　董事、高级管理人员有本法第一百四十九条规定的情形的，有限责任公司的股东、股份有限公司连续一百八十日以上单独或者合计持有公司百分之一以上股份的股东，可以书面请求监事会或者不设监事会的有限责任公司的监事向人民法院提起诉讼；监事有本法第一百四十九条规定的情形的，前述股东可以书面请求董事会或者不设董事会的有限责任公司的执行董事向人民法院提起诉讼。

监事会、不设监事会的有限责任公司的监事，或者董事会、执行董事收到前款规定的股东书面请求后拒绝提起诉讼，或者自收到请求之日起三十日内未提起诉讼，或者情况紧急、不立即提起诉讼将会使公司利益受到难以弥补的损害的，前款规定的股东有权为了公司的利益以自己的名义直接向人民法院提起诉讼。

他人侵犯公司合法权益，给公司造成损失的，本条第一款规定的股东可以依照前两款的规定向人民法院提起诉讼。

第一百五十二条　董事、高级管理人员违反法律、行政法规或者公司章程的规定，损害股东利益的，股东可以向人民法院提起诉讼。

第七章　公司债券

第一百五十三条　本法所称公司债券，是指公司依照法定程序发行、约定在一定期限还本付息的有价证券。

公司发行公司债券应当符合《中华人民共和国证券法》规定的发行条件。

第一百五十四条　发行公司债券的申请经国务院授权的部门核准后，应当公告公司债券募集办法。

公司债券募集办法中应当载明下列主要事项：

（一）公司名称；

（二）债券募集资金的用途；

（三）债券总额和债券的票面金额；

（四）债券利率的确定方式；

（五）还本付息的期限和方式；

（六）债券担保情况；

（七）债券的发行价格、发行的起止日期；

（八）公司净资产额；

（九）已发行的尚未到期的公司债券总额；

（十）公司债券的承销机构。

第一百五十五条 公司以实物券方式发行公司债券的，必须在债券上载明公司名称、债券票面金额、利率、偿还期限等事项，并由法定代表人签名，公司盖章。

第一百五十六条 公司债券，可以为记名债券，也可以为无记名债券。

第一百五十七条 公司发行公司债券应当置备公司债券存根簿。

发行记名公司债券的，应当在公司债券存根簿上载明下列事项：

（一）债券持有人的姓名或者名称及住所；

（二）债券持有人取得债券的日期及债券的编号；

（三）债券总额，债券的票面金额、利率、还本付息的期限和方式；

（四）债券的发行日期。

发行无记名公司债券的，应当在公司债券存根簿上载明债券总额、利率、偿还期限和方式、发行日期及债券的编号。

第一百五十八条 记名公司债券的登记结算机构应当建立债券登记、存管、付息、兑付等相关制度。

第一百五十九条 公司债券可以转让，转让价格由转让人与受让人约定。

公司债券在证券交易所上市交易的，按照证券交易所的交易规则转让。

第一百六十条 记名公司债券，由债券持有人以背书方式或者法律、行政法规规定的其他方式转让；转让后由公司将受让人的姓名或者名称及住所记载于公司债券存根簿。

无记名公司债券的转让，由债券持有人将该债券交付给受让人后即发生转让的效力。

第一百六十一条 上市公司经股东大会决议可以发行可转换为股票的公司债券，并在公司债券募集办法中规定具体的转换办法。上市公司发行可转换为股票的公司债券，应当报国务院证券监督管理机构核准。

发行可转换为股票的公司债券，应当在债券上标明可转换公司债券字样，并在公司债券存根簿上载明可转换公司债券的数额。

第一百六十二条 发行可转换为股票的公司债券的，公司应当按照其转换办法向债券持有人换发股票，但债券持有人对转换股票或者不转换股票有选择权。

第八章　公司财务、会计

第一百六十三条　公司应当依照法律、行政法规和国务院财政部门的规定建立本公司的财务、会计制度。

第一百六十四条　公司应当在每一会计年度终了时编制财务会计报告，并依法经会计师事务所审计。

财务会计报告应当依照法律、行政法规和国务院财政部门的规定制作。

第一百六十五条　有限责任公司应当依照公司章程规定的期限将财务会计报告送交各股东。

股份有限公司的财务会计报告应当在召开股东大会年会的二十日前置备于本公司，供股东查阅；公开发行股票的股份有限公司必须公告其财务会计报告。

第一百六十六条　公司分配当年税后利润时，应当提取利润的百分之十列入公司法定公积金。公司法定公积金累计额为公司注册资本的百分之五十以上的，可以不再提取。

公司的法定公积金不足以弥补以前年度亏损的，在依照前款规定提取法定公积金之前，应当先用当年利润弥补亏损。

公司从税后利润中提取法定公积金后，经股东会或者股东大会决议，还可以从税后利润中提取任意公积金。

公司弥补亏损和提取公积金后所余税后利润，有限责任公司依照本法第三十四条的规定分配；股份有限公司按照股东持有的股份比例分配，但股份有限公司章程规定不按持股比例分配的除外。

股东会、股东大会或者董事会违反前款规定，在公司弥补亏损和提取法定公积金之前向股东分配利润的，股东必须将违反规定分配的利润退还公司。

公司持有的本公司股份不得分配利润。

第一百六十七条　股份有限公司以超过股票票面金额的发行价格发行股份所得的溢价款以及国务院财政部门规定列入资本公积金的其他收入，应当列为公司资本公积金。

第一百六十八条　公司的公积金用于弥补公司的亏损、扩大公司生产经营或者转为增加公司资本。但是，资本公积金不得用于弥补公司的亏损。

法定公积金转为资本时，所留存的该项公积金不得少于转增前公司注册资本的百分之二十五。

第一百六十九条 公司聘用、解聘承办公司审计业务的会计师事务所，依照公司章程的规定，由股东会、股东大会或者董事会决定。

公司股东会、股东大会或者董事会就解聘会计师事务所进行表决时，应当允许会计师事务所陈述意见。

第一百七十条 公司应当向聘用的会计师事务所提供真实、完整的会计凭证、会计账簿、财务会计报告及其他会计资料，不得拒绝、隐匿、谎报。

第一百七十一条 公司除法定的会计账簿外，不得另立会计账簿。

对公司资产，不得以任何个人名义开立账户存储。

第九章 公司合并、分立、增资、减资

第一百七十二条 公司合并可以采取吸收合并或者新设合并。

一个公司吸收其他公司为吸收合并，被吸收的公司解散。两个以上公司合并设立一个新的公司为新设合并，合并各方解散。

第一百七十三条 公司合并，应当由合并各方签订合并协议，并编制资产负债表及财产清单。公司应当自作出合并决议之日起十日内通知债权人，并于三十日内在报纸上公告。债权人自接到通知书之日起三十日内，未接到通知书的自公告之日起四十五日内，可以要求公司清偿债务或者提供相应的担保。

第一百七十四条 公司合并时，合并各方的债权、债务，应当由合并后存续的公司或者新设的公司承继。

第一百七十五条 公司分立，其财产作相应的分割。

公司分立，应当编制资产负债表及财产清单。公司应当自作出分立决议之日起十日内通知债权人，并于三十日内在报纸上公告。

第一百七十六条 公司分立前的债务由分立后的公司承担连带责任。但是，公司在分立前与债权人就债务清偿达成的书面协议另有约定的除外。

第一百七十七条 公司需要减少注册资本时，必须编制资产负债表及财产清单。

公司应当自作出减少注册资本决议之日起十日内通知债权人，并于三十日内在报纸上公告。债权人自接到通知书之日起三十日内，未接到通知书的自公告之日起四十五日内，有权要求公司清偿债务或者提供相应的担保。

第一百七十八条　有限责任公司增加注册资本时，股东认缴新增资本的出资，依照本法设立有限责任公司缴纳出资的有关规定执行。

股份有限公司为增加注册资本发行新股时，股东认购新股，依照本法设立股份有限公司缴纳股款的有关规定执行。

第一百七十九条　公司合并或者分立，登记事项发生变更的，应当依法向公司登记机关办理变更登记；公司解散的，应当依法办理公司注销登记；设立新公司的，应当依法办理公司设立登记。

公司增加或者减少注册资本，应当依法向公司登记机关办理变更登记。

第十章　公司解散和清算

第一百八十条　公司因下列原因解散：

（一）公司章程规定的营业期限届满或者公司章程规定的其他解散事由出现；

（二）股东会或者股东大会决议解散；

（三）因公司合并或者分立需要解散；

（四）依法被吊销营业执照、责令关闭或者被撤销；

（五）人民法院依照本法第一百八十二条的规定予以解散。

第一百八十一条　公司有本法第一百八十条第（一）项情形的，可以通过修改公司章程而存续。

依照前款规定修改公司章程，有限责任公司须经持有三分之二以上表决权的股东通过，股份有限公司须经出席股东大会会议的股东所持表决权的三分之二以上通过。

第一百八十二条　公司经营管理发生严重困难，继续存续会使股东利益受到重大损失，通过其他途径不能解决的，持有公司全部股东表决权百分之十以上的股东，可以请求人民法院解散公司。

第一百八十三条　公司因本法第一百八十条第（一）项、第（二）项、第（四）项、第（五）项规定而解散的，应当在解散事由出现之日起十五日内成立清算组，开始清算。有限责任公司的清算组由股东组成，股份有限公司的清算组由董事或者股东大会确定的人员组成。逾期不成立清算组进行清算的，债权人可以申请人民法院指定有关人员组成清算组进行清算。人民法院应当受理该申请，并及时组织清算组进行清算。

第一百八十四条　清算组在清算期间行使下列职权：

（一）清理公司财产，分别编制资产负债表和财产清单；

（二）通知、公告债权人；

（三）处理与清算有关的公司未了结的业务；

（四）清缴所欠税款以及清算过程中产生的税款；

（五）清理债权、债务；

（六）处理公司清偿债务后的剩余财产；

（七）代表公司参与民事诉讼活动。

第一百八十五条　清算组应当自成立之日起十日内通知债权人，并于六十日内在报纸上公告。债权人应当自接到通知书之日起三十日内，未接到通知书的自公告之日起四十五日内，向清算组申报其债权。

债权人申报债权，应当说明债权的有关事项，并提供证明材料。清算组应当对债权进行登记。

在申报债权期间，清算组不得对债权人进行清偿。

第一百八十六条　清算组在清理公司财产、编制资产负债表和财产清单后，应当制定清算方案，并报股东会、股东大会或者人民法院确认。

公司财产在分别支付清算费用、职工的工资、社会保险费用和法定补偿金，缴纳所欠税款，清偿公司债务后的剩余财产，有限责任公司按照股东的出资比例分配，股份有限公司按照股东持有的股份比例分配。

清算期间，公司存续，但不得开展与清算无关的经营活动。公司财产在未依照前款规定清偿前，不得分配给股东。

第一百八十七条　清算组在清理公司财产、编制资产负债表和财产清单后，发现公司财产不足清偿债务的，应当依法向人民法院申请宣告破产。

公司经人民法院裁定宣告破产后，清算组应当将清算事务移交给人民法院。

第一百八十八条　公司清算结束后，清算组应当制作清算报告，报股东会、股东大会或者人民法院确认，并报送公司登记机关，申请注销公司登记，公告公司终止。

第一百八十九条 清算组成员应当忠于职守，依法履行清算义务。

清算组成员不得利用职权收受贿赂或者其他非法收入，不得侵占公司财产。

清算组成员因故意或者重大过失给公司或者债权人造成损失的，应当承担赔偿责任。

第一百九十条 公司被依法宣告破产的，依照有关企业破产的法律实施破产清算。

第十一章　外国公司的分支机构

第一百九十一条 本法所称外国公司是指依照外国法律在中国境外设立的公司。

第一百九十二条 外国公司在中国境内设立分支机构，必须向中国主管机关提出申请，并提交其公司章程、所属国的公司登记证书等有关文件，经批准后，向公司登记机关依法办理登记，领取营业执照。

外国公司分支机构的审批办法由国务院另行规定。

第一百九十三条 外国公司在中国境内设立分支机构，必须在中国境内指定负责该分支机构的代表人或者代理人，并向该分支机构拨付与其所从事的经营活动相适应的资金。

对外国公司分支机构的经营资金需要规定最低限额的，由国务院另行规定。

第一百九十四条 外国公司的分支机构应当在其名称中标明该外国公司的国籍及责任形式。

外国公司的分支机构应当在本机构中置备该外国公司章程。

第一百九十五条 外国公司在中国境内设立的分支机构不具有中国法人资格。

外国公司对其分支机构在中国境内进行经营活动承担民事责任。

第一百九十六条 经批准设立的外国公司分支机构，在中国境内从事业务活动，必须遵守中国的法律，不得损害中国的社会公共利益，其合法权益受中国法律保护。

第一百九十七条　外国公司撤销其在中国境内的分支机构时，必须依法清偿债务，依照本法有关公司清算程序的规定进行清算。未清偿债务之前，不得将其分支机构的财产移至中国境外。

第十二章　法律责任

第一百九十八条　违反本法规定，虚报注册资本、提交虚假材料或者采取其他欺诈手段隐瞒重要事实取得公司登记的，由公司登记机关责令改正，对虚报注册资本的公司，处以虚报注册资本金额百分之五以上百分之十五以下的罚款；对提交虚假材料或者采取其他欺诈手段隐瞒重要事实的公司，处以五万元以上五十万元以下的罚款；情节严重的，撤销公司登记或者吊销营业执照。

第一百九十九条　公司的发起人、股东虚假出资，未交付或者未按期交付作为出资的货币或者非货币财产的，由公司登记机关责令改正，处以虚假出资金额百分之五以上百分之十五以下的罚款。

第二百条　公司的发起人、股东在公司成立后，抽逃其出资的，由公司登记机关责令改正，处以所抽逃出资金额百分之五以上百分之十五以下的罚款。

第二百零一条　公司违反本法规定，在法定的会计账簿以外另立会计账簿的，由县级以上人民政府财政部门责令改正，处以五万元以上五十万元以下的罚款。

第二百零二条　公司在依法向有关主管部门提供的财务会计报告等材料上作虚假记载或者隐瞒重要事实的，由有关主管部门对直接负责的主管人员和其他直接责任人员处以三万元以上三十万元以下的罚款。

第二百零三条　公司不依照本法规定提取法定公积金的，由县级以上人民政府财政部门责令如数补足应当提取的金额，可以对公司处以二十万元以下的罚款。

第二百零四条　公司在合并、分立、减少注册资本或者进行清算时，不依照本法规定通知或者公告债权人的，由公司登记机关责令改正，对公司处以一万元以上十万元以下的罚款。

公司在进行清算时，隐匿财产，对资产负债表或者财产清单作虚假记载或者在未清偿债务前分配公司财产的，由公司登记机关责令改正，对公司处以隐匿财产或者未清偿债务前分配公司财产金额百分之五以上百分之十以下的罚款；对直接负责的主管人员和其他直接责任人员处以一万元以上十万元以下的罚款。

第二百零五条　公司在清算期间开展与清算无关的经营活动的，由公司登记机关予以警告，没收违法所得。

第二百零六条　清算组不依照本法规定向公司登记机关报送清算报告，或者报送清算报告隐瞒重要事实或者有重大遗漏的，由公司登记机关责令改正。

清算组成员利用职权徇私舞弊、谋取非法收入或者侵占公司财产的，由公司登记机关责令退还公司财产，没收违法所得，并可以处以违法所得一倍以上五倍以下的罚款。

第二百零七条　承担资产评估、验资或者验证的机构提供虚假材料的，由公司登记机关没收违法所得，处以违法所得一倍以上五倍以下的罚款，并可以由有关主管部门依法责令该机构停业、吊销直接责任人员的资格证书，吊销营业执照。

承担资产评估、验资或者验证的机构因过失提供有重大遗漏的报告的，由公司登记机关责令改正，情节较重的，处以所得收入一倍以上五倍以下的罚款，并可以由有关主管部门依法责令该机构停业、吊销直接责任人员的资格证书，吊销营业执照。

承担资产评估、验资或者验证的机构因其出具的评估结果、验资或者验证证明不实，给公司债权人造成损失的，除能够证明自己没有过错的外，在其评估或者证明不实的金额范围内承担赔偿责任。

第二百零八条　公司登记机关对不符合本法规定条件的登记申请予以登记，或者对符合本法规定条件的登记申请不予登记的，对直接负责的主管人员和其他直接责任人员，依法给予行政处分。

第二百零九条　公司登记机关的上级部门强令公司登记机关对不符合本法规定条件的登记申请予以登记，或者对符合本法规定条件的登记申请不予登记的，或者对违法登记进行包庇的，对直接负责的主管人员和其他直接责任人员依法给予行政处分。

第二百一十条　未依法登记为有限责任公司或者股份有限公司，而冒用有限责任公司或者股份有限公司名义的，或者未依法登记为有限责任公司或者股份有限公司的分公司，而冒用有限责任公司或者股份有限公司的分公司名义的，由公司登记机关责令改正或者予以取缔，可以并处十万元以下的罚款。

第二百一十一条　公司成立后无正当理由超过六个月未开业的，或者开业后自行停业连续六个月以上的，可以由公司登记机关吊销营业执照。

公司登记事项发生变更时，未依照本法规定办理有关变更登记的，由公司登记机关责令限期登记；逾期不登记的，处以一万元以上十万元以下的罚款。

第二百一十二条　外国公司违反本法规定，擅自在中国境内设立分支机构的，由公司登记机关责令改正或者关闭，可以并处五万元以上二十万元以下的罚款。

第二百一十三条　利用公司名义从事危害国家安全、社会公共利益的严重违法行为的，吊销营业执照。

第二百一十四条　公司违反本法规定，应当承担民事赔偿责任和缴纳罚款、罚金的，其财产不足以支付时，先承担民事赔偿责任。

第二百一十五条　违反本法规定，构成犯罪的，依法追究刑事责任。

第十三章　附则

第二百一十六条　本法下列用语的含义：

（一）高级管理人员，是指公司的经理、副经理、财务负责人，上市公司董事会秘书和公司章程规定的其他人员。

（二）控股股东，是指其出资额占有限责任公司资本总额百分之五十以上或者其持有的股份占股份有限公司股本总额百分之五十以上的股东；出资额或者持有股份的比例虽然不足百分之五十，但依其出资额或者持有的股份所享有的表决权已足以对股东会、股东大会的决议产生重大影响的股东。

（三）实际控制人，是指虽不是公司的股东，但通过投资关系、协议或者其他安排，能够实际支配公司行为的人。

（四）关联关系，是指公司控股股东、实际控制人、董事、监事、高级管理人员与其直接或者间接控制的企业之间的关系，以及可能导致公司利益转移的其他关系。但是，国家控股的企业之间不仅因为同受国家控股而具有关联关系。

第二百一十七条　外商投资的有限责任公司和股份有限公司适用本法；有关外商投资的法律另有规定的，适用其规定。

第二百一十八条　本法自 2006 年 1 月 1 日起施行。

最高人民法院关于适用《中华人民共和国公司法》若干问题的规定（一）

（法释〔2014〕2 号，2014 年 2 月 20 日）

（2006 年 3 月 27 日最高人民法院审判委员会第 1382 次会议通过，根据 2014 年 2 月 17 日最高人民法院审判委员会第 1607 次会议《关于修改关于适用〈中华人民共和国公司法〉若干问题的规定的决定》修正。）

为正确适用 2005 年 10 月 27 日十届全国人大常委会第十八次会议修订的《中华人民共和国公司法》，对人民法院在审理相关的民事纠纷案件中，具体适用公司法的有关问题规定如下：

第一条　公司法实施后，人民法院尚未审结的和新受理的民事案件，其民事行为或事件发生在公司法实施以前的，适用当时的法律法规和司法解释。

第二条　因公司法实施前有关民事行为或者事件发生纠纷起诉到人民法院的，如当时的法律法规和司法解释没有明确规定时，可参照适用公司法的有关规定。

第三条　原告以公司法第二十二条第二款、第七十四条第二款规定事由，向人民法院提起诉讼时，超过公司法规定期限的，人民法院不予受理。

第四条　公司法第一百五十一条规定的 180 日以上连续持股期间，应为股东向人民法院提起诉讼时，已期满的持股时间；规定的合计持有公司百分之一以上股份，是指两个以上股东持股份额的合计。

第五条 人民法院对公司法实施前已经终审的案件依法进行再审时，不适用公司法的规定。

第六条 本规定自公布之日起实施。

最高人民法院关于适用《中华人民共和国公司法》若干问题的规定（二）

（法释〔2014〕2 号，2014 年 2 月 20 日）

（2008 年 5 月 5 日最高人民法院审判委员会第 1447 次会议通过，根据 2014 年 2 月 17 日最高人民法院审判委员会第 1607 次会议《关于修改关于适用〈中华人民共和国公司法〉若干问题的规定的决定》修正。）

为正确适用《中华人民共和国公司法》，结合审判实践，就人民法院审理公司解散和清算案件适用法律问题作出如下规定。

第一条 单独或者合计持有公司全部股东表决权百分之十以上的股东，以下列事由之一提起解散公司诉讼，并符合公司法第一百八十二条规定的，人民法院应予受理：

（一）公司持续两年以上无法召开股东会或者股东大会，公司经营管理发生严重困难的；

（二）股东表决时无法达到法定或者公司章程规定的比例，持续两年以上不能做出有效的股东会或者股东大会决议，公司经营管理发生严重困难的；

（三）公司董事长期冲突，且无法通过股东会或者股东大会解决，公司经营管理发生严重困难的；

（四）经营管理发生其他严重困难，公司继续存续会使股东利益受到重大损失的情形。

股东以知情权、利润分配请求权等权益受到损害，或者公司亏损、财产不足以偿还全部债务，以及公司被吊销企业法人营业执照未进行清算等为由，提起解散公司诉讼的，人民法院不予受理。

第二条 股东提起解散公司诉讼，同时又申请人民法院对公司进行清算的，人民法院对其提出的清算申请不予受理。人民法院可以告知原告，在人民法院判决解散公司后，依据公司法第一百八十三条和本规定第七条的规定，自行组织清算或者另行申请人民法院对公司进行清算。

第三条 股东提起解散公司诉讼时，向人民法院申请财产保全或者证据保全的，在股东提供担保且不影响公司正常经营的情形下，人民法院可予以保全。

第四条 股东提起解散公司诉讼应当以公司为被告。

原告以其他股东为被告一并提起诉讼的，人民法院应当告知原告将其他股东变更为第三人；原告坚持不予变更的，人民法院应当驳回原告对其他股东的起诉。

原告提起解散公司诉讼应当告知其他股东，或者由人民法院通知其参加诉讼。其他股东或者有关利害关系人申请以共同原告或者第三人身份参加诉讼的，人民法院应予准许。

第五条 人民法院审理解散公司诉讼案件，应当注重调解。当事人协商同意由公司或者股东收购股份，或者以减资等方式使公司存续，且不违反法律、行政法规强制性规定的，人民法院应予支持。当事人不能协商一致使公司存续的，人民法院应当及时判决。

经人民法院调解公司收购原告股份的，公司应当自调解书生效之日起六个月内将股份转让或者注销。股份转让或者注销之前，原告不得以公司收购其股份为由对抗公司债权人。

第六条 人民法院关于解散公司诉讼作出的判决，对公司全体股东具有法律约束力。

人民法院判决驳回解散公司诉讼请求后，提起该诉讼的股东或者其他股东又以同一事实和理由提起解散公司诉讼的，人民法院不予受理。

第七条 公司应当依照公司法第一百八十三条的规定，在解散事由出现之日起十五日内成立清算组，开始自行清算。

有下列情形之一，债权人申请人民法院指定清算组进行清算的，人民法院应予受理：

（一）公司解散逾期不成立清算组进行清算的；

（二）虽然成立清算组但故意拖延清算的；

（三）违法清算可能严重损害债权人或者股东利益的。

具有本条第二款所列情形，而债权人未提起清算申请，公司股东申请人民法院指定清算组对公司进行清算的，人民法院应予受理。

第八条　人民法院受理公司清算案件，应当及时指定有关人员组成清算组。

清算组成员可以从下列人员或者机构中产生：

（一）公司股东、董事、监事、高级管理人员；

（二）依法设立的律师事务所、会计师事务所、破产清算事务所等社会中介机构；

（三）依法设立的律师事务所、会计师事务所、破产清算事务所等社会中介机构中具备相关专业知识并取得执业资格的人员。

第九条　人民法院指定的清算组成员有下列情形之一的，人民法院可以根据债权人、股东的申请，或者依职权更换清算组成员：

（一）有违反法律或者行政法规的行为；

（二）丧失执业能力或者民事行为能力；

（三）有严重损害公司或者债权人利益的行为。

第十条　公司依法清算结束并办理注销登记前，有关公司的民事诉讼，应当以公司的名义进行。

公司成立清算组的，由清算组负责人代表公司参加诉讼；尚未成立清算组的，由原法定代表人代表公司参加诉讼。

第十一条　公司清算时，清算组应当按照公司法第一百八十五条的规定，将公司解散清算事宜书面通知全体已知债权人，并根据公司规模和营业地域范围在全国或者公司注册登记地省级有影响的报纸上进行公告。

清算组未按照前款规定履行通知和公告义务，导致债权人未及时申报债权而未获清偿，债权人主张清算组成员对因此造成的损失承担赔偿责任的，人民法院应依法予以支持。

第十二条　公司清算时，债权人对清算组核定的债权有异议的，可以要求清算组重新核定。清算组不予重新核定，或者债权人对重新核定的债权仍有异议，债权人以公司为被告向人民法院提起诉讼请求确认的，人民法院应予受理。

第十三条　债权人在规定的期限内未申报债权，在公司清算程序终结前补充申报的，清算组应予登记。

公司清算程序终结，是指清算报告经股东会、股东大会或者人民法院确认完毕。

第十四条　债权人补充申报的债权，可以在公司尚未分配财产中依法清偿。公司尚未分配财产不能全额清偿，债权人主张股东以其在剩余财产分配中已经取得的财产予以清偿的，人民法院应予支持；但债权人因重大过错未在规定期限内申报债权的除外。

债权人或者清算组，以公司尚未分配财产和股东在剩余财产分配中已经取得的财产，不能全额清偿补充申报的债权为由，向人民法院提出破产清算申请的，人民法院不予受理。

第十五条　公司自行清算的，清算方案应当报股东会或者股东大会决议确认；人民法院组织清算的，清算方案应当报人民法院确认。未经确认的清算方案，清算组不得执行。

执行未经确认的清算方案给公司或者债权人造成损失，公司、股东或者债权人主张清算组成员承担赔偿责任的，人民法院应依法予以支持。

第十六条　人民法院组织清算的，清算组应当自成立之日起六个月内清算完毕。

因特殊情况无法在六个月内完成清算的，清算组应当向人民法院申请延长。

第十七条　人民法院指定的清算组在清理公司财产、编制资产负债表和财产清单时，发现公司财产不足清偿债务的，可以与债权人协商制作有关债务清偿方案。

债务清偿方案经全体债权人确认且不损害其他利害关系人利益的，人民法院可依清算组的申请裁定予以认可。清算组依据该清偿方案清偿债务后，应当向人民法院申请裁定终结清算程序。

债权人对债务清偿方案不予确认或者人民法院不予认可的，清算组应当依法向人民法院申请宣告破产。

第十八条　有限责任公司的股东、股份有限公司的董事和控股股东未在法定期限内成立清算组开始清算，导致公司财产贬值、流失、毁损或者灭失，债权人主张其在造成损失范围内对公司债务承担赔偿责任的，人民法院应依法予以支持。

有限责任公司的股东、股份有限公司的董事和控股股东因怠于履行义务，导致公司主要财产、账册、重要文件等灭失，无法进行清算，债权人主张其对公司债务承担连带清偿责任的，人民法院应依法予以支持。

上述情形系实际控制人原因造成，债权人主张实际控制人对公司债务承担相应民事责任的，人民法院应依法予以支持。

第十九条　有限责任公司的股东、股份有限公司的董事和控股股东，以及公司的实际控制人在公司解散后，恶意处置公司财产给债权人造成损失，或者未经依法清算，以虚假的清算报告骗取公司登记机关办理法人注销登记，债权人主张其对公司债务承担相应赔偿责任的，人民法院应依法予以支持。

第二十条　公司解散应当在依法清算完毕后，申请办理注销登记。公司未经清算即办理注销登记，导致公司无法进行清算，债权人主张有限责任公司的股东、股份有限公司的董事和控股股东，以及公司的实际控制人对公司债务承担清偿责任的，人民法院应依法予以支持。

公司未经依法清算即办理注销登记，股东或者第三人在公司登记机关办理注销登记时承诺对公司债务承担责任，债权人主张其对公司债务承担相应民事责任的，人民法院应依法予以支持。

第二十一条　有限责任公司的股东、股份有限公司的董事和控股股东，以及公司的实际控制人为二人以上的，其中一人或者数人按照本规定第十八条和第二十条第一款的规定承担民事责任后，主张其他人员按照过错大小分担责任的，人民法院应依法予以支持。

第二十二条　公司解散时，股东尚未缴纳的出资均应作为清算财产。股东尚未缴纳的出资，包括到期应缴未缴的出资，以及依照公司法第二十六条和第八十条的规定分期缴纳尚未届满缴纳期限的出资。

公司财产不足以清偿债务时，债权人主张未缴出资股东，以及公司设立时的其他股东或者发起人在未缴出资范围内对公司债务承担连带清偿责任的，人民法院应依法予以支持。

第二十三条　清算组成员从事清算事务时，违反法律、行政法规或者公司章程给公司或者债权人造成损失，公司或者债权人主张其承担赔偿责任的，人民法院应依法予以支持。

有限责任公司的股东、股份有限公司连续一百八十日以上单独或者合计持有公司百分之一以上股份的股东，依据公司法第一百五十一条第三款的规定，以清算组成员有前款所述行为为由向人民法院提起诉讼的，人民法院应予受理。

公司已经清算完毕注销，上述股东参照公司法第一百五十一条第三款的规定，直接以清算组成员为被告、其他股东为第三人向人民法院提起诉讼的，人民法院应予受理。

第二十四条　解散公司诉讼案件和公司清算案件由公司住所地人民法院管辖。公司住所地是指公司主要办事机构所在地。公司办事机构所在地不明确的，由其注册地人民法院管辖。

基层人民法院管辖县、县级市或者区的公司登记机关核准登记公司的解散诉讼案件和公司清算案件；中级人民法院管辖地区、地级市以上的公司登记机关核准登记公司的解散诉讼案件和公司清算案件。

最高人民法院关于适用《中华人民共和国公司法》若干问题的规定（三）

（法释〔2014〕2 号，2014 年 2 月 20 日）

（2010 年 12 月 6 日最高人民法院审判委员会第 1504 次会议通过，根据 2014 年 2 月 17 日最高人民法院审判委员会第 1607 次会议《关于修改关于适用〈中华人民共和国公司法〉若干问题的规定的决定》修正。）

为正确适用《中华人民共和国公司法》，结合审判实践，就人民法院审理公司设立、出资、股权确认等纠纷案件适用法律问题作出如下规定。

第一条　为设立公司而签署公司章程、向公司认购出资或者股份并履行公司设立职责的人，应当认定为公司的发起人，包括有限责任公司设立时的股东。

第二条　发起人为设立公司以自己名义对外签订合同，合同相对人请求该发起人承担合同责任的，人民法院应予支持。

公司成立后对前款规定的合同予以确认，或者已经实际享有合同权利或者履行合同义务，合同相对人请求公司承担合同责任的，人民法院应予支持。

第三条　发起人以设立中公司名义对外签订合同，公司成立后合同相对人请求公司承担合同责任的，人民法院应予支持。

公司成立后有证据证明发起人利用设立中公司的名义为自己的利益与相对人签订合同，公司以此为由主张不承担合同责任的，人民法院应予支持，但相对人为善意的除外。

第四条　公司因故未成立，债权人请求全体或者部分发起人对设立公司行为所产生的费用和债务承担连带清偿责任的，人民法院应予支持。

部分发起人依照前款规定承担责任后，请求其他发起人分担的，人民法院应当判令其他发起人按照约定的责任承担比例分担责任；没有约定责任承担比例的，按照约定的出资比例分担责任；没有约定出资比例的，按照均等份额分担责任。

因部分发起人的过错导致公司未成立，其他发起人主张其承担设立行为所产生的费用和债务的，人民法院应当根据过错情况，确定过错一方的责任范围。

第五条　发起人因履行公司设立职责造成他人损害，公司成立后受害人请求公司承担侵权赔偿责任的，人民法院应予支持；公司未成立，受害人请求全体发起人承担连带赔偿责任的，人民法院应予支持。

公司或者无过错的发起人承担赔偿责任后，可以向有过错的发起人追偿。

第六条　股份有限公司的认股人未按期缴纳所认股份的股款，经公司发起人催缴后在合理期间内仍未缴纳，公司发起人对该股份另行募集的，人民法院应当认定该募集行为有效。认股人延期缴纳股款给公司造成损失，公司请求该认股人承担赔偿责任的，人民法院应予支持。

第七条　出资人以不享有处分权的财产出资，当事人之间对于出资行为效力产生争议的，人民法院可以参照物权法第一百零六条的规定予以认定。

以贪污、受贿、侵占、挪用等违法犯罪所得的货币出资后取得股权的，对违法犯罪行为予以追究、处罚时，应当采取拍卖或者变卖的方式处置其股权。

第八条　出资人以划拨土地使用权出资，或者以设定权利负担的土地使用权出资，公司、其他股东或者公司债权人主张认定出资人未履行出资义务的，人民法院应当责令当事人在指定的合理期间内办理土地变更手续或者解除权利负担；逾期未办理或者未解除的，人民法院应当认定出资人未依法全面履行出资义务。

第九条　出资人以非货币财产出资，未依法评估作价，公司、其他股东或者公司债权人请求认定出资人未履行出资义务的，人民法院应当委托具有合法资格的评估机构对该财产评估作价。评估确定的价额显著低于公司章程所定价额的，人民法院应当认定出资人未依法全面履行出资义务。

第十条　出资人以房屋、土地使用权或者需要办理权属登记的知识产权等财产出资，已经交付公司使用但未办理权属变更手续，公司、其他股东或者公司债权人主张认定出资人未履行出资义务的，人民法院应当责令当事人在指定的合理期间内办理权属变更手续；在前述期间内办理了权属变更手续的，人民法院应当认定其已经履行了出资义务；出资人主张自其实际交付财产给公司使用时享有相应股东权利的，人民法院应予支持。

出资人以前款规定的财产出资，已经办理权属变更手续但未交付给公司使用，公司或者其他股东主张其向公司交付、并在实际交付之前不享有相应股东权利的，人民法院应予支持。

第十一条　出资人以其他公司股权出资，符合下列条件的，人民法院应当认定出资人已履行出资义务：

（一）出资的股权由出资人合法持有并依法可以转让；

（二）出资的股权无权利瑕疵或者权利负担；

（三）出资人已履行关于股权转让的法定手续；

（四）出资的股权已依法进行了价值评估。

股权出资不符合前款第（一）、（二）、（三）项的规定，公司、其他股东或者公司债权人请求认定出资人未履行出资义务的，人民法院应当责令该出资人在指定的合理期间内采取补正措施，以符合上述条件；逾期未补正的，人民法院应当认定其未依法全面履行出资义务。

股权出资不符合本条第一款第（四）项的规定，公司、其他股东或者公司债权人请求认定出资人未履行出资义务的，人民法院应当按照本规定第九条的规定处理。

第十二条　公司成立后，公司、股东或者公司债权人以相关股东的行为符合下列情形之一且损害公司权益为由，请求认定该股东抽逃出资的，人民法院应予支持：

　　（一）制作虚假财务会计报表虚增利润进行分配；

　　（二）通过虚构债权债务关系将其出资转出；

　　（三）利用关联交易将出资转出；

　　（四）其他未经法定程序将出资抽回的行为。

　　第十三条　股东未履行或者未全面履行出资义务，公司或者其他股东请求其向公司依法全面履行出资义务的，人民法院应予支持。

　　公司债权人请求未履行或者未全面履行出资义务的股东在未出资本息范围内对公司债务不能清偿的部分承担补充赔偿责任的，人民法院应予支持；未履行或者未全面履行出资义务的股东已经承担上述责任，其他债权人提出相同请求的，人民法院不予支持。

　　股东在公司设立时未履行或者未全面履行出资义务，依照本条第一款或者第二款提起诉讼的原告，请求公司的发起人与被告股东承担连带责任的，人民法院应予支持；公司的发起人承担责任后，可以向被告股东追偿。

　　股东在公司增资时未履行或者未全面履行出资义务，依照本条第一款或者第二款提起诉讼的原告，请求未尽公司法第一百四十七条第一款规定的义务而使出资未缴足的董事、高级管理人员承担相应责任的，人民法院应予支持；董事、高级管理人员承担责任后，可以向被告股东追偿。

　　第十四条　股东抽逃出资，公司或者其他股东请求其向公司返还出资本息、协助抽逃出资的其他股东、董事、高级管理人员或者实际控制人对此承担连带责任的，人民法院应予支持。

　　公司债权人请求抽逃出资的股东在抽逃出资本息范围内对公司债务不能清偿的部分承担补充赔偿责任、协助抽逃出资的其他股东、董事、高级管理人员或者实际控制人对此承担连带责任的，人民法院应予支持；抽逃出资的股东已经承担上述责任，其他债权人提出相同请求的，人民法院不予支持。

　　第十五条　出资人以符合法定条件的非货币财产出资后，因市场变化或者其他客观因素导致出资财产贬值，公司、其他股东或者公司债权人请求该出资人承担补足出资责任的，人民法院不予支持。但是，当事人另有约定的除外。

　　第十六条　股东未履行或者未全面履行出资义务或者抽逃出资，公司根据公司章程或者股东会决议对其利润分配请求权、新股优先认购权、剩余财产分配请求权等股东权利作出相应的合理限制，该股东请求认定该限制无效的，人民法院不予支持。

　　第十七条　有限责任公司的股东未履行出资义务或者抽逃全部出资，经公司催告缴纳或者返还，其在合理期间内仍未缴纳或者返还出资，公司以股东会决议解除该股东的股东资格，该股东请求确认该解除行为无效的，人民法院不予支持。

　　在前款规定的情形下，人民法院在判决时应当释明，公司应当及时办理法定减资程序或者由其他股东或者第三人缴纳相应的出资。在办理法定减资程序或者其他股东或者第三人缴纳相应的出资之前，公司债权人依照本规定第十三条或者第十四条请求相关当事人承担相应责任的，人民法院应予支持。

　　第十八条　有限责任公司的股东未履行或者未全面履行出资义务即转让股权，受让人对此知道或者应当知道，公司请求该股东履行出资义务、受让人对此承担连带责任的，人民法院应予支持；公司债权人依照本规定第十三条第二款向该股东提起诉讼，同时请求前述受让人对此承担连带责任的，人民法院应予支持。

　　受让人根据前款规定承担责任后，向该未履行或者未全面履行出资义务的股东追偿的，人民法院应予支持。但是，当事人另有约定的除外。

　　第十九条　公司股东未履行或者未全面履行出资义务或者抽逃出资，公司或者其他股东请求其向公司全面履行出资义务或者返还出资，被告股东以诉讼时效为由进行抗辩的，人民法院不予支持。

　　公司债权人的债权未过诉讼时效期间，其依照本规定第十三条第二款、第十四条第二款的规定请求未履行或者未全面履行出资义务或者抽逃出资的股东承担赔偿责任，被告股东以出资义务或者返还出资义务超过诉讼时效期间为由进行抗辩的，人民法院不予支持。

　　第二十条　当事人之间对是否已履行出资义务发生争议，原告提供对股东履行出资义务产生合理怀疑证据的，被告股东应当就其已履行出资义务承担举证责任。

　　第二十一条　当事人向人民法院起诉请求确认其股东资格的，应当以公司为被告，与案件争议股权有利害关系的人作为第三人参加诉讼。

　　第二十二条　当事人之间对股权归属发生争议，一方请求人民法院确认其享有股权的，应当证明以下事实之一：

（一）已经依法向公司出资或者认缴出资，且不违反法律法规强制性规定；

（二）已经受让或者以其他形式继受公司股权，且不违反法律法规强制性规定。

第二十三条 当事人依法履行出资义务或者依法继受取得股权后，公司未根据公司法第三十一条、第三十二条的规定签发出资证明书、记载于股东名册并办理公司登记机关登记，当事人请求公司履行上述义务的，人民法院应予支持。

第二十四条 有限责任公司的实际出资人与名义出资人订立合同，约定由实际出资人出资并享有投资权益，以名义出资人为名义股东，实际出资人与名义股东对该合同效力发生争议的，如无合同法第五十二条规定的情形，人民法院应当认定该合同有效。

前款规定的实际出资人与名义股东因投资权益的归属发生争议，实际出资人以其实际履行了出资义务为由向名义股东主张权利的，人民法院应予支持。名义股东以公司股东名册记载、公司登记机关登记为由否认实际出资人权利的，人民法院不予支持。

实际出资人未经公司其他股东半数以上同意，请求公司变更股东、签发出资证明书、记载于股东名册、记载于公司章程并办理公司登记机关登记的，人民法院不予支持。

第二十五条 名义股东将登记于其名下的股权转让、质押或者以其他方式处分，实际出资人以其对于股权享有实际权利为由，请求认定处分股权行为无效的，人民法院可以参照物权法第一百零六条的规定处理。

名义股东处分股权造成实际出资人损失，实际出资人请求名义股东承担赔偿责任的，人民法院应予支持。

第二十六条 公司债权人以登记于公司登记机关的股东未履行出资义务为由，请求其对公司债务不能清偿的部分在未出资本息范围内承担补充赔偿责任，股东以其仅为名义股东而非实际出资人为由进行抗辩的，人民法院不予支持。

名义股东根据前款规定承担赔偿责任后，向实际出资人追偿的，人民法院应予支持。

第二十七条 股权转让后尚未向公司登记机关办理变更登记，原股东将仍登记于其名下的股权转让、质押或者以其他方式处分，受让股东以其对于股权享有实际权利为由，请求认定处分股权行为无效的，人民法院可以参照物权法第一百零六条的规定处理。

原股东处分股权造成受让股东损失，受让股东请求原股东承担赔偿责任、对于未及时办理变更登记有过错的董事、高级管理人员或者实际控制人承担相应责任的，人民法院应予支持；受让股东对于未及时办理变更登记也有过错的，可以适当减轻上述董事、高级管理人员或者实际控制人的责任。

第二十八条　冒用他人名义出资并将该他人作为股东在公司登记机关登记的，冒名登记行为人应当承担相应责任；公司、其他股东或者公司债权人以未履行出资义务为由，请求被冒名登记为股东的承担补足出资责任或者对公司债务不能清偿部分的赔偿责任的，人民法院不予支持。

中华人民共和国企业破产法

（主席令〔2006〕第 54 号，2006 年 8 月 27 日）

《中华人民共和国企业破产法》已由中华人民共和国第十届全国人民代表大会常务委员会第二十三次会议于 2006 年 8 月 27 日通过，现予公布，自 2007 年 6 月 1 日起施行。

第一章　总则

　　第一条　为规范企业破产程序，公平清理债权债务，保护债权人和债务人的合法权益，维护社会主义市场经济秩序，制定本法。

　　第二条　企业法人不能清偿到期债务，并且资产不足以清偿全部债务或者明显缺乏清偿能力的，依照本法规定清理债务。

　　企业法人有前款规定情形，或者有明显丧失清偿能力可能的，可以依照本法规定进行重整。

　　第三条　破产案件由债务人住所地人民法院管辖。

　　第四条　破产案件审理程序，本法没有规定的，适用民事诉讼法的有关规定。

　　第五条　依照本法开始的破产程序，对债务人在中华人民共和国领域外的财产发生效力。

　　对外国法院作出的发生法律效力的破产案件的判决、裁定，涉及债务人在中华人民共和国领域内的财产，申请或者请求人民法院承认和执行的，人民法院依照中华人民共和国缔结或者参加的国际条约，或者按照互惠原则进行审查，认为不违反中华人民共和国法律的基本原则，不损害国家主权、安全和社会公共利益，不损害中华人民共和国领域内债权人的合法权益的，裁定承认和执行。

　　第六条　人民法院审理破产案件，应当依法保障企业职工的合法权益，依法追究破产企业经营管理人员的法律责任。

第二章 申请和受理

第一节 申请

第七条 债务人有本法第二条规定的情形，可以向人民法院提出重整、和解或者破产清算申请。

债务人不能清偿到期债务，债权人可以向人民法院提出对债务人进行重整或者破产清算的申请。

企业法人已解散但未清算或者未清算完毕，资产不足以清偿债务的，依法负有清算责任的人应当向人民法院申请破产清算。

第八条 向人民法院提出破产申请，应当提交破产申请书和有关证据。

破产申请书应当载明下列事项：

（一）申请人、被申请人的基本情况；

（二）申请目的；

（三）申请的事实和理由；

（四）人民法院认为应当载明的其他事项。

债务人提出申请的，还应当向人民法院提交财产状况说明、债务清册、债权清册、有关财务会计报告、职工安置预案以及职工工资的支付和社会保险费用的缴纳情况。

第九条 人民法院受理破产申请前，申请人可以请求撤回申请。

第二节 受理

第十条 债权人提出破产申请的，人民法院应当自收到申请之日起五日内通知债务人。债务人对申请有异议的，应当自收到人民法院的通知之日起七日内向人民法院提出。人民法院应当自异议期满之日起十日内裁定是否受理。

除前款规定的情形外，人民法院应当自收到破产申请之日起十五日内裁定是否受理。

有特殊情况需要延长前两款规定的裁定受理期限的，经上一级人民法院批准，可以延长十五日。

第十一条 人民法院受理破产申请的，应当自裁定作出之日起五日内送达申请人。

债权人提出申请的，人民法院应当自裁定作出之日起五日内送达债务人。债务人应当自裁定送达之日起十五日内，向人民法院提交财产状况说明、债务清册、债权清册、有关财务会计报告以及职工工资的支付和社会保险费用的缴纳情况。

第十二条　人民法院裁定不受理破产申请的，应当自裁定作出之日起五日内送达申请人并说明理由。申请人对裁定不服的，可以自裁定送达之日起十日内向上一级人民法院提起上诉。

人民法院受理破产申请后至破产宣告前，经审查发现债务人不符合本法第二条规定情形的，可以裁定驳回申请。申请人对裁定不服的，可以自裁定送达之日起十日内向上一级人民法院提起上诉。

第十三条　人民法院裁定受理破产申请的，应当同时指定管理人。

第十四条　人民法院应当自裁定受理破产申请之日起二十五日内通知已知债权人，并予以公告。

通知和公告应当载明下列事项：

（一）申请人、被申请人的名称或者姓名；

（二）人民法院受理破产申请的时间；

（三）申报债权的期限、地点和注意事项；

（四）管理人的名称或者姓名及其处理事务的地址；

（五）债务人的债务人或者财产持有人应当向管理人清偿债务或者交付财产的要求；

（六）第一次债权人会议召开的时间和地点；

（七）人民法院认为应当通知和公告的其他事项。

第十五条　自人民法院受理破产申请的裁定送达债务人之日起至破产程序终结之日，债务人的有关人员承担下列义务：

（一）妥善保管其占有和管理的财产、印章和账簿、文书等资料；

（二）根据人民法院、管理人的要求进行工作，并如实回答询问；

（三）列席债权人会议并如实回答债权人的询问；

（四）未经人民法院许可，不得离开住所地；

（五）不得新任其他企业的董事、监事、高级管理人员。

前款所称有关人员，是指企业的法定代表人；经人民法院决定，可以包括企业的财务管理人员和其他经营管理人员。

第十六条　人民法院受理破产申请后，债务人对个别债权人的债务清偿无效。

第十七条　人民法院受理破产申请后，债务人的债务人或者财产持有人应当向管理人清偿债务或者交付财产。

债务人的债务人或者财产持有人故意违反前款规定向债务人清偿债务或者交付财产，使债权人受到损失的，不免除其清偿债务或者交付财产的义务。

第十八条　人民法院受理破产申请后，管理人对破产申请受理前成立而债务人和对方当事人均未履行完毕的合同有权决定解除或者继续履行，并通知对方当事人。管理人自破产申请受理之日起二个月内未通知对方当事人，或者自收到对方当事人催告之日起三十日内未答复的，视为解除合同。

管理人决定继续履行合同的，对方当事人应当履行；但是，对方当事人有权要求管理人提供担保。管理人不提供担保的，视为解除合同。

第十九条　人民法院受理破产申请后，有关债务人财产的保全措施应当解除，执行程序应当中止。

第二十条　人民法院受理破产申请后，已经开始而尚未终结的有关债务人的民事诉讼或者仲裁应当中止；在管理人接管债务人的财产后，该诉讼或者仲裁继续进行。第二十一条　人民法院受理破产申请后，有关债务人的民事诉讼，只能向受理破产申请的人民法院提起。

第三章　管理人

第二十二条　管理人由人民法院指定。

债权人会议认为管理人不能依法、公正执行职务或者有其他不能胜任职务情形的，可以申请人民法院予以更换。

指定管理人和确定管理人报酬的办法，由最高人民法院规定。

第二十三条　管理人依照本法规定执行职务，向人民法院报告工作，并接受债权人会议和债权人委员会的监督。

管理人应当列席债权人会议，向债权人会议报告职务执行情况，并回答询问。

第二十四条　管理人可以由有关部门、机构的人员组成的清算组或者依法设立的律师事务所、会计师事务所、破产清算事务所等社会中介机构担任。

人民法院根据债务人的实际情况，可以在征询有关社会中介机构的意见后，指定该机构具备相关专业知识并取得执业资格的人员担任管理人。

有下列情形之一的，不得担任管理人：

（一）因故意犯罪受过刑事处罚；

（二）曾被吊销相关专业执业证书；

（三）与本案有利害关系；

（四）人民法院认为不宜担任管理人的其他情形。

个人担任管理人的，应当参加执业责任保险。

第二十五条　管理人履行下列职责：

（一）接管债务人的财产、印章和账簿、文书等资料；

（二）调查债务人财产状况，制作财产状况报告；

（三）决定债务人的内部管理事务；

（四）决定债务人的日常开支和其他必要开支；

（五）在第一次债权人会议召开之前，决定继续或者停止债务人的营业；

（六）管理和处分债务人的财产；

（七）代表债务人参加诉讼、仲裁或者其他法律程序；

（八）提议召开债权人会议；

（九）人民法院认为管理人应当履行的其他职责。

本法对管理人的职责另有规定的，适用其规定。

第二十六条　在第一次债权人会议召开之前，管理人决定继续或者停止债务人的营业或者有本法第六十九条规定行为之一的，应当经人民法院许可。

第二十七条　管理人应当勤勉尽责，忠实执行职务。

第二十八条　管理人经人民法院许可，可以聘用必要的工作人员。

管理人的报酬由人民法院确定。债权人会议对管理人的报酬有异议的，有权向人民法院提出。

第二十九条　管理人没有正当理由不得辞去职务。管理人辞去职务应当经人民法院许可。

第四章　债务人财产

第三十条　破产申请受理时属于债务人的全部财产，以及破产申请受理后至破产程序终结前债务人取得的财产，为债务人财产。

第三十一条　人民法院受理破产申请前一年内，涉及债务人财产的下列行为，管理人有权请求人民法院予以撤销：

（一）无偿转让财产的；

（二）以明显不合理的价格进行交易的；

（三）对没有财产担保的债务提供财产担保的；

（四）对未到期的债务提前清偿的；

（五）放弃债权的。

第三十二条　人民法院受理破产申请前六个月内，债务人有本法第二条第一款规定的情形，仍对个别债权人进行清偿的，管理人有权请求人民法院予以撤销。但是，个别清偿使债务人财产受益的除外。

第三十三条　涉及债务人财产的下列行为无效：

（一）为逃避债务而隐匿、转移财产的；

（二）虚构债务或者承认不真实的债务的。

第三十四条　因本法第三十一条、第三十二条或者第三十三条规定的行为而取得的债务人的财产，管理人有权追回。

第三十五条　人民法院受理破产申请后，债务人的出资人尚未完全履行出资义务的，管理人应当要求该出资人缴纳所认缴的出资，而不受出资期限的限制。

第三十六条　债务人的董事、监事和高级管理人员利用职权从企业获取的非正常收入和侵占的企业财产，管理人应当追回。

第三十七条　人民法院受理破产申请后，管理人可以通过清偿债务或者提供为债权人接受的担保，取回质物、留置物。

前款规定的债务清偿或者替代担保，在质物或者留置物的价值低于被担保的债权额时，以该质物或者留置物当时的市场价值为限。

第三十八条　人民法院受理破产申请后，债务人占有的不属于债务人的财产，该财产的权利人可以通过管理人取回。但是，本法另有规定的除外。

第三十九条　人民法院受理破产申请时，出卖人已将买卖标的物向作为买受人的债务人发运，债务人尚未收到且未付清全部价款的，出卖人可以取回在运途中的标的物。但是，管理人可以支付全部价款，请求出卖人交付标的物。

第四十条　债权人在破产申请受理前对债务人负有债务的，可以向管理人主张抵销。但是，有下列情形之一的，不得抵销：

（一）债务人的债务人在破产申请受理后取得他人对债务人的债权的；

（二）债权人已知债务人有不能清偿到期债务或者破产申请的事实，对债务人负担债务的；但是，债权人因为法律规定或者有破产申请一年前所发生的原因而负担债务的除外；

（三）债务人的债务人已知债务人有不能清偿到期债务或者破产申请的事实，对债务人取得债权的；但是，债务人的债务人因为法律规定或者有破产申请一年前所发生的原因而取得债权的除外。

第五章　破产费用和共益债务

第四十一条　人民法院受理破产申请后发生的下列费用，为破产费用：

（一）破产案件的诉讼费用；

（二）管理、变价和分配债务人财产的费用；

（三）管理人执行职务的费用、报酬和聘用工作人员的费用。

第四十二条　人民法院受理破产申请后发生的下列债务，为共益债务：

（一）因管理人或者债务人请求对方当事人履行双方均未履行完毕的合同所产生的债务；

（二）债务人财产受无因管理所产生的债务；

（三）因债务人不当得利所产生的债务；

（四）为债务人继续营业而应支付的劳动报酬和社会保险费用以及由此产生的其他债务；

（五）管理人或者相关人员执行职务致人损害所产生的债务；

（六）债务人财产致人损害所产生的债务。

第四十三条　破产费用和共益债务由债务人财产随时清偿。

债务人财产不足以清偿所有破产费用和共益债务的，先行清偿破产费用。

债务人财产不足以清偿所有破产费用或者共益债务的，按照比例清偿。

债务人财产不足以清偿破产费用的，管理人应当提请人民法院终结破产程序。人民法院应当自收到请求之日起十五日内裁定终结破产程序，并予以公告。

第六章　债权申报

第四十四条　人民法院受理破产申请时对债务人享有债权的债权人，依照本法规定的程序行使权利。

第四十五条　人民法院受理破产申请后，应当确定债权人申报债权的期限。债权申报期限自人民法院发布受理破产申请公告之日起计算，最短不得少于三十日，最长不得超过三个月。

第四十六条　未到期的债权，在破产申请受理时视为到期。

附利息的债权自破产申请受理时起停止计息。

第四十七条　附条件、附期限的债权和诉讼、仲裁未决的债权，债权人可以申报。

第四十八条　债权人应当在人民法院确定的债权申报期限内向管理人申报债权。

债务人所欠职工的工资和医疗、伤残补助、抚恤费用，所欠的应当划入职工个人账户的基本养老保险、基本医疗保险费用，以及法律、行政法规规定应当支付给职工的补偿金，不必申报，由管理人调查后列出清单并予以公示。职工对清单记载有异议的，可以要求管理人更正；管理人不予更正的，职工可以向人民法院提起诉讼。

第四十九条　债权人申报债权时，应当书面说明债权的数额和有无财产担保，并提交有关证据。申报的债权是连带债权的，应当说明。

第五十条　连带债权人可以由其中一人代表全体连带债权人申报债权，也可以共同申报债权。

第五十一条　债务人的保证人或者其他连带债务人已经代替债务人清偿债务的，以其对债务人的求偿权申报债权。

债务人的保证人或者其他连带债务人尚未代替债务人清偿债务的，以其对债务人的将来求偿权申报债权。但是，债权人已经向管理人申报全部债权的除外。

第五十二条　连带债务人数人被裁定适用本法规定的程序的，其债权人有权就全部债权分别在各破产案件中申报债权。

第五十三条　管理人或者债务人依照本法规定解除合同的，对方当事人以因合同解除所产生的损害赔偿请求权申报债权。

第五十四条　债务人是委托合同的委托人，被裁定适用本法规定的程序，受托人不知该事实，继续处理委托事务的，受托人以由此产生的请求权申报债权。

第五十五条　债务人是票据的出票人，被裁定适用本法规定的程序，该票据的付款人继续付款或者承兑的，付款人以由此产生的请求权申报债权。

第五十六条　在人民法院确定的债权申报期限内，债权人未申报债权的，可以在破产财产最后分配前补充申报；但是，此前已进行的分配，不再对其补充分配。为审查和确认补充申报债权的费用，由补充申报人承担。

债权人未依照本法规定申报债权的，不得依照本法规定的程序行使权利。

第五十七条　管理人收到债权申报材料后，应当登记造册，对申报的债权进行审查，并编制债权表。

债权表和债权申报材料由管理人保存，供利害关系人查阅。

第五十八条　依照本法第五十七条规定编制的债权表，应当提交第一次债权人会议核查。

债务人、债权人对债权表记载的债权无异议的，由人民法院裁定确认。

债务人、债权人对债权表记载的债权有异议的，可以向受理破产申请的人民法院提起诉讼。

第七章　债权人会议

第一节　一般规定

第五十九条　依法申报债权的债权人为债权人会议的成员，有权参加债权人会议，享有表决权。

债权尚未确定的债权人，除人民法院能够为其行使表决权而临时确定债权额的外，不得行使表决权。

对债务人的特定财产享有担保权的债权人，未放弃优先受偿权利的，对于本法第六十一条第一款第七项、第十项规定的事项不享有表决权。

债权人可以委托代理人出席债权人会议，行使表决权。代理人出席债权人会议，应当向人民法院或者债权人会议主席提交债权人的授权委托书。

债权人会议应当有债务人的职工和工会的代表参加，对有关事项发表意见。

第六十条 债权人会议设主席一人，由人民法院从有表决权的债权人中指定。

债权人会议主席主持债权人会议。

第六十一条 债权人会议行使下列职权：

（一）核查债权；

（二）申请人民法院更换管理人，审查管理人的费用和报酬；

（三）监督管理人；

（四）选任和更换债权人委员会成员；

（五）决定继续或者停止债务人的营业；

（六）通过重整计划；

（七）通过和解协议；

（八）通过债务人财产的管理方案；

（九）通过破产财产的变价方案；

（十）通过破产财产的分配方案；

（十一）人民法院认为应当由债权人会议行使的其他职权。

债权人会议应当对所议事项的决议作成会议记录。

第六十二条 第一次债权人会议由人民法院召集，自债权申报期限届满之日起十五日内召开。

以后的债权人会议，在人民法院认为必要时，或者管理人、债权人委员会、占债权总额四分之一以上的债权人向债权人会议主席提议时召开。

第六十三条 召开债权人会议，管理人应当提前十五日通知已知的债权人。

第六十四条 债权人会议的决议，由出席会议的有表决权的债权人过半数通过，并且其所代表的债权额占无财产担保债权总额的二分之一以上。但是，本法另有规定的除外。

债权人认为债权人会议的决议违反法律规定，损害其利益的，可以自债权人会议作出决议之日起十五日内，请求人民法院裁定撤销该决议，责令债权人会议依法重新作出决议。

债权人会议的决议，对于全体债权人均有约束力。

第六十五条　本法第六十一条第一款第八项、第九项所列事项，经债权人会议表决未通过的，由人民法院裁定。

本法第六十一条第一款第十项所列事项，经债权人会议二次表决仍未通过的，由人民法院裁定。

对前两款规定的裁定，人民法院可以在债权人会议上宣布或者另行通知债权人。

第六十六条　债权人对人民法院依照本法第六十五条第一款作出的裁定不服的，债权额占无财产担保债权总额二分之一以上的债权人对人民法院依照本法第六十五条第二款作出的裁定不服的，可以自裁定宣布之日或者收到通知之日起十五日内向该人民法院申请复议。复议期间不停止裁定的执行。

第二节　债权人委员会

第六十七条　债权人会议可以决定设立债权人委员会。债权人委员会由债权人会议选任的债权人代表和一名债务人的职工代表或者工会代表组成。债权人委员会成员不得超过九人。

债权人委员会成员应当经人民法院书面决定认可。

第六十八条　债权人委员会行使下列职权：

（一）监督债务人财产的管理和处分；

（二）监督破产财产分配；

（三）提议召开债权人会议；

（四）债权人会议委托的其他职权。

债权人委员会执行职务时，有权要求管理人、债务人的有关人员对其职权范围内的事务作出说明或者提供有关文件。

管理人、债务人的有关人员违反本法规定拒绝接受监督的，债权人委员会有权就监督事项请求人民法院作出决定；人民法院应当在五日内作出决定。

第六十九条　管理人实施下列行为，应当及时报告债权人委员会：

（一）涉及土地、房屋等不动产权益的转让；

（二）探矿权、采矿权、知识产权等财产权的转让；

（三）全部库存或者营业的转让；

（四）借款；

（五）设定财产担保；

（六）债权和有价证券的转让；

（七）履行债务人和对方当事人均未履行完毕的合同；

（八）放弃权利；

（九）担保物的取回；

（十）对债权人利益有重大影响的其他财产处分行为。

未设立债权人委员会的，管理人实施前款规定的行为应当及时报告人民法院。

第八章　重整

第一节　重整申请和重整期间

第七十条　债务人或者债权人可以依照本法规定，直接向人民法院申请对债务人进行重整。

债权人申请对债务人进行破产清算的，在人民法院受理破产申请后、宣告债务人破产前，债务人或者出资额占债务人注册资本十分之一以上的出资人，可以向人民法院申请重整。

第七十一条　人民法院经审查认为重整申请符合本法规定的，应当裁定债务人重整，并予以公告。

第七十二条　自人民法院裁定债务人重整之日起至重整程序终止，为重整期间。

第七十三条　在重整期间，经债务人申请，人民法院批准，债务人可以在管理人的监督下自行管理财产和营业事务。

有前款规定情形的，依照本法规定已接管债务人财产和营业事务的管理人应当向债务人移交财产和营业事务，本法规定的管理人的职权由债务人行使。

第七十四条　管理人负责管理财产和营业事务的，可以聘任债务人的经营管理人员负责营业事务。

第七十五条　在重整期间，对债务人的特定财产享有的担保权暂停行使。但是，担保物有损坏或者价值明显减少的可能，足以危害担保权人权利的，担保权人可以向人民法院请求恢复行使担保权。

在重整期间，债务人或者管理人为继续营业而借款的，可以为该借款设定担保。

第七十六条　债务人合法占有的他人财产，该财产的权利人在重整期间要求取回的，应当符合事先约定的条件。

第七十七条　在重整期间，债务人的出资人不得请求投资收益分配。

在重整期间，债务人的董事、监事、高级管理人员不得向第三人转让其持有的债务人的股权。但是，经人民法院同意的除外。

第七十八条　在重整期间，有下列情形之一的，经管理人或者利害关系人请求，人民法院应当裁定终止重整程序，并宣告债务人破产：

（一）债务人的经营状况和财产状况继续恶化，缺乏挽救的可能性；

（二）债务人有欺诈、恶意减少债务人财产或者其他显著不利于债权人的行为；

（三）由于债务人的行为致使管理人无法执行职务。

第二节　重整计划的制定和批准

第七十九条　债务人或者管理人应当自人民法院裁定债务人重整之日起六个月内，同时向人民法院和债权人会议提交重整计划草案。

前款规定的期限届满，经债务人或者管理人请求，有正当理由的，人民法院可以裁定延期三个月。

债务人或者管理人未按期提出重整计划草案的，人民法院应当裁定终止重整程序，并宣告债务人破产。

第八十条　债务人自行管理财产和营业事务的，由债务人制作重整计划草案。

管理人负责管理财产和营业事务的，由管理人制作重整计划草案。

第八十一条　重整计划草案应当包括下列内容：

（一）债务人的经营方案；

（二）债权分类；

（三）债权调整方案；

（四）债权受偿方案；

（五）重整计划的执行期限；

（六）重整计划执行的监督期限；

（七）有利于债务人重整的其他方案。

第八十二条 下列各类债权的债权人参加讨论重整计划草案的债权人会议，依照下列债权分类，分组对重整计划草案进行表决：

（一）对债务人的特定财产享有担保权的债权；

（二）债务人所欠职工的工资和医疗、伤残补助、抚恤费用，所欠的应当划入职工个人账户的基本养老保险、基本医疗保险费用，以及法律、行政法规规定应当支付给职工的补偿金；

（三）债务人所欠税款；

（四）普通债权。

人民法院在必要时可以决定在普通债权组中设小额债权组对重整计划草案进行表决。

第八十三条 重整计划不得规定减免债务人欠缴的本法第八十二条第一款第二项规定以外的社会保险费用；该项费用的债权人不参加重整计划草案的表决。

第八十四条 人民法院应当自收到重整计划草案之日起三十日内召开债权人会议，对重整计划草案进行表决。

出席会议的同一表决组的债权人过半数同意重整计划草案，并且其所代表的债权额占该组债权总额的三分之二以上的，即为该组通过重整计划草案。

债务人或者管理人应当向债权人会议就重整计划草案作出说明，并回答询问。

第八十五条 债务人的出资人代表可以列席讨论重整计划草案的债权人会议。

重整计划草案涉及出资人权益调整事项的，应当设出资人组，对该事项进行表决。

第八十六条 各表决组均通过重整计划草案时，重整计划即为通过。

自重整计划通过之日起十日内，债务人或者管理人应当向人民法院提出批准重整计划的申请。人民法院经审查认为符合本法规定的，应当自收到申请之日起三十日内裁定批准，终止重整程序，并予以公告。

第八十七条 部分表决组未通过重整计划草案的，债务人或者管理人可以同未通过重整计划草案的表决组协商。该表决组可以在协商后再表决一次。双方协商的结果不得损害其他表决组的利益。

未通过重整计划草案的表决组拒绝再次表决或者再次表决仍未通过重整计划草案，但重整计划草案符合下列条件的，债务人或者管理人可以申请人民法院批准重整计划草案：

（一）按照重整计划草案，本法第八十二条第一款第一项所列债权就该特定财产将获得全额清偿，其因延期清偿所受的损失将得到公平补偿，并且其担保权未受到实质性损害，或者该表决组已经通过重整计划草案；

（二）按照重整计划草案，本法第八十二条第一款第二项、第三项所列债权将获得全额清偿，或者相应表决组已经通过重整计划草案；

（三）按照重整计划草案，普通债权所获得的清偿比例，不低于其在重整计划草案被提请批准时依照破产清算程序所能获得的清偿比例，或者该表决组已经通过重整计划草案；

（四）重整计划草案对出资人权益的调整公平、公正，或者出资人组已经通过重整计划草案；

（五）重整计划草案公平对待同一表决组的成员，并且所规定的债权清偿顺序不违反本法第一百一十三条的规定；

（六）债务人的经营方案具有可行性。

人民法院经审查认为重整计划草案符合前款规定的，应当自收到申请之日起三十日内裁定批准，终止重整程序，并予以公告。

第八十八条　重整计划草案未获得通过且未依照本法第八十七条的规定获得批准，或者已通过的重整计划未获得批准的，人民法院应当裁定终止重整程序，并宣告债务人破产。

第三节　重整计划的执行

第八十九条　重整计划由债务人负责执行。

人民法院裁定批准重整计划后，已接管财产和营业事务的管理人应当向债务人移交财产和营业事务。

第九十条　自人民法院裁定批准重整计划之日起，在重整计划规定的监督期内，由管理人监督重整计划的执行。

在监督期内，债务人应当向管理人报告重整计划执行情况和债务人财务状况。

第九十一条　监督期届满时，管理人应当向人民法院提交监督报告。自监督报告提交之日起，管理人的监督职责终止。

管理人向人民法院提交的监督报告，重整计划的利害关系人有权查阅。

经管理人申请，人民法院可以裁定延长重整计划执行的监督期限。

第九十二条　经人民法院裁定批准的重整计划，对债务人和全体债权人均有约束力。

债权人未依照本法规定申报债权的，在重整计划执行期间不得行使权利；在重整计划执行完毕后，可以按照重整计划规定的同类债权的清偿条件行使权利。

债权人对债务人的保证人和其他连带债务人所享有的权利，不受重整计划的影响。

第九十三条　债务人不能执行或者不执行重整计划的，人民法院经管理人或者利害关系人请求，应当裁定终止重整计划的执行，并宣告债务人破产。

人民法院裁定终止重整计划执行的，债权人在重整计划中作出的债权调整的承诺失去效力。债权人因执行重整计划所受的清偿仍然有效，债权未受清偿的部分作为破产债权。

前款规定的债权人，只有在其他同顺位债权人同自己所受的清偿达到同一比例时，才能继续接受分配。

有本条第一款规定情形的，为重整计划的执行提供的担保继续有效。

第九十四条　按照重整计划减免的债务，自重整计划执行完毕时起，债务人不再承担清偿责任。

第九章　和解

第九十五条　债务人可以依照本法规定，直接向人民法院申请和解；也可以在人民法院受理破产申请后、宣告债务人破产前，向人民法院申请和解。

债务人申请和解，应当提出和解协议草案。

第九十六条　人民法院经审查认为和解申请符合本法规定的，应当裁定和解，予以公告，并召集债权人会议讨论和解协议草案。

对债务人的特定财产享有担保权的权利人，自人民法院裁定和解之日起可以行使权利。

第九十七条　债权人会议通过和解协议的决议，由出席会议的有表决权的债权人过半数同意，并且其所代表的债权额占无财产担保债权总额的三分之二以上。

第九十八条　债权人会议通过和解协议的，由人民法院裁定认可，终止和解程序，并予以公告。管理人应当向债务人移交财产和营业事务，并向人民法院提交执行职务的报告。

第九十九条　和解协议草案经债权人会议表决未获得通过，或者已经债权人会议通过的和解协议未获得人民法院认可的，人民法院应当裁定终止和解程序，并宣告债务人破产。

第一百条　经人民法院裁定认可的和解协议，对债务人和全体和解债权人均有约束力。

和解债权人是指人民法院受理破产申请时对债务人享有无财产担保债权的人。

和解债权人未依照本法规定申报债权的，在和解协议执行期间不得行使权利；在和解协议执行完毕后，可以按照和解协议规定的清偿条件行使权利。

第一百零一条　和解债权人对债务人的保证人和其他连带债务人所享有的权利，不受和解协议的影响。

第一百零二条　债务人应当按照和解协议规定的条件清偿债务。

第一百零三条　因债务人的欺诈或者其他违法行为而成立的和解协议，人民法院应当裁定无效，并宣告债务人破产。

有前款规定情形的，和解债权人因执行和解协议所受的清偿，在其他债权人所受清偿同等比例的范围内，不予返还。

第一百零四条　债务人不能执行或者不执行和解协议的，人民法院经和解债权人请求，应当裁定终止和解协议的执行，并宣告债务人破产。

人民法院裁定终止和解协议执行的，和解债权人在和解协议中作出的债权调整的承诺失去效力。和解债权人因执行和解协议所受的清偿仍然有效，和解债权未受清偿的部分作为破产债权。

前款规定的债权人，只有在其他债权人同自己所受的清偿达到同一比例时，才能继续接受分配。

有本条第一款规定情形的，为和解协议的执行提供的担保继续有效。

第一百零五条　人民法院受理破产申请后，债务人与全体债权人就债权债务的处理自行达成协议的，可以请求人民法院裁定认可，并终结破产程序。

第一百零六条　按照和解协议减免的债务，自和解协议执行完毕时起，债务人不再承担清偿责任。

第十章　破产清算

第一节　破产宣告

第一百零七条　人民法院依照本法规定宣告债务人破产的，应当自裁定作出之日起五日内送达债务人和管理人，自裁定作出之日起十日内通知已知债权人，并予以公告。

债务人被宣告破产后，债务人称为破产人，债务人财产称为破产财产，人民法院受理破产申请时对债务人享有的债权称为破产债权。

第一百零八条　破产宣告前，有下列情形之一的，人民法院应当裁定终结破产程序，并予以公告：

（一）第三人为债务人提供足额担保或者为债务人清偿全部到期债务的；

（二）债务人已清偿全部到期债务的。

第一百零九条　对破产人的特定财产享有担保权的权利人，对该特定财产享有优先受偿的权利。

第一百一十条　享有本法第一百零九条规定权利的债权人行使优先受偿权利未能完全受偿的，其未受偿的债权作为普通债权；放弃优先受偿权利的，其债权作为普通债权。

第二节　变价和分配

第一百一十一条　管理人应当及时拟订破产财产变价方案，提交债权人会议讨论。

管理人应当按照债权人会议通过的或者人民法院依照本法第六十五条第一款规定裁定的破产财产变价方案，适时变价出售破产财产。

第一百一十二条　变价出售破产财产应当通过拍卖进行。但是，债权人会议另有决议的除外。

破产企业可以全部或者部分变价出售。企业变价出售时，可以将其中的无形资产和其他财产单独变价出售。

按照国家规定不能拍卖或者限制转让的财产，应当按照国家规定的方式处理。

第一百一十三条　破产财产在优先清偿破产费用和共益债务后，依照下列顺序清偿：

（一）破产人所欠职工的工资和医疗、伤残补助、抚恤费用，所欠的应当划入职工个人账户的基本养老保险、基本医疗保险费用，以及法律、行政法规规定应当支付给职工的补偿金；

（二）破产人欠缴的除前项规定以外的社会保险费用和破产人所欠税款；

（三）普通破产债权。

破产财产不足以清偿同一顺序的清偿要求的，按照比例分配。

破产企业的董事、监事和高级管理人员的工资按照该企业职工的平均工资计算。

第一百一十四条　破产财产的分配应当以货币分配方式进行。但是，债权人会议另有决议的除外。

第一百一十五条　管理人应当及时拟订破产财产分配方案，提交债权人会议讨论。

破产财产分配方案应当载明下列事项：

（一）参加破产财产分配的债权人名称或者姓名、住所；

（二）参加破产财产分配的债权额；

（三）可供分配的破产财产数额；

（四）破产财产分配的顺序、比例及数额；

（五）实施破产财产分配的方法。

债权人会议通过破产财产分配方案后，由管理人将该方案提请人民法院裁定认可。

第一百一十六条　破产财产分配方案经人民法院裁定认可后，由管理人执行。

管理人按照破产财产分配方案实施多次分配的，应当公告本次分配的财产额和债权额。管理人实施最后分配的，应当在公告中指明，并载明本法第一百一十七条第二款规定的事项。

第一百一十七条　对于附生效条件或者解除条件的债权，管理人应当将其分配额提存。

管理人依照前款规定提存的分配额，在最后分配公告日，生效条件未成就或者解除条件成就的，应当分配给其他债权人；在最后分配公告日，生效条件成就或者解除条件未成就的，应当交付给债权人。

第一百一十八条　债权人未受领的破产财产分配额，管理人应当提存。债权人自最后分配公告之日起满二个月仍不领取的，视为放弃受领分配的权利，管理人或者人民法院应当将提存的分配额分配给其他债权人。

第一百一十九条　破产财产分配时，对于诉讼或者仲裁未决的债权，管理人应当将其分配额提存。自破产程序终结之日起满二年仍不能受领分配的，人民法院应当将提存的分配额分配给其他债权人。

第三节　破产程序的终结

第一百二十条　破产人无财产可供分配的，管理人应当请求人民法院裁定终结破产程序。

管理人在最后分配完结后，应当及时向人民法院提交破产财产分配报告，并提请人民法院裁定终结破产程序。

人民法院应当自收到管理人终结破产程序的请求之日起十五日内作出是否终结破产程序的裁定。裁定终结的，应当予以公告。

第一百二十一条　管理人应当自破产程序终结之日起十日内，持人民法院终结破产程序的裁定，向破产人的原登记机关办理注销登记。

第一百二十二条　管理人于办理注销登记完毕的次日终止执行职务。但是，存在诉讼或者仲裁未决情况的除外。

第一百二十三条　自破产程序依照本法第四十三条第四款或者第一百二十条的规定终结之日起二年内，有下列情形之一的，债权人可以请求人民法院按照破产财产分配方案进行追加分配：

（一）发现有依照本法第三十一条、第三十二条、第三十三条、第三十六条规定应当追回的财产的；

（二）发现破产人有应当供分配的其他财产的。

有前款规定情形，但财产数量不足以支付分配费用的，不再进行追加分配，由人民法院将其上交国库。

第一百二十四条　破产人的保证人和其他连带债务人，在破产程序终结后，对债权人依照破产清算程序未受清偿的债权，依法继续承担清偿责任。

第十一章　法律责任

第一百二十五条　企业董事、监事或者高级管理人员违反忠实义务、勤勉义务，致使所在企业破产的，依法承担民事责任。

有前款规定情形的人员，自破产程序终结之日起三年内不得担任任何企业的董事、监事、高级管理人员。

第一百二十六条 有义务列席债权人会议的债务人的有关人员，经人民法院传唤，无正当理由拒不列席债权人会议的，人民法院可以拘传，并依法处以罚款。债务人的有关人员违反本法规定，拒不陈述、回答，或者作虚假陈述、回答的，人民法院可以依法处以罚款。

第一百二十七条 债务人违反本法规定，拒不向人民法院提交或者提交不真实的财产状况说明、债务清册、债权清册、有关财务会计报告以及职工工资的支付情况和社会保险费用的缴纳情况的，人民法院可以对直接责任人员依法处以罚款。

债务人违反本法规定，拒不向管理人移交财产、印章和账簿、文书等资料的，或者伪造、销毁有关财产证据材料而使财产状况不明的，人民法院可以对直接责任人员依法处以罚款。

第一百二十八条 债务人有本法第三十一条、第三十二条、第三十三条规定的行为，损害债权人利益的，债务人的法定代表人和其他直接责任人员依法承担赔偿责任。

第一百二十九条 债务人的有关人员违反本法规定，擅自离开住所地的，人民法院可以予以训诫、拘留，可以依法并处罚款。

第一百三十条 管理人未依照本法规定勤勉尽责，忠实执行职务的，人民法院可以依法处以罚款；给债权人、债务人或者第三人造成损失的，依法承担赔偿责任。

第一百三十一条 违反本法规定，构成犯罪的，依法追究刑事责任。

第十二章　附则

第一百三十二条 本法施行后，破产人在本法公布之日前所欠职工的工资和医疗、伤残补助、抚恤费用，所欠的应当划入职工个人账户的基本养老保险、基本医疗保险费用，以及法律、行政法规规定应当支付给职工的补偿金，依照本法第一百一十三条的规定清偿后不足以清偿的部分，以本法第一百零九条规定的特定财产优先于对该特定财产享有担保权的权利人受偿。

第一百三十三条　在本法施行前国务院规定的期限和范围内的国有企业实施破产的特殊事宜，按照国务院有关规定办理。

第一百三十四条　商业银行、证券公司、保险公司等金融机构有本法第二条规定情形的，国务院金融监督管理机构可以向人民法院提出对该金融机构进行重整或者破产清算的申请。国务院金融监督管理机构依法对出现重大经营风险的金融机构采取接管、托管等措施的，可以向人民法院申请中止以该金融机构为被告或者被执行人的民事诉讼程序或者执行程序。

金融机构实施破产的，国务院可以依据本法和其他有关法律的规定制定实施办法。

第一百三十五条　其他法律规定企业法人以外的组织的清算，属于破产清算的，参照适用本法规定的程序。

第一百三十六条　本法自 2007 年 6 月 1 日起施行，《中华人民共和国企业破产法（试行）》同时废止。

最高人民法院关于适用《中华人民共和国企业破产法》若干问题的规定（一）

（法释〔2011〕22 号，2011 年 9 月 9 日）

《最高人民法院关于适用〈中华人民共和国企业破产法〉若干问题的规定（一）》已于 2011 年 8 月 29 日由最高人民法院审判委员会第 1527 次会议通过，现予公布，自 2011 年 9 月 26 日起施行。

为正确适用《中华人民共和国企业破产法》，结合审判实践，就人民法院依法受理企业破产案件适用法律问题作出如下规定。

第一条　债务人不能清偿到期债务并且具有下列情形之一的，人民法院应当认定其具备破产原因：

（一）资产不足以清偿全部债务；

（二）明显缺乏清偿能力。

相关当事人以对债务人的债务负有连带责任的人未丧失清偿能力为由，

主张债务人不具备破产原因的，人民法院应不予支持。

第二条　下列情形同时存在的，人民法院应当认定债务人不能清偿到期债务：

（一）债权债务关系依法成立；

（二）债务履行期限已经届满；

（三）债务人未完全清偿债务。

第三条　债务人的资产负债表，或者审计报告、资产评估报告等显示其全部资产不足以偿付全部负债的，人民法院应当认定债务人资产不足以清偿全部债务，但有相反证据足以证明债务人资产能够偿付全部负债的除外。

第四条　债务人账面资产虽大于负债，但存在下列情形之一的，人民法院应当认定其明显缺乏清偿能力：

（一）因资金严重不足或者财产不能变现等原因，无法清偿债务；

（二）法定代表人下落不明且无其他人员负责管理财产，无法清偿债务；

（三）经人民法院强制执行，无法清偿债务；

（四）长期亏损且经营扭亏困难，无法清偿债务；

（五）导致债务人丧失清偿能力的其他情形。

第五条　企业法人已解散但未清算或者未在合理期限内清算完毕，债权人申请债务人破产清算的，除债务人在法定异议期限内举证证明其未出现破产原因外，人民法院应当受理。

第六条　债权人申请债务人破产的，应当提交债务人不能清偿到期债务的有关证据。债务人对债权人的申请未在法定期限内向人民法院提出异议，或者异议不成立的，人民法院应当依法裁定受理破产申请。

受理破产申请后，人民法院应当责令债务人依法提交其财产状况说明、债务清册、债权清册、财务会计报告等有关材料，债务人拒不提交的，人民法院可以对债务人的直接责任人员采取罚款等强制措施。

第七条　人民法院收到破产申请时，应当向申请人出具收到申请及所附证据的书面凭证。

人民法院收到破产申请后应当及时对申请人的主体资格、债务人的主体资格和破产原因，以及有关材料和证据等进行审查，并依据企业破产法第十条的规定作出是否受理的裁定。

人民法院认为申请人应当补充、补正相关材料的，应当自收到破产申请之日起五日内告知申请人。当事人补充、补正相关材料的期间不计入企业破产法第十条规定的期限。

第八条 破产案件的诉讼费用，应根据企业破产法第四十三条的规定，从债务人财产中拨付。相关当事人以申请人未预先交纳诉讼费用为由，对破产申请提出异议的，人民法院不予支持。

第九条 申请人向人民法院提出破产申请，人民法院未接收其申请，或者未按本规定第七条执行的，申请人可以向上一级人民法院提出破产申请。

上一级人民法院接到破产申请后，应当责令下级法院依法审查并及时作出是否受理的裁定；下级法院仍不作出是否受理裁定的，上一级人民法院可以径行作出裁定。

上一级人民法院裁定受理破产申请的，可以同时指令下级人民法院审理该案件。

最高人民法院关于适用《中华人民共和国企业破产法》若干问题的规定（二）

（法释〔2013〕22号）

（2013年7月29日最高人民法院审判委员会第1586次会议通过。）

根据《中华人民共和国企业破产法》《中华人民共和国物权法》《中华人民共和国合同法》等相关法律，结合审判实践，就人民法院审理企业破产案件中认定债务人财产相关的法律适用问题，制定本规定。

第一条 除债务人所有的货币、实物外，债务人依法享有的可以用货币估价并可以依法转让的债权、股权、知识产权、用益物权等财产和财产权益，人民法院均应认定为债务人财产。

第二条 下列财产不应认定为债务人财产：

（一）债务人基于仓储、保管、承揽、代销、借用、寄存、租赁等合同或者其他法律关系占有、使用的他人财产；

（二）债务人在所有权保留买卖中尚未取得所有权的财产；

（三）所有权专属于国家且不得转让的财产；

（四）其他依照法律、行政法规不属于债务人的财产。

第三条　债务人已依法设定担保物权的特定财产，人民法院应当认定为债务人财产。

对债务人的特定财产在担保物权消灭或者实现担保物权后的剩余部分，在破产程序中可用以清偿破产费用、共益债务和其他破产债权。

第四条　债务人对按份享有所有权的共有财产的相关份额，或者共同享有所有权的共有财产的相应财产权利，以及依法分割共有财产所得部分，人民法院均应认定为债务人财产。

人民法院宣告债务人破产清算，属于共有财产分割的法定事由。人民法院裁定债务人重整或者和解的，共有财产的分割应当依据物权法第九十九条的规定进行；基于重整或者和解的需要必须分割共有财产，管理人请求分割的，人民法院应予准许。

因分割共有财产导致其他共有人损害产生的债务，其他共有人请求作为共益债务清偿的，人民法院应予支持。

第五条　破产申请受理后，有关债务人财产的执行程序未依照企业破产法第十九条的规定中止的，采取执行措施的相关单位应当依法予以纠正。依法执行回转的财产，人民法院应当认定为债务人财产。

第六条　破产申请受理后，对于可能因有关利益相关人的行为或者其他原因，影响破产程序依法进行的，受理破产申请的人民法院可以根据管理人的申请或者依职权，对债务人的全部或者部分财产采取保全措施。

第七条　对债务人财产已采取保全措施的相关单位，在知悉人民法院已裁定受理有关债务人的破产申请后，应当依照企业破产法第十九条的规定及时解除对债务人财产的保全措施。

第八条　人民法院受理破产申请后至破产宣告前裁定驳回破产申请，或者依据企业破产法第一百零八条的规定裁定终结破产程序的，应当及时通知原已采取保全措施并已依法解除保全措施的单位按照原保全顺位恢复相关保全措施。

在已依法解除保全的单位恢复保全措施或者表示不再恢复之前，受理破产申请的人民法院不得解除对债务人财产的保全措施。

第九条　管理人依据企业破产法第三十一条和第三十二条的规定提起诉讼，请求撤销涉及债务人财产的相关行为并由相对人返还债务人财产的，人民法院应予支持。

管理人因过错未依法行使撤销权导致债务人财产不当减损，债权人提起诉讼主张管理人对其损失承担相应赔偿责任的，人民法院应予支持。

第十条　债务人经过行政清理程序转入破产程序的，企业破产法第三十一条和第三十二条规定的可撤销行为的起算点，为行政监管机构作出撤销决定之日。

债务人经过强制清算程序转入破产程序的，企业破产法第三十一条和第三十二条规定的可撤销行为的起算点，为人民法院裁定受理强制清算申请之日。

第十一条　人民法院根据管理人的请求撤销涉及债务人财产的以明显不合理价格进行的交易的，买卖双方应当依法返还从对方获取的财产或者价款。

因撤销该交易，对于债务人应返还受让人已支付价款所产生的债务，受让人请求作为共益债务清偿的，人民法院应予支持。

第十二条　破产申请受理前一年内债务人提前清偿的未到期债务，在破产申请受理前已经到期，管理人请求撤销该清偿行为的，人民法院不予支持。但是，该清偿行为发生在破产申请受理前六个月内且债务人有企业破产法第二条第一款规定情形的除外。

第十三条　破产申请受理后，管理人未依据企业破产法第三十一条的规定请求撤销债务人无偿转让财产、以明显不合理价格交易、放弃债权行为的，债权人依据合同法第七十四条等规定提起诉讼，请求撤销债务人上述行为并将因此追回的财产归入债务人财产的，人民法院应予受理。

相对人以债权人行使撤销权的范围超出债权人的债权抗辩的，人民法院不予支持。

第十四条　债务人对以自有财产设定担保物权的债权进行的个别清偿，管理人依据企业破产法第三十二条的规定请求撤销的，人民法院不予支持。但是，债务清偿时担保财产的价值低于债权额的除外。

第十五条　债务人经诉讼、仲裁、执行程序对债权人进行的个别清偿，管理人依据企业破产法第三十二条的规定请求撤销的，人民法院不予支持。但是，债务人与债权人恶意串通损害其他债权人利益的除外。

第十六条　债务人对债权人进行的以下个别清偿，管理人依据企业破产法第三十二条的规定请求撤销的，人民法院不予支持：

（一）债务人为维系基本生产需要而支付水费、电费等的；

（二）债务人支付劳动报酬、人身损害赔偿金的；

（三）使债务人财产受益的其他个别清偿。

第十七条　管理人依据企业破产法第三十三条的规定提起诉讼，主张被隐匿、转移财产的实际占有人返还债务人财产，或者主张债务人虚构债务或者承认不真实债务的行为无效并返还债务人财产的，人民法院应予支持。

第十八条　管理人代表债务人依据企业破产法第一百二十八条的规定，以债务人的法定代表人和其他直接责任人员对所涉债务人财产的相关行为存在故意或者重大过失，造成债务人财产损失为由提起诉讼，主张上述责任人员承担相应赔偿责任的，人民法院应予支持。

第十九条　债务人对外享有债权的诉讼时效，自人民法院受理破产申请之日起中断。

债务人无正当理由未对其到期债权及时行使权利，导致其对外债权在破产申请受理前一年内超过诉讼时效期间的，人民法院受理破产申请之日起重新计算上述债权的诉讼时效期间。

第二十条　管理人代表债务人提起诉讼，主张出资人向债务人依法缴付未履行的出资或者返还抽逃的出资本息，出资人以认缴出资尚未届至公司章程规定的缴纳期限或者违反出资义务已经超过诉讼时效为由抗辩的，人民法院不予支持。

管理人依据公司法的相关规定代表债务人提起诉讼，主张公司的发起人和负有监督股东履行出资义务的董事、高级管理人员，或者协助抽逃出资的其他股东、董事、高级管理人员、实际控制人等，对股东违反出资义务或者抽逃出资承担相应责任，并将财产归入债务人财产的，人民法院应予支持。

第二十一条　破产申请受理前，债权人就债务人财产提起下列诉讼，破产申请受理时案件尚未审结的，人民法院应当中止审理：

（一）主张次债务人代替债务人直接向其偿还债务的；

（二）主张债务人的出资人、发起人和负有监督股东履行出资义务的董事、高级管理人员，或者协助抽逃出资的其他股东、董事、高级管理人员、实际控制人等直接向其承担出资不实或者抽逃出资责任的；

（三）以债务人的股东与债务人法人人格严重混同为由，主张债务人的股东直接向其偿还债务人对其所负债务的；

（四）其他就债务人财产提起的个别清偿诉讼。

债务人破产宣告后，人民法院应当依照企业破产法第四十四条的规定判决驳回债权人的诉讼请求。但是，债权人一审中变更其诉讼请求为追收的相关财产归入债务人财产的除外。

债务人破产宣告前，人民法院依据企业破产法第十二条或者第一百零八条的规定裁定驳回破产申请或者终结破产程序的，上述中止审理的案件应当依法恢复审理。

第二十二条　破产申请受理前，债权人就债务人财产向人民法院提起本规定第二十一条第一款所列诉讼，人民法院已经作出生效民事判决书或者调解书但尚未执行完毕的，破产申请受理后，相关执行行为应当依据企业破产法第十九条的规定中止，债权人应当依法向管理人申报相关债权。

第二十三条　破产申请受理后，债权人就债务人财产向人民法院提起本规定第二十一条第一款所列诉讼的，人民法院不予受理。

债权人通过债权人会议或者债权人委员会，要求管理人依法向次债务人、债务人的出资人等追收债务人财产，管理人无正当理由拒绝追收，债权人会议依据企业破产法第二十二条的规定，申请人民法院更换管理人的，人民法院应予支持。

管理人不予追收，个别债权人代表全体债权人提起相关诉讼，主张次债务人或者债务人的出资人等向债务人清偿或者返还债务人财产，或者依法申请合并破产的，人民法院应予受理。

第二十四条　债务人有企业破产法第二条第一款规定的情形时，债务人的董事、监事和高级管理人员利用职权获取的以下收入，人民法院应当认定为企业破产法第三十六条规定的非正常收入：

（一）绩效奖金；

（二）普遍拖欠职工工资情况下获取的工资性收入；

（三）其他非正常收入。

债务人的董事、监事和高级管理人员拒不向管理人返还上述债务人财产，管理人主张上述人员予以返还的，人民法院应予支持。

债务人的董事、监事和高级管理人员因返还第一款第（一）项、第（三）

项非正常收入形成的债权，可以作为普通破产债权清偿。因返还第一款第
（二）项非正常收入形成的债权，依据企业破产法第一百一十三条第三款的规
定，按照该企业职工平均工资计算的部分作为拖欠职工工资清偿；高出该企
业职工平均工资计算的部分，可以作为普通破产债权清偿。

第二十五条　管理人拟通过清偿债务或者提供担保取回质物、留置物，
或者与质权人、留置权人协议以质物、留置物折价清偿债务等方式，进行对
债权人利益有重大影响的财产处分行为的，应当及时报告债权人委员会。未
设立债权人委员会的，管理人应当及时报告人民法院。

第二十六条　权利人依据企业破产法第三十八条的规定行使取回权，应
当在破产财产变价方案或者和解协议、重整计划草案提交债权人会议表决前
向管理人提出。权利人在上述期限后主张取回相关财产的，应当承担延迟行
使取回权增加的相关费用。

第二十七条　权利人依据企业破产法第三十八条的规定向管理人主张取
回相关财产，管理人不予认可，权利人以债务人为被告向人民法院提起诉讼
请求行使取回权的，人民法院应予受理。

权利人依据人民法院或者仲裁机关的相关生效法律文书向管理人主张取
回所涉争议财产，管理人以生效法律文书错误为由拒绝其行使取回权的，人
民法院不予支持。

第二十八条　权利人行使取回权时未依法向管理人支付相关的加工费、
保管费、托运费、委托费、代销费等费用，管理人拒绝其取回相关财产的，
人民法院应予支持。

第二十九条　对债务人占有的权属不清的鲜活易腐等不易保管的财产或
者不及时变现价值将严重贬损的财产，管理人及时变价并提存变价款后，有
关权利人就该变价款行使取回权的，人民法院应予支持。

第三十条　债务人占有的他人财产被违法转让给第三人，依据物权法第
一百零六条的规定第三人已善意取得财产所有权，原权利人无法取回该财产
的，人民法院应当按照以下规定处理：

（一）转让行为发生在破产申请受理前的，原权利人因财产损失形成的债
权，作为普通破产债权清偿；

（二）转让行为发生在破产申请受理后的，因管理人或者相关人员执行职
务导致原权利人损害产生的债务，作为共益债务清偿。

第三十一条 债务人占有的他人财产被违法转让给第三人，第三人已向债务人支付了转让价款，但依据物权法第一百零六条的规定未取得财产所有权，原权利人依法追回转让财产的，对因第三人已支付对价而产生的债务，人民法院应当按照以下规定处理：

（一）转让行为发生在破产申请受理前的，作为普通破产债权清偿；

（二）转让行为发生在破产申请受理后的，作为共益债务清偿。

第三十二条 债务人占有的他人财产毁损、灭失，因此获得的保险金、赔偿金、代偿物尚未交付给债务人，或者代偿物虽已交付给债务人但能与债务人财产予以区分的，权利人主张取回就此获得的保险金、赔偿金、代偿物的，人民法院应予支持。

保险金、赔偿金已经交付给债务人，或者代偿物已经交付给债务人且不能与债务人财产予以区分的，人民法院应当按照以下规定处理：

（一）财产毁损、灭失发生在破产申请受理前的，权利人因财产损失形成的债权，作为普通破产债权清偿；

（二）财产毁损、灭失发生在破产申请受理后的，因管理人或者相关人员执行职务导致权利人损害产生的债务，作为共益债务清偿。

债务人占有的他人财产毁损、灭失，没有获得相应的保险金、赔偿金、代偿物，或者保险金、赔偿物、代偿物不足以弥补其损失的部分，人民法院应当按照本条第二款的规定处理。

第三十三条 管理人或者相关人员在执行职务过程中，因故意或者重大过失不当转让他人财产或者造成他人财产毁损、灭失，导致他人损害产生的债务作为共益债务，由债务人财产随时清偿不足弥补损失，权利人向管理人或者相关人员主张承担补充赔偿责任的，人民法院应予支持。

上述债务作为共益债务由债务人财产随时清偿后，债权人以管理人或者相关人员执行职务不当导致债务人财产减少给其造成损失为由提起诉讼，主张管理人或者相关人员承担相应赔偿责任的，人民法院应予支持。

第三十四条 买卖合同双方当事人在合同中约定标的物所有权保留，在标的物所有权未依法转移给买受人前，一方当事人破产的，该买卖合同属于双方均未履行完毕的合同，管理人有权依据企业破产法第十八条的规定决定解除或者继续履行合同。

第三十五条 出卖人破产，其管理人决定继续履行所有权保留买卖合同的，买受人应当按照原买卖合同的约定支付价款或者履行其他义务。

买受人未依约支付价款或者履行完毕其他义务，或者将标的物出卖、出质或者作出其他不当处分，给出卖人造成损害，出卖人管理人依法主张取回标的物的，人民法院应予支持。但是，买受人已经支付标的物总价款百分之七十五以上或者第三人善意取得标的物所有权或者其他物权的除外。

因本条第二款规定未能取回标的物，出卖人管理人依法主张买受人继续支付价款、履行完毕其他义务，以及承担相应赔偿责任的，人民法院应予支持。

第三十六条 出卖人破产，其管理人决定解除所有权保留买卖合同，并依据企业破产法第十七条的规定要求买受人向其交付买卖标的物的，人民法院应予支持。

买受人以其不存在未依约支付价款或者履行完毕其他义务，或者将标的物出卖、出质或者作出其他不当处分情形抗辩的，人民法院不予支持。

买受人依法履行合同义务并依据本条第一款将买卖标的物交付出卖人管理人后，买受人已支付价款损失形成的债权作为共益债务清偿。但是，买受人违反合同约定，出卖人管理人主张上述债权作为普通破产债权清偿的，人民法院应予支持。

第三十七条 买受人破产，其管理人决定继续履行所有权保留买卖合同的，原买卖合同中约定的买受人支付价款或者履行其他义务的期限在破产申请受理时视为到期，买受人管理人应当及时向出卖人支付价款或者履行其他义务。

买受人管理人无正当理由未及时支付价款或者履行完毕其他义务，或者将标的物出卖、出质或者作出其他不当处分，给出卖人造成损害，出卖人依据合同法第一百三十四条等规定主张取回标的物的，人民法院应予支持。但是，买受人已支付标的物总价款百分之七十五以上或者第三人善意取得标的物所有权或者其他物权的除外。

因本条第二款规定未能取回标的物，出卖人依法主张买受人继续支付价款、履行完毕其他义务，以及承担相应赔偿责任的，人民法院应予支持。对因买受人未支付价款或者未履行完毕其他义务，以及买受人管理人将标的物出卖、出质或者作出其他不当处分导致出卖人损害产生的债务，出卖人主张作为共益债务清偿的，人民法院应予支持。

第三十八条 买受人破产，其管理人决定解除所有权保留买卖合同，出卖人依据企业破产法第三十八条的规定主张取回买卖标的物的，人民法院应予支持。

出卖人取回买卖标的物，买受人管理人主张出卖人返还已支付价款的，人民法院应予支持。取回的标的物价值明显减少给出卖人造成损失的，出卖人可从买受人已支付价款中优先予以抵扣后，将剩余部分返还给买受人；对买受人已支付价款不足以弥补出卖人标的物价值减损损失形成的债权，出卖人主张作为共益债务清偿的，人民法院应予支持。

第三十九条 出卖人依据企业破产法第三十九条的规定，通过通知承运人或者实际占有人中止运输、返还货物、变更到达地，或者将货物交给其他收货人等方式，对在运途中标的物主张了取回权但未能实现，或者在货物未达管理人前已向管理人主张取回在运途中标的物，在买卖标的物到达管理人后，出卖人向管理人主张取回的，管理人应予准许。

出卖人对在运途中标的物未及时行使取回权，在买卖标的物到达管理人后向管理人行使在运途中标的物取回权的，管理人不应准许。

第四十条 债务人重整期间，权利人要求取回债务人合法占有的权利人的财产，不符合双方事先约定条件的，人民法院不予支持。但是，因管理人或者自行管理的债务人违反约定，可能导致取回物被转让、毁损、灭失或者价值明显减少的除外。

第四十一条 债权人依据企业破产法第四十条的规定行使抵销权，应当向管理人提出抵销主张。

管理人不得主动抵销债务人与债权人的互负债务，但抵销使债务人财产受益的除外。

第四十二条 管理人收到债权人提出的主张债务抵销的通知后，经审查无异议的，抵销自管理人收到通知之日起生效。

管理人对抵销主张有异议的，应当在约定的异议期限内或者自收到主张债务抵销的通知之日起三个月内向人民法院提起诉讼。无正当理由逾期提起的，人民法院不予支持。

人民法院判决驳回管理人提起的抵销无效诉讼请求的，该抵销自管理人收到主张债务抵销的通知之日起生效。

第四十三条 债权人主张抵销，管理人以下列理由提出异议的，人民法院不予支持：

（一）破产申请受理时，债务人对债权人负有的债务尚未到期；

（二）破产申请受理时，债权人对债务人负有的债务尚未到期；

（三）双方互负债务标的物种类、品质不同。

第四十四条　破产申请受理前六个月内，债务人有企业破产法第二条第一款规定的情形，债务人与个别债权人以抵销方式对个别债权人清偿，其抵销的债权债务属于企业破产法第四十条第（二）、（三）项规定的情形之一，管理人在破产申请受理之日起三个月内向人民法院提起诉讼，主张该抵销无效的，人民法院应予支持。

第四十五条　企业破产法第四十条所列不得抵销情形的债权人，主张以其对债务人特定财产享有优先受偿权的债权，与债务人对其不享有优先受偿权的债权抵销，债务人管理人以抵销存在企业破产法第四十条规定的情形提出异议的，人民法院不予支持。但是，用以抵销的债权大于债权人享有优先受偿权财产价值的除外。

第四十六条　债务人的股东主张以下列债务与债务人对其负有的债务抵销，债务人管理人提出异议的，人民法院应予支持：

（一）债务人股东因欠缴债务人的出资或者抽逃出资对债务人所负的债务；

（二）债务人股东滥用股东权利或者关联关系损害公司利益对债务人所负的债务。

第四十七条　人民法院受理破产申请后，当事人提起的有关债务人的民事诉讼案件，应当依据企业破产法第二十一条的规定，由受理破产申请的人民法院管辖。

受理破产申请的人民法院管辖的有关债务人的第一审民事案件，可以依据民事诉讼法第三十八条的规定，由上级人民法院提审，或者报请上级人民法院批准后交下级人民法院审理。

受理破产申请的人民法院，如对有关债务人的海事纠纷、专利纠纷、证券市场因虚假陈述引发的民事赔偿纠纷等案件不能行使管辖权的，可以依据民事诉讼法第三十七条的规定，由上级人民法院指定管辖。

第四十八条　本规定施行前本院发布的有关企业破产的司法解释，与本规定相抵触的，自本规定施行之日起不再适用。

2016 年中央经济工作会议公报

中央经济工作会议 12 月 18 日至 21 日在北京举行。中共中央总书记、国家主席、中央军委主席习近平，中共中央政治局常委、国务院总理李克强，中共中央政治局常委、全国人大常委会委员长张德江，中共中央政治局常委、全国政协主席俞正声，中共中央政治局常委、中央书记处书记刘云山，中共中央政治局常委、中央纪委书记王岐山，中共中央政治局常委、国务院副总理张高丽出席会议。

习近平在会上发表重要讲话，总结 2015 年经济工作，分析当前国内国际经济形势，部署 2016 年经济工作，重点是落实"十三五"规划建议要求，推进结构性改革，推动经济持续健康发展。李克强在讲话中阐述了明年宏观经济政策取向，具体部署了明年经济社会发展重点工作，并作总结讲话。

会议指出，今年以来，面对错综复杂的国际形势和艰巨繁重的国内改革发展稳定任务，我们按照协调推进"四个全面"战略布局的要求，贯彻落实去年中央经济工作会议决策部署，加强和改善党对经济工作的领导，坚持稳中求进工作总基调，牢牢把握经济社会发展主动权，主动适应经济发展新常态，妥善应对重大风险挑战，推动经济建设、政治建设、文化建设、社会建设、生态文明建设和党的建设取得重大进展。经济运行总体平稳，稳中有进，稳中有好，经济保持中高速增长，经济结构优化，改革开放向纵深迈进，民生持续改善，社会大局总体稳定。今年主要目标任务的完成，标志着"十二五"规划可以胜利收官，使我国站在更高的发展水平上。同时，由于多方面因素影响和国内外条件变化，经济发展仍然面临一些突出矛盾和问题，必须高度重视，采取有力措施加以化解。

会议认为，认识新常态、适应新常态、引领新常态，是当前和今后一个时期我国经济发展的大逻辑，这是我们综合分析世界经济长周期和我国发展阶段性特征及其相互作用作出的重大判断。必须统一思想、深化认识，切实把思想和行动统一到党中央重大判断和决策部署上来。必须克服困难、闯过关口，坚持辩证法，一方面我国经济发展基本面是好的，潜力大，韧性强，回旋余地大，另一方面也面临着很多困难和挑战，特别是结构性产能过剩比较严重。这是绕不过去的历史关口，加快改革创新，抓紧做好工作，就能顺利过关。必须锐意改革、大胆创新，必须解放思想、实事求是、与时俱进，按照创新、协调、绿色、开放、共享的发展理念，在理论上作出创新性概括，在政策上作出前瞻性安排，加大结构性改革力度，矫正要素配置扭曲，扩大有效供给，提高供给结构适应性和灵活性，提高全要素生产率。

会议指出，引领经济发展新常态，要努力实现多方面工作重点转变。推动经济发展，要更加注重提高发展质量和效益。稳定经济增长，要更加注重供给侧结构性改革。实施宏观调控，要更加注重引导市场行为和社会心理预期。调整产业结构，要更加注重加减乘除并举。推进城镇化，要更加注重以人为核心。促进区域发展，要更加注重人口经济和资源环境空间均衡。保护生态环境，要更加注重促进形成绿色生产方式和消费方式。保障改善民生，要更加注重对特定人群特殊困难的精准帮扶。进行资源配置，要更加注重使市场在资源配置中起决定性作用。扩大对外开放，要更加注重推进高水平双向开放。

会议强调，推进供给侧结构性改革，是适应和引领经济发展新常态的重大创新，是适应国际金融危机发生后综合国力竞争新形势的主动选择，是适应我国经济发展新常态的必然要求。

会议指出，明年是全面建成小康社会决胜阶段的开局之年，也是推进结构性改革的攻坚之年。做好经济工作要全面贯彻党的十八大和十八届三中、四中、五中全会精神，以邓小平理论、"三个代表"重要思想、科学发展观为指导，加强和改善党对经济工作的领导，统筹国内国际两个大局，按照"五位一体"总体布局和"四个全面"战略布局，牢固树立和贯彻落实创新、协调、绿色、开放、共享的发展理念，适应经济发展新常态，坚持改革开放，坚持稳中求进工作总基调，坚持稳增长、调结构、惠民生、防风险，实行宏观政策要稳、产业政策要准、微观政策要活、改革政策要实、社会政策要托底的总体思路，保持经济运行在合理区间，战略上坚持持久战，战术上打好歼灭战，着力加强结构性改革，在适度扩大总需求的同时，去产能、去库存、去杠杆、降成本、补短板，提高供给体系质量和效率，提高投资有效性，加快培育新的发展动能，改造提升传统比较优势，增强持续增长动力，推动我国社会生产力水平整体改善，努力实现"十三五"时期经济社会发展的良好开局。

会议强调，明年及今后一个时期，要在适度扩大总需求的同时，着力加强供给侧结构性改革，实施相互配合的五大政策支柱。

第一，宏观政策要稳，就是要为结构性改革营造稳定的宏观经济环境。积极的财政政策要加大力度，实行减税政策，阶段性提高财政赤字率，在适当增加必要的财政支出和政府投资的同时，主要用于弥补降税带来的财政减收，保障政府应该承担的支出责任。稳健的货币政策要灵活适度，为结构性改革营造适宜的货币金融环境，降低融资成本，保持流动性合理充裕和社会融资总量适度增长，扩大直接融资比重，优化信贷结构，完善汇率形成机制。

第二，产业政策要准，就是要准确定位结构性改革方向。要推进农业现代化、加快制造强国建设、加快服务业发展、提高基础设施网络化水平等，推动形成新的增长点。要坚持创新驱动，注重激活存量，着力补齐短板，加快绿色发展，发展实体经济。

第三，微观政策要活，就是要完善市场环境、激发企业活力和消费者潜力。要做好为企业服务工作，在制度上、政策上营造宽松的市场经营和投资环境，鼓励和支持各种所有制企业创新发展，保护各种所有制企业产权和合法利益，提高企业投资信心，改善企业市场预期。要营造商品自由流动、平等交换的市场环境，破除市场壁垒和地方保护。要提高有效供给能力，通过创造新供给、提高供给质量，扩大消费需求。

第四，改革政策要实，就是要加大力度推动改革落地。要完善落实机制，把握好改革试点，加强统筹协调，调动地方积极性，允许地方进行差别化探索，发挥基层首创精神。要敢于啃硬骨头、敢于涉险滩，抓好改革举措落地工作，使改革不断见到实效，使群众有更多获得感。

第五，社会政策要托底，就是要守住民生底线。要更好发挥社会保障的社会稳定器作用，把重点放在兜底上，保障群众基本生活，保障基本公共服务。

会议认为，明年经济社会发展特别是结构性改革任务十分繁重，战略上要坚持稳中求进、把握好节奏和力度，战术上要抓住关键点，主要是抓好去产能、去库存、去杠杆、降成本、补短板五大任务。

第一，积极稳妥化解产能过剩。要按照企业主体、政府推动、市场引导、依法处置的办法，研究制定全面配套的政策体系，因地制宜、分类有序处置，妥善处理保持社会稳定和推进结构性改革的关系。要依法为实施市场化破产程序创造条件，加快破产清算案件审理。要提出和落实财税支持、不良资产处置、失业人员再就业和生活保障以及专项奖补等政策，资本市场要配合企业兼并重组。要尽可能多兼并重组、少破产清算，做好职工安置工作。要严格控制增量，防止新的产能过剩。

第二，帮助企业降低成本。要开展降低实体经济企业成本行动，打出"组合拳"。要降低制度性交易成本，转变政府职能、简政放权，进一步清理规范中介服务。要降低企业税费负担，进一步正税清费，清理各种不合理收费，营造公平的税负环境，研究降低制造业增值税税率。要降低社会保险费，研究精简归并"五险一金"。要降低企业财务成本，金融部门要创造利率正常化的政策环境，为实体经济让利。要降低电力价格，推进电价市场化改革，完善煤电价格联动机制。要降低物流成本，推进流通体制改革。

第三，化解房地产库存。要按照加快提高户籍人口城镇化率和深化住房制度改革的要求，通过加快农民工市民化，扩大有效需求，打通供需通道，消化库存，稳定房地产市场。要落实户籍制度改革方案，允许农业转移人口等非户籍人口在就业地落户，使他们形成在就业地买房或长期租房的预期和需求。要明确深化住房制度改革方向，以满足新市民住房需求为主要出发点，以建立购租并举的住房制度为主要方向，把公租房扩大到非户籍人口。要发展住房租赁市场，鼓励自然人和各类机构投资者购买库存商品房，成为租赁市场的房源提供者，鼓励发展以住房租赁为主营业务的专业化企业。要鼓励房地产开发企业顺应市场规律调整营销策略，适当降低商品住房价格，促进房地产业兼并重组，提高产业集中度。要取消过时的限制性措施。

第四，扩大有效供给。要打好脱贫攻坚战，坚持精准扶贫、精准脱贫，瞄准建档立卡贫困人口，加大资金、政策、工作等投入力度，真抓实干，提高扶贫质量。要支持企业技术改造和设备更新，降低企业债务负担，创新金融支持方式，提高企业技术改造投资能力。培育发展新产业，加快技术、产品、业态等创新。要补齐软硬基础设施短板，提高投资有效性和精准性，推动形成市场化、可持续的投入机制和运营机制。要加大投资于人的力度，使劳动者更好适应变化了的市场环境。要继续抓好农业生产，保障农产品有效供给，保障口粮安全，保障农民收入稳定增长，加强农业现代化基础建设，落实藏粮于地、藏粮于技战略，把资金和政策重点用在保护和提高农业综合生产能力以及农产品质量、效益上。

第五，防范化解金融风险。对信用违约要依法处置。要有效化解地方政府债务风险，做好地方政府存量债务置换工作，完善全口径政府债务管理，改进地方政府债券发行办法。要加强全方位监管，规范各类融资行为，抓紧开展金融风险专项整治，坚决遏制非法集资蔓延势头，加强风险监测预警，妥善处理风险案件，坚决守住不发生系统性和区域性风险的底线。

会议强调，推进结构性改革，必须依靠全面深化改革。要加大重要领域和关键环节改革力度，推出一批具有重大牵引作用的改革举措。要大力推进国有企业改革，加快改组组建国有资本投资、运营公司，加快推进垄断行业改革。要加快财税体制改革，抓住划分中央和地方事权和支出责任、完善地方税体系、增强地方发展能力、减轻企业负担等关键性问题加快推进。要加快金融体制改革，尽快形成融资功能完备、基础制度扎实、市场监管有效、投资者合法权益得到充分保护的股票市场，抓紧研究提出金融监管体制改革方案；加快推进银行体系改革，深化国有商业银行改革，加快发展绿色金融。要加快养老保险制度改革，完善个人账户，坚持精算平衡，提高统筹层次。要加快医药卫生体制改革，在保基本、强基层的基础上，着力建立新的体制机制，解决好群众看病难看病贵问题。

会议指出，要继续抓好优化对外开放区域布局、推进外贸优进优出、积极利用外资、加强国际产能和装备制造合作、加快自贸区及投资协定谈判、积极参与全球经济治理等工作。要改善利用外资环境，高度重视保护外资企业合法权益，高度重视保护知识产权，对内外资企业要一视同仁、公平对待。

要抓好"一带一路"建设落实，发挥好亚投行、丝路基金等机构的融资支撑作用，抓好重大标志性工程落地。

会议强调，要坚持瞄准全面建成小康社会目标，牢牢抓住发展这个第一要务不放松，科学确定经济社会发展主要预期目标，把握好稳增长和调结构的平衡，稳定和完善宏观经济政策，加大对实体经济支持力度。坚持大力推进结构性改革，着力解决制约发展的深层次问题。坚持深入实施创新驱动发展战略，推进大众创业、万众创新，依靠改革创新加快新动能成长和传统动能改造提升。要用新思路新举措深挖内需潜力，持续扩大消费需求，发挥好有效投资对稳增长调结构的关键作用，深入推进新型城镇化。要大力优化产业结构，加快推进现代农业建设，着力抓好工业稳增长调结构增效益。要加快形成对外开放新格局，培育国际竞争新优势。要推动绿色发展取得新突破。要保住基本民生、兜住底线。要健全督查激励问责机制，促进各方面奋发有为、干事创业。

会议强调，要坚持中国特色社会主义政治经济学的重大原则，坚持解放和发展社会生产力，坚持社会主义市场经济改革方向，使市场在资源配置中起决定性作用，是深化经济体制改革的主线。要坚持调动各方面积极性，充分调动人的积极性，充分调动中央和地方两个积极性，注重调动企业家、创新人才、各级干部的积极性、主动性、创造性。要提高舆论引导能力，善于把握本质、主流和趋势，善于把握社会心理，善于把握时、度、效，深度分析，主动发声，澄清是非，更有针对性做好舆论引导工作。

会议号召，这次中央经济工作会议，既是对明年经济工作的全面部署，也是对推进结构性改革的重点部署。各级领导干部务必把思想统一到党中央决策部署上来，把握正确方向，脚踏实地推进，推动改革发展稳定各项工作不断取得实实在在的成效，推动实现更高质量、更有效率、更加公平、更可持续发展。

中共中央政治局委员、中央书记处书记，全国人大常委会有关领导同志，国务委员，最高人民法院院长，最高人民检察院检察长，全国政协有关领导同志以及中央军委委员等出席会议。

各省、自治区、直辖市和计划单列市、新疆生产建设兵团党政主要负责同志，中央和国家机关有关部门主要负责同志，中央管理的部分企业和金融机构负责同志，军队及武警部队有关负责同志参加会议。

中国银监会办公厅关于做好银行业金融机构债权人委员会有关工作的通知

（银监办便函〔2016〕1196 号）

各银监局，各政策性银行、大型银行、股份制银行，邮储银行，外资银行，金融资产管理公司，其他会管机构：

为加强金融债权管理，维护经济金融秩序，支持实体经济发展，做好银行业金融机构债权人委员会（以下简称"债委会"）有关工作，现就相关事项通知如下：

一、债委会是由债务规模较大的困难企业三家以上债权银行业金融机构发起成立的协商性、自律性、临时性组织。

二、债委会的职责是依法维护银行业金融机构的合法权益，推动债权银行业金融机构精准发力、分类施策，有效保护金融债权，支持实体经济发展。债委会按照"一企一策"的方针集体研究增贷、稳贷、减贷、重组等措施，有序开展债务重组、资产保全等相关工作，确保银行业金融机构形成合力。

三、债委会应当按照"市场化、法治化、公平公正"的原则开展工作。债委会实施债务重组的，应当采取多方支持、市场主导、保持稳定的措施，积极争取企业发展的有利条件，实现银企共赢。

四、债委会可以由债权银行业金融机构自行发起成立。债委会要明确主席单位和副主席单位，启动相关工作。

五、债务企业的所有债权银行业金融机构和银监会批准设立的其他金融机构原则上应当参加债委会；非银监会批准设立的金融机构债权人，也可以加入债委会。

六、债委会主席单位原则上由债权金额较大且有协调能力和意愿的一至两家银行业金融机构担任，副主席单位可以由代表债权金额较大的银行业金融机构和代表债权金额较小的银行业金融机构共同组成。其他债权金融机构应当按照要求出席相关会议。债委会应当设立工作组，负责日常工作。

七、债委会原则上由企业所在地的债权银行业金融机构组建。涉及中央企业以及重大复杂的企业集团，可以在总行层面组建债委会。

八、债委会成员应当签署《债权人协议》。《债权人协议》是债委会有约束力的法律文件，协议内容包括但不限于以下事项：债委会组织架构、议事规则、权利义务及共同约定、相关费用等。

九、债委会应当制定议事规则，所有债权金融机构按照议事规则开展活动。重大事项、主要议题由主席单位及副主席单位召开会议共同协商，达成共识后，形成会议纪要。

债委会重大事项的确定，原则上应当同时符合以下条件：一是经占金融债权总金额的三分之二以上比例债委会成员同意；二是经全体债委会成员过半数同意。

十、债委会对企业实施金融债务重组的，企业一般应当具备以下条件：企业发展符合国家宏观经济政策、产业政策和金融支持政策；企业产品或服务有市场、发展有前景，具有一定的重组价值；企业和债权银行业金融机构有金融债务重组意愿。

十一、债委会实施金融债务重组的，可以采取协议重组和协议并司法重组的方式。

十二、债委会应当积极与企业进行协商谈判，研究讨论金融债务重组及债委会其他工作。

实施金融债务重组的，重组双方围绕重组方式、重组安排及方案内容，开展协商和谈判。主席单位、副主席单位与企业共同研究，形成金融债务重组初步方案后，由主席单位提交债委会全体成员大会讨论，按照议事规则进行表决。表决通过后，发送各债权金融机构和债务企业执行。

十三、为保证企业的正常运营，企业提出的新资金需求有充分理由的，债委会可以通过组建银团贷款、建立联合授信机制或封闭式融资等方式予以支持。

各债权银行业金融机构应当一致行动，切实做到稳定预期、稳定信贷、稳定支持，不得随意停贷、抽贷；可通过必要的、风险可控的收回再贷、展期续贷等方式，最大限度地帮助企业实现解困。

十四、各银行业金融机构要建立债委会相关工作的授权沟通机制，将债委会工作纳入内部管理体系，建立授权沟通机制，适当下放权限，确保债委会工作高效、有序开展。

十五、债委会成立后，主席单位应当以债委会的名义将债委会成立情况、重要事项等及时向银行业监督管理机构报告。

十六、银行业监督管理机构依法对债权人委员会和金融债务重组等工作进行指导、协调和监督；支持银行业协会在债务重组等工作中发挥积极作用；鼓励金融资产管理公司、地方资产管理公司积极参与债务重组等相关工作。

不良金融资产处置尽职指引

第一章 总则

第一条 为规范不良金融资产处置行为，明确不良金融资产处置工作尽职要求，防范道德风险，促进提高资产处置效率，根据《中华人民共和国银行业监督管理法》、《中华人民共和国商业银行法》和《金融资产管理公司条例》等法律法规，制定本指引。

第二条 本指引适用于在中华人民共和国境内设立的政策性银行、商业银行（以下统称银行业金融机构）和金融资产管理公司。经中国银行业监督管理委员会批准设立的其他金融机构可参照执行。

第三条 本指引中的不良金融资产、不良金融资产处置、不良金融资产工作人员是指：

（一）不良金融资产指银行业金融机构和金融资产管理公司经营中形成、通过购买或其他方式取得的不良信贷资产和非信贷资产，如不良债权、股权和实物类资产等。

（二）不良金融资产处置指银行业金融机构和金融资产管理公司对不良金融资产开展的资产处置前期调查、资产处置方式选择、资产定价、资产处置方案制定、审核审批和执行等各项活动。与不良金融资产处置相关的资产剥离（转让）、收购和管理等活动也适用本指引的相关规定。

不良金融资产工作人员指银行业金融机构和金融资产管理公司参与不良金融资产剥离（转让）、收购、管理和处置的相关人员。

第四条　银行业金融机构和金融资产管理公司在处置不良金融资产时，应遵守法律、法规、规章和政策等规定，在坚持公开、公平、公正和竞争、择优的基础上，努力实现处置净回收现值最大化。

第五条　银行业金融机构和金融资产管理公司应建立全面规范的不良金融资产处置业务规章制度，完善决策机制和操作程序，明确尽职要求。定期或在有关法律、法规、规章和政策发生变化时，对不良金融资产处置业务规章制度进行评审和修订。

第六条　银行业金融机构和金融资产管理公司应采取有效措施，确保不良金融资产工作人员熟悉并掌握不良金融资产处置相关法律、法规、规章、政策和本指引有关规定。

第七条　不良金融资产工作人员与剥离（转让）方、债务人、担保人、持股企业、资产受让（受托）方、受托中介机构存在直接或间接利益关系的，或经认定对不良金融资产形成有直接责任的，在不良金融资产处置中应当回避。

不良金融资产工作人员不得同时从事资产评估（定价）、资产处置和相关审核审批工作。

第八条　银行业金融机构和金融资产管理公司应建立不良金融资产处置尽职问责制，规定在不良金融资产剥离（转让）、收购、管理和处置过程中有关单位、部门和岗位的职责，对违反有关法律、法规、规章、政策和本指引规定的行为进行责任认定，并按规定对有关责任人进行处理。

第二章　资产剥离（转让）和收购尽职要求

第九条　银行业金融机构和金融资产管理公司剥离（转让）不良金融资产：

（一）剥离（转让）方应做好对剥离（转让）资产的数据核对、债权（担保）情况调查、档案资料整理、不良金融资产形成原因分析等工作；剥离（转让）方应向收购方提供剥离（转让）资产的清单、现有全部的档案资料和相应的电子信息数据；剥离（转让）方应对己方数据信息的实实性和准确性以及移送档案资料的完整性做出相应承诺，并协助收购方做好资产接收前的调查工作。

（二）剥离（转让）方应设定剥离（转让）工作程序，明确剥离（转让）工作职责，并按权限进行审批。审批部门要独立于其他部门，直接向最高管理层负责。

（三）剥离（转让）方和收购方应在资产转让协议中对有关资产权利的维护、担保权利的变更以及已起诉和执行项目主体资格的变更等具体事项做出明确约定，共同做好剥离（转让）资产相关权利的转让和承接工作。银行业金融机构向金融资产管理公司剥离（转让）资产不应附有限制转让条款，附有限制转让条款的应由剥离（转让）方负责解除。

（四）自资产交易基准日至资产交割日期间，剥离（转让）方应征得收购方同意并根据授权，继续对剥离（转让）资产进行债权、担保权利管理和维护，代收剥离（转让）资产合同项下的现金等资产，并及时交付给收购方，由此发生的合理费用由收购方承担。

第十条　银行业金融机构和金融资产管理公司收购不良金融资产：

（一）收购方应对收购不良金融资产的状况、权属关系、市场前景以及收购的可行性等进行调查。调查可以采取现场调查和非现场调查方式。当缺乏大规模现场调查条件时，应将现场调查和非现场调查相结合，以真实、全面地反映资产价值和风险。当涉及较大金额收购时，收购方应聘请独立、专业的中介机构对收购资产进行尽职调查。

（二）收购方应设定收购程序，明确收购工作职责，按权限严格审批。审批部门要独立于其他部门，直接向最高管理层负责。

（三）收购方应认真核对收购资产的数据、合同、协议、抵债物和抵押（质）物权属证明文件、涉诉法律文书及其他相关资料的合法性、真实性、完整性和有效性，核对应在合理的时间内完成，并及时办理交接手续，接收转让资产，并进行管理和维护。

第十一条　剥离（转让）方和收购方在不良金融资产移交过程中应建立

和完善联系沟通机制，相互配合与协作，有效管理不良金融资产，联手打击逃废债行为，共同防止资产流失和债权悬空，最大限度地保全资产。

第十二条 剥离（转让）方在剥离（转让）不良贷款过程中，应当对拟剥离（转让）不良贷款是否存在违法违规行为，包括贷款调查、贷款审批和发放、贷后管理、资产保全是否尽职等进行认定，并将结果以书面形式记录存档。发现违法违规行为的，依法、依规追究责任，并将结果抄报监管部门。

收购方在收购过程中发现剥离（转让）方违规发放贷款，贷后管理、资产保全不尽职，剥离（转让）中操作不规范，弄虚作假，掩盖违法违规行为，隐瞒损失等情形的，应及时向剥离（转让）方反映，由剥离（转让）方进行责任认定和处理。同时，剥离（转让）方和收购方应将上述情况以书面形式进行确认，并抄报监管部门。

剥离（转让）方和收购方应当以协议的形式规定，如果剥离（转让）中存在弄虚作假、隐瞒报失等情况的，收购方可以要求剥离（转让）方予以纠正，也可以拒绝接受该项资产。

第三章　资产管理尽职要求

第十三条 银行业金融机构和金融资产管理公司应建立不良金融资产管理制度，实施有效的管理策略，明确管理职责，做好不良金融资产档案管理、权益维护、风险监测等日常管理工作。定期对资产管理策略进行评价和调整。

第十四条 银行业金融机构和金融资产管理公司应全面搜集、核实和及时更新债务人（担保人）的资产负债、生产经营、涉诉情况等信息资料，搜集、核实的过程和结果应以书面或电子形式记载并归入档案。对确实难以搜集、核实相关信息的，应提供必要的佐证材料和相应的记录。

银行业金融机构和金融资产管理公司应定期或根据实际需要对不良金融资产有关情况进行现场调查。

第十五条 银行业金融机构和金融资产管理公司应加强不良债权管理。

（一）认真整理、审查和完善不良债权的法律文件和相关管理资料，包括对纸质文件和相应电子信息的管理和更新。

（二）密切监控主债权诉讼时效、保证期间和申请执行期限等，及时主张权利，确保债权始终受司法保护。

（三）跟踪涉诉项目进展情况，及时主张权利。

（四）密切关注抵押（质）物价值的不利变化，及时采取补救措施。对因客观原因或其他不可抗力而无法及时发现和补救的，应做出必要说明和记录。

（五）调查和了解债务人（担保人）的其他债务和担保情况以及其他债权人对该债务人（担保人）的债务追偿情况。

（六）及时发现债务人（担保人）主体资格丧失、隐匿、转移和毁损资产，擅自处置抵押物或将抵押物再次抵押给其他债权人等有可能导致债权被悬空的事件或行为，采取措施制止、补救和进行必要说明，并报告监管部门。

第十六条　银行业金融机构和金融资产管理公司应加强股权类资产管理。

（一）建立和完善股权管理制度。根据持股比例向持股企业派出（选聘）股东代表、董事、监事等人员，参与企业重大决策。建立股权管理授权制度。派出（选聘）的股东代表、董事、监事应定期总结报告其在持股企业中的工作。银行业金融机构和金融资产管理公司应定期对派出（选聘）股东代表、董事、监事的履职情况进行考核。

（二）密切关注持股企业资产负债、生产经营和关联交易等重大事项及其变化。

（三）依法维护股东权益，采取措施制止损害股东合法权益的行为。

（四）督促持股企业转换经营机制，建立和完善法人治理结构，提高经营管理效益，努力实现股权资产保值增值。对阶段性持股要尽可能创造条件实现退出。

（五）根据持股比例参与企业利润分配。

（六）当持股企业因管理、环境等因素发生不利变化，将导致持有股权风险显著增大时，应及时采取有效措施维护自身合法权益。

第十七条　银行业金融机构和金融资产管理公司应加强实物类资产管理。

（一）遵循有利于变现和成本效益原则，根据不同类实物类资产的特点制定并采取适当的管理策略。

（二）明确管理责任人，做好实物类资产经营管理和日常维护工作，重要权证实施集中管理。

（三）建立实物类资产台账，定期进行盘点清查，账实核对，及时掌握实物类资产的形态及价值状态的异常变化和风险隐患，积极采取有效措施，防止贬损或丢失。

（四）建立实物类资产信息数据库，及时收集、更新和分析管理、处置信息。

（五）抵债资产非经规定程序批准不能自用，并须按照有关规定尽快处置变现。

第十八条 不良债权主要包括银行持有的次级、可疑及损失类贷款，金融资产管理公司收购或接收的不良金融债权，以及其他非银行金融机构持有的不良债权。

股权类资产主要包括政策性债转股、商业性债转股、抵债股权、质押股权等。

实物类资产主要包括收购的以及资产处置中收回的以物抵债资产、受托管理的实物资产，以及其他能实现债权清偿权利的实物资产。

第十九条 银行业金融机构和金融资产管理公司应定期对不良金融资产进行分析，选择有利处置时机，及时启动处置程序，防止资产因处置不及时造成贬值或流失。

第四章 资产处置前期调查尽职要求

第二十条 银行业金融机构和金融资产管理公司处置不良金融资产前，应对拟处置资产开展前期调查分析。前期调查分析应充分利用现有档案资料和日常管理中获得的各种有效信息。当现有信息与实际情况发生较大出入或重大变化时，应进行现场调查。

对于经法院裁定终结执行、破产或经县级以上工商行政管理部门注销的债务人及其他回收价值低的资产，可根据实际情况进行专项调查、重点调查或典型抽样调查。

第二十一条 银行业金融机构和金融资产管理公司应记录前期调查过程，整理分类并妥善保管各类调查资料和证据材料。重要项目要形成书面调查报告。前期调查资料和调查报告应对后续资产处置方式选择、定价和方案制作等形成必要的支持。

第二十二条 负责调查的不良金融资产工作人员应保证在调查报告中对可能影响到资产价值判断和处置方式选择的重要事项不存在虚假记载、重大遗漏和误导性陈述，并已对所获信息资料的置信程度进行了充分说明。

第二十三条 银行业金融机构和金融资产管理公司资产处置前期调查主要由内部人员负责实施。必要时，也可委托中介机构进行或参与。

第五章　资产处置方式选择与运用尽职要求

第二十四条　银行业金融机构和金融资产管理公司应在法律法规允许并经金融监管部门批准的业务许可范围内，积极稳妥地选择并探索有效的不良金融资产处置方式。

第二十五条　银行业金融机构和金融资产管理公司在选择与运用资产处置方式时，应遵循成本效益和风险控制原则，合理分析，综合比较，择优选用可行的处置方式，并提供相关依据。

第二十六条　对债权类资产进行追偿的，包括直接催收、诉讼（仲裁）追偿、委托第三方追偿、破产清偿等方式。

（一）采用直接催收方式的，应监控债务人（担保人）的还款能力变化等情况，及时发送催收通知，尽可能收回贷款本息。当直接催收方式不能顺利实施时，应及时调整处置方式。

（二）采用诉讼（仲裁）追偿方式的，应在论证诉讼（仲裁）可行性的基础上，根据债务人（担保人）的财产情况，合理确定诉讼时机、方式和标的。并按照生效法律文书在规定时间内要求债务人（担保人）履行或申请执行，尽快回收现金和其他资产。对违法、显失公平的判决、裁决或裁定，应及时上诉。必要时，应提起申诉，并保留相应记录。

（三）采用委托第三方追偿债务方式的，应在对委托债权价值做出独立判断的基础上，结合委托债权追偿的难易程度、代理方追偿能力和代理效果，合理确定委托费用，并对代理方的代理行为进行动态监督，防止资产损失。采用风险代理方式的，应严格委托标准，择优选择代理方，明确授权范围、代理期限，合理确定费用标准和支付方式等内容，并加强对代理方的监督考核。

（四）采用债务人（担保人）破产清偿方式的，应参加债权人会议，密切关注破产清算进程，并尽最大可能防止债务人利用破产手段逃废债。对破产过程中存在损害债权人利益的行为和显失公平的裁定应及时依法维护自身权益。

第二十七条　对债权进行重组的，包括以物抵债、修改债务条款、资产置换等方式或其组合。

（一）采用以物抵债方式的，应按照有关规定要求，重点关注抵债资产的产权和实物状况、评估价值、维护费用、升（贬）值趋势以及变现能力等因素，谨慎确定抵债资产抵偿的债权数额，对剩余债权继续保留追偿权。应当优先接受产权清晰、权证齐全、具有独立使用功能、易于保管及变现的实物类资产抵债。在考虑成本效益与资产风险的前提下，及时办理确权手续。

（二）采用修改债务条款方式的，应对债务人（担保人）的偿债能力进行分析，谨慎确定新债务条款，与债务人（担保人）重新签订还款计划，落实有关担保条款和相应保障措施，督促债务人（担保人）履行约定义务。

（三）采用资产置换方式的，应以提高资产变现和收益能力为目标，确保拟换入资产来源合法、权属清晰、价值公允，并严密控制相关风险。

（四）采用以债务人分立、合并和破产重整为基础的债务重组方式的，应建立操作和审批制度，依据有关法律、法规、规章和政策等切实维护自身合法权益。

第二十八条 对不良金融资产进行转让的，包括拍卖、竞标、竞价转让和协议转让等方式。

（一）采用拍卖方式处置资产的，应遵守国家拍卖有关法律法规，严格监督拍卖过程，防止合谋压价、串通作弊、排斥竞争等行为。

（二）采用竞标方式处置资产的，应参照国家招投标有关法律法规，规范竞标程序。

（三）采用竞价转让方式处置资产的，应为所有竞买人提供平等的竞价机会。

（四）当采用拍卖、竞标、竞价等公开处置方式在经济上不可行，或不具备采用拍卖、竞标、竞价等公开处置方式的条件时，可采用协议转让方式处置，同时应坚持谨慎原则，透明操作，其实记录，切实防范风险。

（五）采用拍卖、竞标、竞价和协议等方式转让不良金融资产的，应按照有关规定披露与转让资产相关的信息，最大限度地提高转让过程的透明度。

（六）转让资产时，原则上要求一次性付款。确需采取分期付款方式的，应将付款期限、次数等条件作为确定转让对象和价格的因素，在落实有效履约保障措施后，方可向受让人移交部分或全部资产权证。

第二十九条 采用债权转股权或以实物类资产出资入股方式处置不良金融资产的，应综合考虑转股债权或实物类资产的价值、入股企业的经营管理水平和发展前景以及转股股权未来的价值趋势等，做出合理的出资决策。

第三十条　对因受客观条件限制，暂时无法处置的资产进行租赁，应遵守国家有关规定，并在不影响资产处置的情况下，合理确定租赁条件，确保租赁资产的安全和租赁收益。

第三十一条　对符合条件的不良金融资产损失进行内部核销，应遵守国家有关规定，制定核销业务操作规程，严格核销程序和条件，审查申报材料的合法性和真实性，建立监督制度和保密制度，防止弄虚作假行为。对已核销不良金融资产应建立管理制度，加强管理，并择机清收和处置。

第三十二条　接受委托，代理处置不良金融资产应签订委托代理协议，并按照协议勤勉尽职处置。委托代理业务应与自营业务严格区分，分账管理。

第三十三条　银行业金融机构和金融资产管理公司聘请中介机构为资产处置提供服务，应引入市场机制，审查其行业资质，优先选择业绩良好的中介机构，同时注意控制成本费用。

第六章　资产处置定价尽职要求

第三十四条　银行业金融机构和金融资产管理公司应制定不良金融资产定价管理办法，明确定价程序、定价因素、定价方式和定价方法，逐步建立起以市场为导向、规范合理的不良金融资产定价机制，严格防范定价过程中的各类风险。

银行业金融机构和金融资产管理公司应加强对定价方法的探索和研究，逐步实现不良金融资产定价的量化管理。

第三十五条　银行业金融机构和金融资产管理公司内部负责评估、定价环节的部门在机构和人员上应独立于负责资产处置的部门。

第三十六条　银行业金融机构和金融资产管理公司应根据适用会计准则或审慎会计原则，定期（至少半年一次）重估不良金融资产的实际价值。

第三十七条　不良金融资产定价应在综合考虑国家有关政策、市场因素、环境因素的基础上，重点关注法律权利的有效性、评估（咨询）报告与尽职调查报告、债务人（担保人）或承债式兼并方的偿债能力与偿债意愿、企业经营状况与净资产价值、实物资产的公允价值与交易案例、市场招商情况与潜在投资者报价等影响交易定价的因素，同时也应关注定价的可实现性、实现的成本和时间。

第三十八条 银行业金融机构和金融资产管理公司应根据债权、股权、实物类资产等不同形态资产的特点，有所侧重地采用适当的定价方法。

第三十九条 银行业金融机构和金融资产管理公司应按国家有关规定确定列入评估的资产范围和具体的评估形式。选聘中介机构对处置不良金融资产进行评估的，应遵守有关行业准则。

对不具备评估条件的不良金融资产，应明确其他替代方法。对因缺乏基础资料，难以准确把握资产真实价值的，应通过充分的信息披露、广泛招商以及交易结构设计等手段，利用市场机制发掘不良金融资产的公允价值。

第四十条 银行业金融机构和金融资产管理公司对评估（咨询）报告应进行独立的分析和判断，发现虚假记载、重大遗漏、误导性陈述和适用方法明显不当等问题时，应向中介机构提出书面疑义，要求其做出书面解释。

不良金融资产工作人员不应简单以评估（咨询）结果代替自身进行的调查、取证和分析工作。在评估结果与招商结果、谈判结果等存在较大差异时，应分析原因，并合法、合理认定处置资产的公允价值。

第七章 资产处置方案制定、审批和实施尽职要求

第四十一条 银行业金融机构和金融资产管理公司处置不良金融资产应规定操作和审批程序，不得违反程序或减少程序进行处置。

第四十二条 银行业金融机构和金融资产管理公司处置不良金融资产，除账户扣收和直接催收方式外，应制定处置方案。方案制定人员应对方案内容的真实性和完整性负责，并承诺不存在虚假记载、重大遗漏和误导性陈述。

第四十三条 制定处置方案应做到事实真实完整、数据准确、法律关系表述清晰、分析严谨。主要包括：处置对象情况、处置时机判断、处置方式比较和选择、处置定价和依据以及交易结构设计等内容。还应对建议的处置方式、定价依据、履约保证和风险控制、处置损失、费用支出、收款计划等做出合法、合规、合理的解释和论证，并最大限度地收集能支持方案合法性、合规性及合理性的证据材料。

第四十四条 银行业金融机构和金融资产管理公司应按有关规定及时、真实、完整地披露不良金融资产信息，提高资产处置透明度，增强市场约束。

第四十五条 不良金融资产处置中，如果一方有能力直接或间接控制、共同控制另一方或对另一方施加重大影响，则他们之间存在关联方关系；如果两方或多方同受一方控制，则他们之间也存在关联关系。

关联方参与不良金融资产处置，应充分披露处置有关信息；如存在其他投资者，向关联方提供的条件不得优于其他投资者。

第四十六条 银行业金融机构和金融资产管理公司应建立资产处置审核程序，严格按程序进行审批。

（一）应建立和完善授权审核、审批制度，明确各级机构的审核和审批权限。

（二）应建立不良金融资产处置与审核分离机制，由专门机构和专职人员在授权范围内对处置方案进行全面、独立的审核。

（三）资产处置审核人员应具备从业所需的专业素质和经验，诚实守信、勤勉尽职，独立发表意见。

（四）资产处置审核人员应对处置方案的合法性、合规性、合理性和可行性进行审核。审核机构和审核人员对审核意见负责。对资产处置审核情况和审核过程中各种意见应如实记录，并形成会议纪要。

第四十七条 除接受人民法院和仲裁机构有终局性法律效力的判决、裁定、裁决的资产处置项目及按国家政策实施政策性破产、重组外，不良金融资产处置方案须由资产处置审核机构审核通过，经有权审批人批准后方可实施。

第四十八条 银行业金融机构和金融资产管理公司对已批准的不良金融资产处置项目，要严格按照审批方案实施，如确需变更，条件优于原方案的，应向项目原审批机构报备。劣于原方案的，应重新上报审批并取得同意。有附加条件的批准项目应先落实条件后再实施。

第四十九条 银行业金融机构和金融资产管理公司对不良金融资产处置项目应制作相应的法律文件，并确保法律文件合法合规。

第五十条 不良金融资产处置方案实施中，银行业金融机构和金融资产管理公司应对可能影响处置回收的因素进行持续监测，跟踪了解合同履行或诉讼案件进展情况。

第五十一条 银行业金融机构和金融资产管理公司对处置方案实施过程中出现的各种人为阻力或干预，应依法采取措施，并向上级或监管部门报告。

对无法实施的项目应分析原因，及时调整处置策略，维护自身合法权益。

第五十二条　银行业金融机构和金融资产管理公司应按照国家有关规定，加强资产处置管理，确保资产处置过程、审核审批程序和履约执行结果等数据资料的完整、真实。

第八章　尽职检查监督要求

第五十三条　银行业金融机构和金融资产管理公司应建立不良金融资产处置尽职检查监督制度，设立或确定独立的不良金融资产处置尽职检查监督部门或岗位，并配备与其工作要求相适应的尽职检查监督人员。明确部门和岗位的职责和要求，制定尽职检查监督工作程序，规范尽职检查监督行为。

第五十四条　尽职检查监督人员应具备与岗位要求相适应的职业操守、专业知识、监督能力和相关工作经验，并不得直接参与不良金融资产剥离（转让）、收购、管理、处置、定价、审核和审批工作。

第五十五条　银行业金融机构和金融资产管理公司应支持尽职检查监督人员独立行使检查监督职能。检查可采取现场检查或非现场检查的方式进行。必要时，可聘请外部专家或委托中介机构开展特定的不良金融资产处置尽职审计工作，并出具独立的尽职审计意见。

银行业金融机构和金融资产管理公司任何部门和个人不得直接或间接干扰和阻挠尽职检查监督人员的尽职检查监督工作，不得授意、指使和强令检查监督部门或检查监督人员故意弄虚作假和隐瞒违法违规情况，不得对尽职检查监督人员或举报人等进行打击报复。

第五十六条　银行业金融机构和金融资产管理公司对不良金融资产处置等工作进行的尽职检查监督应至少每半年一次。重大项目应及时进行尽职检查监督。

第五十七条　尽职检查监督人员应根据有关法律、法规、规章和本指引相关规定对不良金融资产工作人员进行独立的尽职检查监督，评价各环节有关人员依法合规、勤勉尽职的情况，并形成书面尽职检查报告。

第五十八条　银行业金融机构和金融资产管理公司对于尽职检查监督人员发现的问题，应责成相关部门和人员纠正或采取必要的补救措施，并及时跟踪整改结果。

第五十九条　银行业金融机构和金融资产管理公司应建立对尽职检查监督工作的监督机制，对尽职检查监督人员的尽职情况进行监督。定期（至少每半年一次）向银行业监管机构报告尽职检查监督工作情况。

第九章 责任认定和免责

第六十条　银行业金融机构和金融资产管理公司应建立不良金融资产处置尽职责任认定制度和程序，规范责任认定行为，并执行相应的回避制度。

第六十一条　责任认定部门和人员应根据尽职检查监督人员的检查结果，对不良金融资产工作人员是否尽职进行责任认定。责任认定部门和人员应对责任认定结果负责。

第六十二条　银行业金融机构和金融资产管理公司应建立不良金融资产处置尽职责任追究制度，根据有关规定进行责任追究，并报监管部门。重大违法、违规、失职责任处理结果应及时向社会公开，接收社会监督。

第六十三条　具有以下情节的，将依法、依规追究其责任。

（一）自资产交易基准日至资产交割日期间，剥离（转让）方擅自处置剥离（转让）资产，放弃与剥离（转让）资产相关的权益，截留、隐匿或私分基准日后剥离（转让）资产项下回收现金和其他资产。

（二）资产剥离（转让）后回购剥离（转让）资产，国家另有规定的除外。

（三）利用内部信息，暗箱操作，将资产处置给自己或与自己存在直接或间接利益关系的机构或人员，非法谋取小集体利益和个人利益。

（四）泄露金融机构商业秘密，获取非法利益。

（五）利用虚假拍卖、竞标、竞价和协议转让等掩盖非法处置不良金融资产行为。

（六）为达到处置目的人为制造评估结果，以及通过隐瞒重要资料或授意进行虚假评估。

（七）超越权限和违反规定程序擅自处置资产，以及未经规定程序审批同意擅自更改处置方案。

（八）未经规定程序审批同意，放弃不良金融资产合法权益。

（九）伪造、篡改、隐匿、毁损资产处置档案。

（十）未按照本指引规定要求尽职操作，致使不良金融资产的转让价格明显低于市场价值。

（十一）其他违反本指引规定要求的行为。

第六十四条 对直接或间接干扰和阻挠尽职检查监督人员的尽职检查监督工作，故意隐瞒违法违规和失职该职行为，或对尽职检查监督人员或举报人等进行打击报复的机构和人员，应认定并依法、依规追究其责任。

第六十五条 银行业金融机构和金融资产管理公司尽职检查监督人员在检查监督中滥用职权、玩忽职守、徇私舞弊的，应认定并依法、依规从严追究其责任。

第六十六条 银行业金融机构和金融资产管理公司经尽职检查监督和责任认定，有充分证据表明，不良金融资产工作人员按照有关法律、法规、规章、政策和本指引规定勤勉尽职地履行了职责，不良金融资产处置一旦出现问题，可视情况免除相关责任。

第十章　附则

第六十七条 银行业金融机构和金融资产管理公司应根据本指引制定实施细则并报中国银行业监督管理委员会和财政部备案。

第六十八条 中国银行业监督管理委员会根据本指引，加强对银行业金融机构和金融资产管理公司不良金融资产处置工作的监管。

第六十九条 本指引由中国银行业监督管理委员会、财政部负责解释。

第七十条 本指引自发布之日起施行。

银行抵债资产管理办法

第一章　总则

第一条　为规范抵债资产管理，避免和减少资产损失，及时化解金融风险，根据国家有关法律法规，制定本办法。

第二条　本办法适用于经中国银行业监督管理委员会批准，在中华人民共和国境内依法设立的政策性银行和商业银行（以下简称"银行"）。信托投资公司、财务公司、金融租赁公司和信用社比照执行。

第三条　本办法所称抵债资产是指银行依法行使债权或担保物权而受偿于债务人、担保人或第三人的实物资产或财产权利。

本办法所称以物抵债是指银行的债权到期，但债务人无法用货币资金偿还债务，或债权虽未到期，但债务人已出现严重经营问题或其他足以严重影响债务人按时足额用货币资金偿还债务，或当债务人完全丧失清偿能力时，担保人也无力以货币资金代为偿还债务，经银行与债务人、担保人或第三人协商同意，或经人民法院、仲裁机构依法裁决，债务人、担保人或第三人以实物资产或财产权利作价抵偿银行债权的行为。

第四条　本办法所称抵债资产入账价值是指银行取得抵债资产后，按照相关规定计入抵债资产科目的金额。

抵债金额是指取得抵债资产实际抵偿银行债务的金额。

抵债资产净值是指抵债资产账面余额扣除抵债资产减值准备后的净额。

取得抵债资产支付的相关税费是指银行收取抵债资产过程中所缴纳的契税、车船使用税、印花税、房产税等税金，以及所支出的过户费、土地出让金、土地转让费、水利建设基金、交易管理费、资产评估费等直接费用。

第五条　以物抵债管理应遵循严格控制、合理定价、妥善保管、及时处置的原则。

（一）严格控制原则。银行债权应首先考虑以货币形式受偿，从严控制以物抵债。受偿方式以现金受偿为第一选择，债务人、担保人无货币资金偿还能力时，要优先选择以直接拍卖、变卖非货币资产的方式回收债权。当现金受偿确实不能实现时，可接受以物抵债。

（二）合理定价原则。抵债资产必须经过严格的资产评估来确定价值，评估程序应合法合规，要以市场价格为基础合理定价。

（三）妥善保管原则。对收取的抵债资产应妥善保管，确保抵债资产安全、完整和有效。

（四）及时处置原则。收取抵债资产后应及时进行处置，尽快实现抵债资产向货币资产的有效转化。

第六条　银行应建立健全抵债资产收取和处置的内部申报审批制度，明确申报流程、部门职责、审批权限，并对申报方案的内容、要件和所需材料作出规定。

第二章　抵债资产的收取

第七条　以物抵债主要通过以下两种方式：

（一）协议抵债。经银行与债务人、担保人或第三人协商同意，债务人、担保人或第三人以其拥有所有权或处置权的资产作价，偿还银行债权。

（二）法院、仲裁机构裁决抵债。通过诉讼或仲裁程序，由终结的裁决文书确定将债务人、担保人或第三人拥有所有权或处置权的资产，抵偿银行债权。

诉讼程序和仲裁程序中的和解，参照协议抵债处理。

第八条　债务人出现下列情况之一，无力以货币资金偿还银行债权，或当债务人完全丧失清偿能力时，担保人也无力以货币资金代为偿还债务，或担保人根本无货币支付义务的，银行可根据债务人或担保人以物抵债协议或人民法院、仲裁机构的裁决，实施以物抵债：

（一）生产经营已中止或建设项目处于停、缓建状态。

（二）生产经营陷入困境，财务状况日益恶化，处于关、停、并、转状态。

（三）已宣告破产，银行有破产分配受偿权的。

（四）对债务人的强制执行程序无法执行到现金资产，且执行实物资产或财产权利按司法惯例降价处置仍无法成交的。

（五）债务人及担保人出现只有通过以物抵债才能最大限度保全银行债权的其他情况。

第九条　银行要根据债务人、担保人或第三人可受偿资产的实际情况，优先选择产权明晰、权证齐全、具有独立使用功能、易于保管及变现的资产作为抵债资产。

第十条　下列财产一般不得用于抵偿债务：

（一）法律规定的禁止流通物。

（二）抵债资产欠缴和应缴的各种税收和费用已经接近、等于或者高于该资产价值的。

（三）权属不明或有争议的资产。

（四）伪劣、变质、残损或储存、保管期限很短的资产。

（五）资产已抵押或质押给第三人，且抵押或质押价值没有剩余的。

（六）依法被查封、扣押、监管或者依法被以其他形式限制转让的资产（银行有优先受偿权的资产除外）。

（七）公益性质的生活设施、教育设施、医疗卫生设施等。

（八）法律禁止转让和转让成本高的集体所有土地使用权。

（九）已确定要被征用的土地使用权。

（十）其他无法变现的资产。

第十一条　划拨的土地使用权原则上不能单独用于抵偿债务，如以该类土地上的房屋抵债的，房屋占用范围内的划拨土地使用权应当一并用于抵偿债务，但应首先取得获有审批权限的人民政府或土地行政管理部门的批准，并在确定抵债金额时扣除按照规定应补交的土地出让金及相关税费。

第十一条　银行办理以物抵债前，应当进行实地调查，并到有关主管部门核实，了解资产的产权及实物状况，包括资产是否存在产权上的瑕疵，是否设定了抵押、质押等他项权利，是否拖欠工程款、税款、土地出让金及其他费用，是否涉及其他法律纠纷，是否被司法机关查封、冻结，是否属限制、禁止流通物等情况。

第十一条　银行应对抵债资产建立登记制度，并对每笔以物抵债设定抵债资产收取责任人，负责以物抵债的申报和抵债资产的收取、移交、登记等工作。

第十四条　银行应合理确定抵债金额。

（一）协议抵债的，原则上应在具有合法资质的评估机构进行评估确值的基础上，与债务人、担保人或第三人协商确定抵债金额。评估时，应要求评估机构以公开市场价值标准为原则，确定资产的市场价值，在可能的情况下应要求评估机构提供资产的快速变现价值。抵债资产欠缴的税费和取得抵债资产支付的相关税费应在确定抵债金额时予以扣除。

（二）采用诉讼、仲裁等法律手段追偿债权的，如债务人和担保人确无现金偿还能力，银行要及时申请法院或仲裁机构对债务人、担保人的财产进行拍卖或变卖，以拍卖或变卖所得偿还债权。若拍卖流拍后，银行要申请法院或仲裁机构按照有关法律规定或司法惯例降价后继续拍卖。确需收取抵债资产时，应比照协议抵债金额的确定原则，要求法院、仲裁机构以最后一次的拍卖保留价为基础，公平合理地确定抵债金额。

第三章　抵债资产的保管

第十五条　银行要按照有利于抵债资产经营管理和保管的原则，确定抵债资产经营管理主责任人，指定保管责任人，并明确各自职责。

第十六条　银行在办理抵债资产接收后应根据抵债资产的类别（包括不动产、动产和权利等）、特点等决定采取上收保管、就地保管、委托保管等方式。

第十七条 在抵债资产的收取直至处置期间，银行应妥善保管抵债资产，对抵债资产要建立定期检查、账实核对制度。

（一）银行要根据抵债资产的性质和状况定期或不定期进行检查和维护，及时掌握抵债资产实物形态及价值形态的变化情况，及时发现影响抵债资产价值的风险隐患并采取有针对性的防范和补救措施。

（二）每个季度应至少组织一次对抵债资产的账实核对，并作好核对记录。核对应做到账簿一致和账实相符，若有不符的，应查明原因，及时报告并据实处理。

第四章 抵债资产的处置

第十八条 抵债资产收取后应尽快处置变现。以抵债协议书生效日，或法院、仲裁机构裁决抵债的终结裁决书生效日，为抵债资产取得日，不动产和股权应自取得日起 2 年内予以处置；除股权外的其他权利应在其有效期内尽快处置，最长不得超过自取得日起的 2 年；动产应自取得日起 1 年内予以处置。

第十九条 银行处置抵债资产应坚持公开透明的原则，避免暗箱操作，防范道德风险。

抵债资产原则上应采用公开拍卖方式进行处置。选择拍卖机构时，要在综合考虑拍卖机构的业绩、管理水平、拍卖经验、客户资源、拍卖机构资信评定结果及合作关系等情况的基础上，择优选用。拍卖抵债金额 1 000 万元（含）以上的单项抵债资产应通过公开招标方式确定拍卖机构。

抵债资产拍卖原则上应采用有保留价拍卖的方式。确定拍卖保留价时，要对资产评估价、同类资产市场价、意向买受人询价、拍卖机构建议拍卖价进行对比分析，考虑当地市场状况、拍卖付款方式及快速变现等因素，合理确定拍卖保留价。

不适于拍卖的，可根据资产的实际情况，采用协议处置、招标处置、打包出售、委托销售等方式变现。采用拍卖方式以外的其他处置方式时，应在选择中介机构和抵债资产买受人的过程中充分引入竞争机制，避免暗箱操作。

第二十条 抵债资产收取后原则上不能对外出租。因受客观条件限制，在规定时间内确实无法处置的抵债资产，为避免资产闲置造成更大损失，在租赁关系的确立不影响资产处置的情况下，可在处置时限内暂时出租。

第二十一条 银行不得擅自使用抵债资产。确因经营管理需要将抵债资产转为自用的，视同新购固定资产办理相应的固定资产购建审批手续。

第五章 账务处理

第二十二条 银行以抵债资产取得日为所抵偿贷款的停息日。银行应在取得抵债资产后，及时进行账务处理，严禁违规账外核算。

第二十三条 银行取得抵债资产时，按实际抵债部分的贷款本金和已确认的表内利息作为抵债资产入账价值。银行为取得抵债资产支付的抵债资产欠缴的税费、垫付的诉讼费用和取得抵债资产支付的相关税费计入抵债资产价值。银行按抵债资产入账价值依次冲减贷款本金和应收利息。

银行在取得抵债资产过程中向债务人收取补价的，按照实际抵债部分的贷款本金和表内利息减去收取的补价，作为抵债资产入账价值；如法院判决、仲裁或协议规定银行须支付补价的，则按照实际抵债部分的贷款本金、表内利息加上预计应支付的补价作为抵债资产入账价值。

第二十四条 抵债金额超过债权本息总额的部分，不得先行向对方支付补价，如法院判决、仲裁或协议规定须支付补价的，待抵债资产处置变现后，将变现所得价款扣除抵债资产在保管、处置过程中发生的各项支出、加上抵债资产在保管、处置过程中的收入后，将实际超出债权本息的部分退给对方。

第二十五条 抵债金额超过贷款本金和表内利息的部分，在未实际收回现金时，暂不确认为利息收入，待抵债资产处置变现后，再将实际可冲抵的表外利息确认为利息收入。

第二十六条 除法律法规规定债权与债务关系已完全终结的情况外，抵债金额不足冲减债权本息的部分，应继续向债务人、担保人追偿，追偿未果的，按规定进行核销和冲减。

第二十七条 抵债资产保管过程中发生的费用计入营业外支出；抵债资产未处置前取得的租金等收入计入营业外收入；处置过程中发生的费用，从处置收入中抵减。

第二十八条 抵债资产处置时，抵债资产处置损益为实际取得的处置收入与抵债资产净值、变现税费以及可确认为利息收入的表外利息的差额，差额为正时，计入营业外收入，差额为负时，计入营业外支出。公式表示为：

$$\begin{matrix} 营业外收入 \\ （或营业外支出） \end{matrix} = \begin{matrix} 实际取得的 \\ 处置收入 \end{matrix} - \left(\begin{matrix} 抵债资产 \\ 账面余额 \end{matrix} - \begin{matrix} 抵债资产 \\ 减值准备 \end{matrix} \right) - \begin{matrix} 变现 \\ 税费 \end{matrix}$$

$$- \begin{matrix} 可确认为利息 \\ 收入的表外利息 \end{matrix}$$

涉及补价的，抵债资产处置损益为实际取得的处置收入与抵债资产净值、变现税费、可确认为利息收入的表外利息、实际支付的补价超出（或少于）预计应支付补价部分的差额，差额为正时，计入营业外收入，差额为负时，计入营业外支出。公式表示为：

$$\begin{matrix} 营业外收入 \\ （或营业外支出） \end{matrix} = \begin{matrix} 实际取得的 \\ 处置收入 \end{matrix} - \left(\begin{matrix} 抵债资产 \\ 账面余额 \end{matrix} - \begin{matrix} 抵债资产 \\ 减值准备 \end{matrix} \right) - \begin{matrix} 变现 \\ 税费 \end{matrix}$$

$$- \begin{matrix} 可确认为利息 \\ 收入的表外利息 \end{matrix} - \left(\begin{matrix} 实际支付的 \\ 补价 \end{matrix} - \begin{matrix} 预计 \\ 负债 \end{matrix} \right)$$

第二十九条　银行应当在每季度末对抵债资产逐项进行检查，对预计可收回金额低于其账面价值的，应当计提减值准备。如已计提减值准备的抵债资产价值得以恢复，应在已计提减值准备的范围内转回，增加当期损益。抵债资产处置时，应将已计提的抵债资产减值准备一并结转损益。

第六章　监督检查

第三十条　银行应当对抵债资产收取、保管和处置情况进行检查，发现问题及时纠正。在收取、保管、处置抵债资产过程中，有下列情况之一者，应视情节轻重进行处理；涉嫌违法犯罪的，应当移交司法机关，依法追究法律责任：

（一）截留抵债资产经营处置收入的。

（二）擅自动用抵债资产的。

（三）未经批准收取、处置抵债资产的。

（四）恶意串通抵债人或中介机构，在收取抵债资产过程中故意高估抵债资产价格，或在处理抵债资产过程中故意低估价格，造成银行资产损失的。

（五）玩忽职守，怠于行使职权而造成抵债资产毁损、灭失的。

（六）擅自将抵债资产转为自用资产的。

（七）其他在抵债资产的收取、保管、处置过程中，违反本办法有关规定的行为。

第三十一条　财政主管部门应当加强对当地银行抵债资产收取、保管和处置情况的监督检查，对不符合本办法规定的，应当及时进行制止和纠正，并按照有关规定进行处理和处罚。

财政部驻各地财政监察专员办事处负责对当地中央管理的金融企业分支机构抵债资产收取、保管和处置的监督管理。

第七章　附则

第三十二条　银行可以根据本办法制定实施细则，报主管财政部门备案。

第三十三条　本办法自 2005 年 7 月 1 日起施行。此前发布的有关抵债资产管理的规定与本办法相抵触的，以本办法为准。

国务院关于钢铁行业化解过剩产能
实现脱困发展的意见

（国发〔2016〕6号）

各省、自治区、直辖市人民政府，国务院各部委、各直属机构：

钢铁产业是国民经济的重要基础原材料产业，投资拉动作用大、吸纳就业能力强、产业关联度高，为我国经济社会发展作出了重要贡献。近年来，随着经济下行压力加大，钢材市场需求回落，钢铁行业快速发展过程中积累的矛盾和问题逐渐暴露，其中产能过剩问题尤为突出，钢铁企业生产经营困难加剧、亏损面和亏损额不断扩大。为贯彻落实党中央、国务院关于推进结构性改革、抓好去产能任务的决策部署，进一步化解钢铁行业过剩产能、推动钢铁企业实现脱困发展，现提出以下意见：

一、总体要求

（一）指导思想。全面贯彻党的十八大和十八届三中、四中、五中全会以及中央经济工作会议精神，按照"五位一体"总体布局和"四个全面"战略布局，牢固树立和贯彻落实创新、协调、绿色、开放、共享的发展理念，着眼于推动钢铁行业供给侧结构性改革，坚持市场倒逼、企业主体，地方组织、中央支持，突出重点、依法依规，综合运用市场机制、经济手段和法治办法，因地制宜、分类施策、标本兼治，积极稳妥化解过剩产能，建立市场化调节产能的长效机制，促进钢铁行业结构优化、脱困升级、提质增效。

（二）基本原则。

坚持市场倒逼、企业主体。健全公平开放透明的市场规则，强化市场竞争机制和倒逼机制，提高有效供给能力，引导消费结构升级。发挥企业主体作用，保障企业自主决策权。

坚持地方组织、中央支持。加强政策引导，完善体制机制，规范政府行为，取消政府对市场的不当干预和对企业的地方保护。发挥中央和地方两个积极性，积极有序化解过剩产能，确保社会稳定。

坚持突出重点、依法依规。整体部署、重点突破，统筹推进各地区开展化解过剩产能工作，产钢重点省份和工作基础较好的地区率先取得突破。强化法治意识，依法依规化解过剩产能，切实保障企业和职工的合法权益，落实好各项就业和社会保障政策，处置好企业资产债务。

（三）工作目标。在近年来淘汰落后钢铁产能的基础上，从2016年开始，用5年时间再压减粗钢产能1亿～1.5亿吨，行业兼并重组取得实质性进展，产业结构得到优化，资源利用效率明显提高，产能利用率趋于合理，产品质量和高端产品供给能力显著提升，企业经济效益好转，市场预期明显向好。

二、主要任务

（四）严禁新增产能。严格执行《国务院关于化解产能严重过剩矛盾的指导意见》（国发〔2013〕41号），各地区、各部门不得以任何名义、任何方式备案新增产能的钢铁项目，各相关部门和机构不得办理土地供应、能评、环评审批和新增授信支持等相关业务。对违法违规建设的，要严肃问责。已享受奖补资金和有关政策支持的退出产能不得用于置换。

（五）化解过剩产能。

1. 依法依规退出。严格执行环保、能耗、质量、安全、技术等法律法规和产业政策，达不到标准要求的钢铁产能要依法依规退出。

——环保方面：严格执行环境保护法，对污染物排放达不到《钢铁工业水污染物排放标准》、《钢铁烧结、球团工业大气污染物排放标准》、《炼铁工业大气污染物排放标准》、《炼钢工业大气污染物排放标准》、《轧钢工业大气污染物排放标准》等要求的钢铁产能，实施按日连续处罚；情节严重的，报经有批准权的人民政府批准，责令停业、关闭。

——能耗方面：严格执行节约能源法，对达不到《粗钢生产主要工序单位产品能源消耗限额》等强制性标准要求的钢铁产能，应在 6 个月内进行整改，确需延长整改期限的可提出不超过 3 个月的延期申请，逾期未整改或未达到整改要求的，依法关停退出。

——质量方面：严格执行产品质量法，对钢材产品质量达不到强制性标准要求的，依法查处并责令停产整改，在 6 个月内未整改或未达到整改要求的，依法关停退出。

——安全方面：严格执行安全生产法，对未达到企业安全生产标准化三级、安全条件达不到《炼铁安全规程》、《炼钢安全规程》、《工业企业煤气安全规程》等标准要求的钢铁产能，要立即停产整改，在 6 个月内未整改或整改后仍不合格的，依法关停退出。

——技术方面：按照《产业结构调整指导目录（2011 年本）（修正）》的有关规定，立即关停并拆除 400 立方米及以下炼铁高炉、30 吨及以下炼钢转炉、30 吨及以下炼钢电炉等落后生产设备。对生产地条钢的企业，要立即关停，拆除设备，并依法处罚。

2. 引导主动退出。完善激励政策，鼓励企业通过主动压减、兼并重组、转型转产、搬迁改造、国际产能合作等途径，退出部分钢铁产能。

——企业主动压减产能。鼓励有条件的企业根据市场情况和自身发展需要，调整企业发展战略，尽快退出已停产的产能。鼓励钢铁产能规模较大的重点地区支持属地企业主动承担更多的压减任务。

——兼并重组压减产能。鼓励有条件的钢铁企业实施跨行业、跨地区、跨所有制减量化兼并重组，重点推进产钢大省的企业实施兼并重组，退出部分过剩产能。

——转产搬迁压减产能。对不符合所在城市发展规划的城市钢厂，不具备搬迁价值和条件的，鼓励其实施转型转产；具备搬迁价值和条件的，支持其实施减量、环保搬迁。

——国际产能合作转移产能。鼓励有条件的企业结合"一带一路"建设，通过开展国际产能合作转移部分产能，实现互利共赢。

3. 拆除相应设备。钢铁产能退出须拆除相应冶炼设备。具备拆除条件的应立即拆除；暂不具备拆除条件的设备，应立即断水、断电，拆除动力装置，封存冶炼设备，企业向社会公开承诺不再恢复生产，同时在省级人民政府或省级主管部门网站公示，接受社会监督，并限时拆除。

（六）严格执法监管。强化环保执法约束作用，全面调查钢铁行业环保情况，严格依法处置环保不达标的钢铁企业，进一步完善钢铁行业主要污染物在线监控体系，覆盖所有钢铁企业。加大能源消耗执法检查力度，全面调查钢铁行业能源消耗情况，严格依法处置生产工序单位产品能源消耗不达标的钢铁企业。加强产品质量管理执法，全面调查钢铁生产许可获证企业生产状况和生产条件，严厉打击无证生产等违法行为。对因工艺装备落后、环保和能耗不达标被依法关停的企业，注销生产许可证；对重组"僵尸企业"、实施减量化重组的企业办理生产许可证的，优化程序，简化办理。严格安全生产监督执法，全面调查钢铁行业安全生产情况，及时公布钢铁企业安全生产不良记录"黑名单"信息，依法查处不具备安全生产条件的钢铁企业。加大信息公开力度，依法公开监测信息，接受社会公众监督。

（七）推动行业升级。

1. 推进智能制造。引导钢铁制造业与"互联网＋"融合发展，与大众创业、万众创新紧密结合，实施钢铁企业智能制造示范工程，制定钢铁生产全流程"两化融合"解决方案。提升企业研发、生产和服务的智能化水平，建设一批智能制造示范工厂。推广以互联网订单为基础，满足客户多品种小批量的个性化、柔性化产品定制新模式。

2. 提升品质品牌。树立质量标杆，升级产品标准，加强品牌建设，全面提升主要钢铁产品的质量稳定性和性能一致性，形成一批具有较大国际影响力的企业品牌和产品品牌。

3. 研发高端品种。加强钢铁行业生产加工与下游用钢行业需求对接，引导钢铁企业按照"先期研发介入、后续跟踪改进"的模式，重点推进高速铁路、核电、汽车、船舶与海洋工程等领域重大技术装备所需高端钢材品种的研发和推广应用。

4. 促进绿色发展。实施节能环保改造升级，开展环保、节能对标活动，加快企业能源管理信息系统建设。所有钢铁企业实现环保节能稳定达标，全行业污染物排放总量稳步下降。

5. 扩大市场消费。推广应用钢结构建筑，结合棚户区改造、危房改造和抗震安居工程实施，开展钢结构建筑推广应用试点，大幅提高钢结构应用比例。稳定重点用钢行业消费，促进钢铁企业与下游用户合作，推进钢材在汽车、机械装备、电力、船舶等领域扩大应用和升级。

三、政策措施

（八）加强奖补支持。设立工业企业结构调整专项奖补资金，按规定统筹对地方化解过剩产能中的人员分流安置给予奖补，引导地方综合运用兼并重组、债务重组和破产清算等方式，加快处置"僵尸企业"，实现市场出清。使用专项奖补资金要结合地方任务完成进度（主要与退出产能挂钩）、困难程度、安置职工情况等因素，对地方实行梯级奖补，由地方政府统筹用于符合要求企业的职工安置。具体办法由相关部门另行制定。

（九）完善税收政策。加快铁矿石资源税从价计征改革，推动扩大增值税抵扣范围。将营改增范围扩大到建筑业等领域。钢铁企业利用余压余热发电，按规定享受资源综合利用增值税优惠政策。统筹研究钢铁企业利用余压余热发电适用资源综合利用企业所得税优惠政策问题。落实公平税赋政策，取消加工贸易项下进口钢材保税政策。

（十）加大金融支持。

1. 落实有保有控的金融政策，对化解过剩产能、实施兼并重组以及有前景、有效益的钢铁企业，按照风险可控、商业可持续原则加大信贷支持力度，支持各类社会资本参与钢铁企业并购重组；对违规新增钢铁产能的企业停止贷款。

2. 运用市场化手段妥善处置企业债务和银行不良资产，落实金融机构呆账核销的财税政策，完善金融机构加大抵债资产处置力度的财税支持政策。研究完善不良资产批量转让政策，支持银行加快不良资产处置进度，支持银行向金融资产管理公司打包转让不良资产，提高不良资产处置效率。

3. 支持社会资本参与企业并购重组。鼓励保险资金等长期资金创新产品和投资方式，参与企业并购重组，拓展并购资金来源。完善并购资金退出渠道，加快发展相关产权的二级交易市场，提高资金使用效率。

4. 严厉打击企业逃废银行债务行为，依法保护债权人合法权益。地方政府建立企业金融债务重组和不良资产处置协调机制，组织协调相关部门支持金融机构做好企业金融债务重组和不良资产处置工作。

（十一）做好职工安置。要把职工安置作为化解过剩产能工作的重中之重，通过企业主体作用与社会保障相结合，多措并举做好职工安置。安置计划不完善、资金保障不到位以及未经职工代表大会或全体职工讨论通过的职工安置方案，不得实施。

1. 挖掘企业内部潜力。充分发挥企业主体作用，采取协商薪酬、灵活工时、培训转岗等方式，稳定现有工作岗位，缓解职工分流压力。支持创业平台建设和职工自主创业，积极培育适应钢铁企业职工特点的创业创新载体，扩大返乡创业试点范围，提升创业服务孵化能力，培育接续产业集群，引导职工就地就近创业就业。

2. 对符合条件的职工实行内部退养。对距离法定退休年龄 5 年以内的职工经自愿选择、企业同意并签订协议后，依法变更劳动合同，企业为其发放生活费并缴纳基本养老保险费和基本医疗保险费。职工在达到法定退休年龄前，不得领取基本养老金。

3. 依法依规解除、终止劳动合同。企业确需与职工解除劳动关系的，应依法支付经济补偿，偿还拖欠的职工在岗期间工资和补缴社会保险费用，并做好社会保险关系转移接续手续等工作。企业主体消亡时，依法与职工终止劳动合同，对于距离法定退休年龄 5 年以内的职工，可以由职工自愿选择领取经济补偿金，或由单位一次性预留为其缴纳至法定退休年龄的社会保险费和基本生活费，由政府指定的机构代发基本生活费、代缴基本养老保险费和基本医疗保险费。

4. 做好再就业帮扶。通过技能培训、职业介绍等方式，促进失业人员再就业或自主创业。对就业困难人员，要加大就业援助力度，通过开发公益性岗位等多种方式予以帮扶。对符合条件的失业人员按规定发放失业保险金，符合救助条件的应及时纳入社会救助范围，保障其基本生活。

（十二）盘活土地资源。钢铁产能退出后的划拨用地，可以依法转让或由地方政府收回，地方政府收回原划拨土地使用权后的土地出让收入，可按规定通过预算安排支付产能退出企业职工安置费用。钢铁产能退出后的工业用地，在符合城乡规划的前提下，可用于转产发展第三产业，地方政府收取的土地出让收入，可按规定通过预算安排用于职工安置和债务处置；其中转产为生产性服务业等国家鼓励发展行业的，可在 5 年内继续按原用途和土地权利类型使用土地。

四、组织实施

（十三）加强组织领导。相关部门要建立化解钢铁过剩产能和脱困升级工作协调机制，加强综合协调，制定实施细则，督促任务落实，统筹推进各项工作。各有关省级人民政府要成立领导小组，任务重的市、县和重点企业要建立相应领导机构和工作推进机制。各有关省级人民政府、国务院国资委分别对本地区、有关中央企业化解钢铁过剩产能工作负总责，要根据本意见研究提出产能退出总规模、分企业退出规模及时间表，据此制订实施方案及配套政策，报送国家发展改革委、工业和信息化部。国家发展改革委、工业和信息化部根据全国化解钢铁过剩产能的目标任务和时间要求，综合平衡，并与各有关地区、国务院国资委进行协调，将化解过剩产能任务落实到位。各有关省级人民政府、国务院国资委据此制定实施方案并组织实施，同时报国务院备案。

（十四）强化监督检查。建立健全目标责任制，把各地区化解过剩产能目标落实情况列为落实中央重大决策部署监督检查的重要内容，加强对化解过剩产能工作全过程的监督检查。各地区要将化解过剩产能任务年度完成情况向社会公示，建立举报制度。强化考核机制，引入第三方机构对各地区任务完成情况进行评估，对未完成任务的地方和企业要予以问责。国务院相关部门要适时组织开展专项督查。

（十五）做好行业自律。充分发挥行业协会熟悉行业、贴近企业的优势，及时反映企业诉求，反馈政策落实情况，引导和规范企业做好自律工作。引入相关中介、评级、征信机构参与标准确认、公示监督等工作。化解钢铁过剩产能标准和结果向社会公示，加强社会监督，实施守信激励、失信惩戒。

（十六）加强宣传引导。要通过报刊、广播、电视、互联网等方式，广泛深入宣传化解钢铁过剩产能的重要意义和经验做法，加强政策解读，回应社会关切，形成良好的舆论环境。

国务院
2016 年 2 月 1 日

国务院关于支持钢铁煤炭行业化解过剩产能实现脱困发展的意见

（银发〔2016〕118 号）

为贯彻落实国务院关于做好钢铁、煤炭行业化解过剩产能和脱困升级工作的决策部署，充分发挥金融引导作用，支持钢铁、煤炭等行业去产能、去杠杆、降成本、补短板，促进钢铁、煤炭行业加快转型发展、实现脱困升级，提出如下意见：

一、坚持区别对待、有扶有控原则，积极做好"去产能"信贷服务

（一）满足钢铁、煤炭企业合理资金需求。银行业金融机构要充分认识钢铁、煤炭行业的支柱性、战略性地位，准确把握行业发展规律，对技术设备先进、产品有竞争力、有市场、虽暂遇困难但经过深化改革和加强内部管理仍能恢复市场竞争力的优质骨干企业，按照风险可控、商业可持续原则，继续给予信贷支持。积极向进行布局调整和联合重组但不新增产能的钢铁、煤炭企业提供综合性金融服务。支持企业以采矿权、应收账款等资产做抵押进行融资。

（二）严格控制对违规新增产能的信贷投入。对未取得合法手续的钢铁、煤炭新增产能项目，一律不得提供授信支持；对违规新增产能的企业停止贷款。对长期亏损、失去清偿能力和市场竞争力的企业，环保、质量、安全生产、技术等不达标且整改无望的企业，落后产能和其他不符合产业政策的产能，坚决压缩退出相关贷款。主动跟踪和对接地方政府和中央企业化解钢铁、煤炭过剩产能的实施方案，及早应对可能引发的违约风险。

（三）加快信贷产品创新，促进钢铁、煤炭行业转型升级。积极创新中长期信贷产品，支持企业实施智能化改造和产品升级。研究实施"贷款封闭管理"，支持钢铁企业加强对国防军工、航天航空、高铁、核电、海洋工程等重点领域高端产品的研发和推广应用。大力发展能效信贷，积极扩大合同能源管理未来收益权质押贷款、排污权抵押贷款、碳排放权抵押贷款等业务，支持钢铁、煤炭企业在化解过剩产能的总体框架下进行节能环保改造和资源整合。

（四）改进利率定价管理，降低企业融资成本。充分发挥市场利率定价自律机制作用，维护公平有序的市场利率定价秩序。推动银行业金融机构进一步完善存贷款利率定价机制，增强自主理性定价能力，结合当前企业承受能力并着眼长远发展，合理确定钢铁、煤炭行业贷款利率水平。严禁银行业金融机构在发放贷款时附加不合理的贷款条件，严格控制中间业务收费水平，坚决取消不合理收费。

二、加强直接融资市场建设，支持钢铁、煤炭企业去杠杆、降成本

（五）支持钢铁、煤炭企业扩大直接融资。健全直接融资市场体系，完善直接融资市场化机制，支持钢铁、煤炭企业在各层次资本市场融资。支持有市场竞争力、投资人认可度较高的企业继续发行债券产品融资，替代其他高成本融资。探索发展各类信用增信措施和信用风险缓释工具，完善信用风险分担机制，以市场化手段提高市场认可度，增强企业融资能力。简化境内企业境外融资核准程序，鼓励境内钢铁、煤炭企业利用境外市场发行股票、债券和资产证券化产品。支持钢铁、煤炭企业对接保险资金运用，鼓励保险机构参与钢铁、煤炭企业直接融资。

（六）加快股债、贷债结合产品和绿色债券创新。继续发展可续期债券、永续票据、可转换票据等可计入企业权益的产品，拓展可交换债券、可转换债券市场。积极推动绿色债券、高收益债券等债券品种创新。扩大绿色金融

债券、绿色资产证券化等创新金融工具的发行，引导钢铁、煤炭行业绿色发展。

三、支持企业债务重组和兼并重组，推动钢铁、煤炭行业结构调整优化

（七）积极稳妥推进企业债务重组。对符合国家产业政策，积极主动去产能、调结构、转型发展、有一定清偿能力的钢铁和煤炭企业，可在做好贷款质量监测和准确分类的前提下，实施调整贷款期限、还款方式等债务重组措施，帮助企业渡过难关。在坚持市场化原则、完善偿债保障措施的基础上，支持钢铁、煤炭企业发行公司信用类债券用于调整债务结构。

（八）拓宽企业兼并重组融资渠道。对兼并重组企业实行综合授信。完善并购贷款业务，扩大并购贷款规模，合理确定贷款期限和利率，支持具有比较优势的企业和地区整合行业产能。支持钢铁、煤炭企业利用资本市场开展兼并重组。支持地方发展产业基金等各类股权投资基金。鼓励证券公司、资产管理公司、股权投资基金以及产业投资基金等参与企业兼并重组，为企业提供多方位的融资服务。

四、进一步提高就业创业金融服务水平，支持钢铁、煤炭行业去产能分流人员就业创业

（九）加大创业担保贷款支持力度。针对有创业要求、具备一定创业条件但缺乏创业资金的钢铁、煤炭分流人员，鼓励金融机构按政策规定给予创业担保贷款支持，提高其金融服务可获得性，同时结合风险分担情况，合理确定贷款利率水平。对个人发放的创业担保贷款，符合条件的按相关规定由财政给予贴息。

（十）完善小微企业金融服务。全面落实国家已出台的各项金融扶持政策，针对小微企业经营特点和融资需求特征，创新产品和服务，支持小微企业发挥就业主渠道作用。大型钢铁企业、重点矿区所在地的银行业金融机构，要主动与去产能企业开展合作，探索通过去产能企业提供信用担保等方式，加大对当地有效吸纳分流人员就业的小微企业的信贷支持力度。鼓励金融机构以钢铁、煤炭龙头企业为核心，为上下游配套企业提供金融服务。

五、大力支持钢铁、煤炭扩大出口，推动钢铁、煤炭企业加快"走出去"

（十一）加强对企业"走出去"的融资支持。政策性和开发性金融机构要在业务范围内，通过银团贷款、出口信贷、项目融资等方式，加大对符合条件的钢铁、煤炭企业国际产能合作的金融支持力度。商业银行要按照风险可控和商业可持续原则，为钢铁、煤炭企业向境外转移产能、开拓国际市场提供融资支持。支持企业以境外资产和股权、矿权等权益为抵押获得贷款。充分利用丝路基金等投融资平台，支持国内钢铁、煤炭企业与"一带一路"国家及产能合作重点国别企业开展国际产能合作。

（十二）完善国际产能合作的配套金融政策。支持钢铁、煤炭企业利用出口信用保险、海外投资保险提升国际化经营能力，研究对钢铁、煤炭企业海外重大项目融资或并购贷款引入保险机制，加快培育对外竞争新优势。进一步提高跨境人民币结算的便利化水平，扩大人民币国际使用。研究推出更多避险产品，帮助钢铁、煤炭出口企业规避汇率风险，减少汇兑损失。

六、支持银行加快不良资产处置，依法处置企业信用违约事件

（十三）促进银行加快不良贷款处置。银行业金融机构要综合运用债务重组、破产重整或破产清算等手段，妥善处置企业债务和银行不良资产；用足用好现有不良贷款核销和批量转让政策，加快核销和批量转让进度，做到"应核尽核"。稳妥开展不良资产证券化试点，为银行处置不良贷款开辟新的渠道。继续支持金融资产管理公司发行金融债等，增强金融资产管理公司处置不良资产能力。鼓励地方资产管理公司参与银行不良资产处置。

（十四）坚决遏制企业恶意逃废债行为。充分发挥全国信用信息共享平台和金融信用信息基础数据库作用，为钢铁、煤炭行业化解过剩产能、债务重组、兼并重组等提供信息支持。推动建立健全跨部门失信企业通报制度和部门间联合惩戒机制，对恶意逃废债务和"恶意脱保"的钢铁、煤炭企业形成强有力约束。督促钢铁煤炭企业债券发行人及时披露信用风险有关信息，按照市场化、规范化、法治化原则，完善信用风险处置机制，对蓄意破产、划转剥离资产等恶意逃废债务行为进行追责处理，保护银行业金融机构和公开

市场债权人合法权益。

七、加强沟通协调配合，有效防范钢铁、煤炭行业金融风险

（十五）充分发挥人民银行分支机构、银监会等派出机构的组织协调作用。人民银行分支机构、银监会、证监会、保监会派出机构要加强对金融机构的指导，推动金融机构建立会商机制，并协调地方政府和相关部门采取有力措施，共同研究解决企业债务重组和不良资产处置等重大问题，切实落实各项支持政策。

（十六）严密防范、妥善化解金融风险。金融机构、行业自律组织要加强与行业主管和地方政府部门的沟通，切实摸清风险底数，建立风险客户台账，开展压力测试，及时应对企业去产能可能引发的违约风险。遇有重大违约事件，及时报告地方政府、人民银行及相关监管等部门。强化责任追究和惩处机制，对于企业未及时充分披露信息、中介机构未尽职履职等行为及相关责任人员，依法依规严格追责处理。人民银行分支机构、银监会派出机构要密切跟踪监测和分析研判钢铁、煤炭行业化解过剩产能对区域金融稳定的影响，完善风险应对预案，防止个别行业、企业风险演化为系统性、区域性金融风险，坚决守住不发生系统性、区域性金融风险的底线。

请人民银行上海总部、各分行、营业管理部、省会（首府）城市中心支行、副省级城市中心支行会同所在省（区、市）银监会、证监会及保监会派出机构，将本意见迅速转发至辖区内相关机构，并做好政策贯彻实施工作。

2016 年 4 月 17 日

香港企业财务困难处理守则

　　1998 年 4 月，香港银行公会发出指引，列明有关企业债务重组和协商的原则。有关指引最近作出修订，内容亦更为广泛，并由银行公会和金管局联合发出。下文为该指引的内容。金管局大力支持该指引，如果债务协商的有关各方出现意见分歧，以致影响成功达成债务重组的可能性，金管局乐意作出调节。

引言

　　(1) 本《企业财务困难处理守则》由香港金融管理局（以下简称"金管局"）与香港银行公会（以下简称"银行公会"）共同颁布，其中载有正式但并非法例规定的指引，包括机构应如何处理陷入财政困难、且涉及多家银行的贷款客户。本文下面所述的建设性守则曾多次成功挽救陷入困境的企业，避过倒闭的厄运。虽然银行可自行决定是否遵守有关指引，但金管局及银行公会大力支持落实有关指引，并希望银行公会所有会员能以此作为银行业认可的常规，尽力遵守。

　　(2) 与企业得失攸关的人士可包括股东、董事、雇员、债权人（包括银行、债券持有人及供应商）及客户。为此等人士的利益着想，只要有财务困难的企业仍有合理的生存机会，便应让其继续经营。只有在无法或难以证明企业具有生存能力的情况下，才应将之清盘。所有相关人士均希望借款公司的债权银行能首先选择债务协商（即借款人承认陷入财政困难，并与银行合作，透过增加资本或重整债务，使财政回复稳健的过程），其他债权人则须通力合作，不要提出偿还债务要求。

（3）此修订版代替银行公会于一九九八年四月三日发出的旧版本指引（S/98/067）。

基本原则

（1）当普遍获悉借款人可能面对财政困难时，银行初步应抱支持的态度。银行不应撤回贷款、轻率地接管借款人或发出还款令，而应（1）尽力确保借款人有足够流动资金继续经营，直至经深思熟虑后，对其前景取得一致看法。

（2）所有银行只应根据共同获得的及可靠的资料，作出进一步的决定。借款人有责任向银行全面提供有关其事务的资料。

（3）一般来说，应由银行共同决定是否向借款人提供财政援助。

（4）企业倒闭的较后阶段往往十分迅速，故各银行必须通力合作，尽快就重组计划达成协议。

执行

债务协商——一般资料

（1）任何债务协商的基本目标，应该是就借款人的长远前景作出明智决定、确保没有银行比其他银行享有不公平的优势，并为银行及借款人取得最佳的条件。

（2）债务协商需要获得一致同意。倘若明显地大多数银行同意安排暂缓偿债及/或进行债务协商，其他银行便应审慎检讨本身立场，以及清楚帮助反对理由。银行应知道需要为所有银行的整体利益而非一己利益着想，如果它们未能通力合作，落实债务协商，日后易地而处时，可能会处于类似的不利地位。

（3）为配合暂缓偿债的程序以及考虑任何协商安排，银行通常需要委聘独立财务顾问，以评估借款人的状况。

（4）银行之间作出的安排，必须包括经初步协议的机制，让借款人获得暂缓还本付息的"喘息机会"，以便在借款人看来尚有一线生机时，制订重经计划。作为这种协议的交换条件，借款人应同意接受业务运作上的限制，以及监察资金流动情况。

（5）银行应与其他涉及债务协商的财务债权人（例如债券及商业票据的持有人），作适当的联系协调。

（6）必须小心监察债务协商的成本。这方面的开支（例如顾问及银行的收费）应由借款人承担，但银行应确保收费合理。

（7）向借款人索取资料的要求，必须合理。

（8）银行应公开及迅速地申报其涉及的利益冲突（例如银行担任借款人的顾问）。

（9）处理债务协商的银行人员应熟悉本指引，并有足够经验了解涉及的基本问题。银行最好设立专责小组处理债务协商，并应制订内部程序，以便及时取得来自海外办事处的回应。

（10）在债务协商期间，各方应恪守保密原则。

（11）对上市借款人应务求审慎，以免违反证券条例。

牵头银行及其他银行的角色

（12）牵头银行在债务协商中的角色至为重要。牵头银行应扮演领导角色，但不应太过主导，而且必须确保按协定方式向所有银行提供足够资料。就这方面的工作，借款人应向牵头银行支付酬劳。

（13）相对地，其他银行必须采取建设性的态度，并且竭尽本份，出席会议及迅速提供意见。

（14）银行应准备对牵头银行及/或督导委员会成员，本于诚信进行洽谈而引致之开支或债务，承担补偿责任。此项补偿责任应由银行于商谈初期与借款人议定，以便重组工作可迅速进行。补偿责任书的标准格式载于附录。

督导委员会的角色

（15）倘涉及较多放款人，可考虑设立督导委员会，并应由牵头银行担任主席。此委员会有助促进沟通，并可因毋须咨询所有银行意见而较迅速地提供具代表性的回应。此外，委员会亦可委聘专业机构提供协助，如财务、法律或技术顾问或调查会计师。督导委员会或须在没有咨询其他银行的情况下作出决定，惟必须取得所有银行的事先批准后，才可执行有关决定。除非另有协定，否则，牵头银行及督导委员会均无权约束任何一家银行采取任何行动。

（16）督导委员会应由几家银行组成，而这些银行应有足够人手和经验担当此角色。

（17）当督导委员会所建议的重组计划获得大部分银行支持时，便应努力解决银行之间的分歧。倘若尽一切努力仍无法达成协议，督导委员会可在此特殊情况下，要求金管局居中斡旋。所有与金管局的接触，应尽可能透过牵头银行安排。

财务顾问及/或调查会计师的角色

（18）在需要时，银行或借款人应委聘信誉昭著的财务顾问及/或调查会计师，惟在任何情况下，所需费用须由借款人承担。此类人士不得涉及利益冲突，例如调查会计师不得为借款人的核数师。财务顾问及/或调查会计师的职责将载于授权信，一般应包括，但不限于以下各项：

（ⅰ）流量分析等；

（ⅱ）提供对借款人的调查报告或状况分析；

（ⅲ）撰写有关借款人的清盘分析报告，并为银行提供评估进行重组计划的基础；

（ⅳ）就任何重组计划向银行提供意见；

（ⅴ）检讨借款人的财务监察制度，并向银行提交有关报告；

（ⅵ）设立资金监察制度，以保障银行的利益；及

（ⅶ）维持财务顾问及/或调查会计师与银行之间的透明度。

提供新资金

（19）借款人可能需要新资金，以支持业务发展或更有秩序地结束业务。新资金是指个别银行于发出召开全体债权银行初步会议通告当日以后，准许借款人在该日未偿还余额以外增加之提款额或者或然负债。如果银行相信新资金的需求有充份的商业理由，应考虑提供新资金。

（20）基于借款人对新资金时有迫切需求，一家银行可单方面向借款人提供新资金，并可因此取得无负债抵押品之质押，惟此举不得使该银行在其提供的旧债方面，较其他放款人享有优先权利。

（21）在没有无负债的抵押品可作质押下，银行亦可考虑对已质押的抵押

品取得优先索偿权或透过全体银行接纳的其他安排，提供新资金。此优先索偿权只适用于新资金及其利息。在暂缓偿债的安排中，提供此等新资金的条件，包括对还款及抵押品的优先索偿权，必须获得借款人及所有银行同意。

获取优先地位

（22）借款人或一家或多家银行提出正式或非正式暂缓偿还的要求后，各银行均不得试图获取优先地位。在还本付息、获取抵押品以及由借款人或其股东提供资料方面，所有银行应获公平对待。一家银行在暂缓偿还期间因享有优先权而得到的利益，应与其他银行公平分享。银行不应索取过高息差，包括违约的利息，以免不利达成重组。银行有权就重订偿付期或提供新资金收取费用。借款人应视乎可用的流动资金支付有关费用，因此，有关费用应在顺利完成重订偿付期时支付。

其他资料

（23）将债务售予第三者可以是一个有利安排，并可为不愿意继续承担债务风险的放款人提供出路。然而，出售债务必须力求慎重，尤其是对之前并无参与其事的债务买家。债务卖家应确保债务买家明白并遵守有关指引。

（24）倘怀疑借款人或其股东涉嫌刑事罪行，银行应交流资料，并迅速采取行动，使有关当局（包括但不限于证监会、商业罪案调查科及廉政公署）得以进行有效的调查。

香港金融管理局的角色

金管局大力支持债务协商的概念及上述指引。如有人提出要求，金管局将在适当情况下担任调解人，以协助有关方面解决意见分歧，从而消除债务协商的障碍以及达致各方接纳的折衷方案。因此，金管局乐意聆听任何有关方面的意见，而不论其规模大小或其所属国家或地区。

附录 A

牵头银行/督导委员会补偿责任书

由：【银行】
致：【牵头银行/督导委员会成员】

敬启者：

事项：{　　}（「借款人」）

吾等了解，【贵行】【阁下】已准备就借款人的重组建议出任【牵头银行】【督导委员会成员】。

鉴于【贵行】【阁下】同意以此身份行事，吾等各自同意对【贵行】【阁下】以【牵头银行】【督导委员会成员】身份，本于诚信行事而招致或承受的所有债务、损失、索偿或要求而个别向【贵行】【阁下】承担补偿责任。【惟【贵行】【阁下】未经吾等书面同意，不得自行承担超逾港币【　】元的负债。】

吾等按各自贷出之款额所占借款人未偿贷款总额的比例，承担各自之责任。

本函受香港特别行政区法律所管辖。

谨启

最高人民法院关于依法开展破产案件
审理积极稳妥推进破产企业救治
和清算工作的通知

（法〔2016〕169号）

各省、自治区、直辖市高级人民法院，解放军军事法院，新疆维吾尔自治区高级人民法院生产建设兵团分院：

为认真贯彻党的十八届五中全会"更加注重运用市场机制、经济手段、法治办法化解产能过剩，加大政策引导力度，完善企业退出机制"精神，落实中央经济工作会议推进供给侧结构性改革要求，现就人民法院依法开展破产案件审理、积极稳妥推进破产企业救治和清算工作通知如下：

一、深刻认识依法开展破产案件审理、积极稳妥推进破产企业救治和清算工作的重要意义。社会主义市场主体救治和退出机制是否建立，是衡量社会主义市场经济体制完善的标志之一。依法开展破产案件审理、积极稳妥推进破产企业救治和清算工作，既是供给侧结构性改革的客观需要，又是提升市场主体竞争力的客观需要，也是建立完善社会主义市场主体救治和退出机制的客观需要。各级人民法院要深刻认识破产案件审理对优化资源配置、规范市场秩序的重要意义，推动破产案件审理工作常态化、规范化、法治化。对符合破产受理条件但仍可能适应市场需要的企业，要运用破产和解和破产重整的方式进行救治，使其能够通过救治重返市场；对救治无效或者根本不能适应市场需要的企业，要进行破产清算，促进及时退出市场。依法开展破产案件审理，是解决执行难的重要途径。对执行中符合《企业破产法》规定的破产条件的企业，要依法启动破产程序，通过破产和解化解一批、破产重整处置一批、破产清算消除一批，使企业破产制度成为解决执行难的配套制度。

二、加快建立专门清算与破产审判庭。各高级人民法院要按照最高人民法院的要求首先在省会城市、副省级城市所在地中级人民法院建立清算与破产审判庭。破产案件数量多的中级人民法院，要积极协商地方编办建立专门审判庭。其他中级人民法院要根据本地实际情况适时开展专门审判庭的建立工作。2016年12月31日前，各高级人民法院要将辖区内专门审判庭建立情况报告最高人民法院。同时，人民法院要推进破产审判法官和司法辅助人员专业化建设，为破产审判岗位配备优秀人才，并通过培训等多种方式，切实提升破产审判队伍整体素质。

清算与破产审判庭承担以下职责：1. 企业破产和强制清算案件的立案、审理；2. 依法处理企业强制清算和破产案件的善后事宜；3. 调研企业破产和强制清算案件审理工作情况；4. 对下级法院企业破产和强制清算案件审理进行业务指导；5. 与有关法院协调解决企业破产案件审理中的问题；6. 与地方党委、政府及有关部门协调解决企业破产案件审理中的问题；7. 管理和培训破产管理人。

三、切实建立健全破产案件审理工作机制。一要健全破产重整企业识别机制。各地法院要围绕让人民法院成为"生病企业"医院目标，对虽符合破产受理条件但具有运营价值的企业，要以市场化为导向，积极开展破产和解和重整，有效利用各种资源，使企业恢复生机。对救治无效或者其他不能适应市场需要的企业，要加快破产清算、及时释放生产要素，实现市场出清。二要在地方党委领导下，积极与政府建立"府院企业破产工作统一协调机制"。协调机制要统筹企业破产重整和清算相关工作，妥善解决企业破产过程中出现的各种问题。三要建立全国企业破产重整案件信息平台机制。各地法院要按照最高人民法院全国企业破产重整案件信息平台建设工作要求，做好破产案件前期信息整理工作，确保信息平台上线后顺畅运行。实现重整企业信息公开、破产程序公开、化解破产受理难问题的目标。四要建立合法有序的利益衡平机制。各地法院要依法处理职工工资、国家税收、担保债权、普通债权的实现顺序和实现方式，审慎协调各方利益。

四、积极完善管理人制度。各地法院要根据《企业破产法》的规定积极完善管理人制度，在现有管理人结构的基础上吸收适应企业重整需要的管理人才参加，积极发挥企业家、经营者、管理者乃至科技人员的作用。要加强对管理人的监督、指导和管理，要着手建立管理人分级管理、升级降级、增补淘汰等制度。要强化管理人的责任，督促管理人依法履职。

五、认真做好执行程序与破产程序的衔接。各地法院要按照《企业破产法》和《最高人民法院关于适用〈中华人民共和国民事诉讼法〉的解释》有关规定，做好执行程序转入破产程序的衔接工作。执行法院要充分利用执行信息平台和相关信息资源，及时汇集针对同一企业的执行案件信息，依法推进符合破产条件的企业转入破产程序，坚决反对在案件处理上相互推诿。破产案件审理中，其他法院要依法中止对破产企业的执行，依法解除相关保全措施。对于不依法解除保全措施和违法执行的相关人员，各地法院要依法依规严厉追究责任。

依法开展破产案件审理、积极稳妥推进破产企业救治和清算工作，是人民法院围绕中心、服务大局的重要任务。各地法院要强化责任意识，迅速行动，充分发挥破产审理职能，积极探索总结破产审理经验，为经济持续健康发展提供有力司法保障。对于在工作中发现的新情况、新问题，各地法院要及时层报最高人民法院。

最高人民法院

2016 年 5 月 6 日

国务院关于积极稳妥降低
企业杠杆率的意见

（国发〔2016〕54号）

各省、自治区、直辖市人民政府，国务院各部委、各直属机构：

近年来，我国企业杠杆率高企，债务规模增长过快，企业债务负担不断加重。在国际经济环境更趋复杂、我国经济下行压力仍然较大的背景下，一些企业经营困难加剧，一定程度上导致债务风险上升。为贯彻落实党中央、国务院关于推进供给侧结构性改革、重点做好"三去一降一补"工作的决策部署，促进建立和完善现代企业制度，增强经济中长期发展韧性，现就积极稳妥降低企业杠杆率（以下简称降杠杆）提出以下意见。

一、总体要求

降杠杆的总体思路是：全面贯彻党的十八大和十八届三中、四中、五中全会精神，认真落实中央经济工作会议和政府工作报告部署，**坚持积极的财政政策和稳健的货币政策取向，以市场化、法治化方式**，通过推进兼并重组、完善现代企业制度强化自我约束、盘活存量资产、优化债务结构、有序开展市场化银行债权转股权、依法破产、发展股权融资，积极稳妥降低企业杠杆率，助推供给侧结构性改革，助推国有企业改革深化，助推经济转型升级和

优化布局，为经济长期持续健康发展夯实基础。

在推进降杠杆过程中，要坚持以下基本原则：

市场化原则。充分发挥市场在资源配置中的决定性作用和更好发挥政府作用。债权人和债务人等市场主体依据自身需求开展或参与降杠杆，自主协商确定各类交易的价格与条件并自担风险、自享收益。政府通过制定引导政策，完善相关监管规则，维护公平竞争的市场秩序，做好必要的组织协调工作，保持社会稳定，为降杠杆营造良好环境。

法治化原则。依法依规开展降杠杆工作，政府与各市场主体都要严格依法行事，尤其要注重保护债权人、投资者和企业职工合法权益。加强社会信用体系建设，防范道德风险，严厉打击逃废债行为，防止应由市场主体承担的责任不合理地转嫁给政府或其他相关主体。明确政府责任范围，政府不承担损失的兜底责任。

有序开展原则。降杠杆要把握好稳增长、调结构、防风险的关系，注意防范和化解降杠杆过程中可能出现的各类风险。尊重经济规律，充分考虑不同类型行业和企业的杠杆特征，分类施策，有扶有控，不搞"一刀切"，防止一哄而起，稳妥有序地予以推进。

统筹协调原则。降杠杆是一项时间跨度较长的系统工程。要立足当前、着眼长远，标本兼治、综合施策。要把建立规范现代企业制度、完善公司治理结构、强化自身约束机制作为降杠杆的根本途径。降杠杆要综合运用多种手段，与企业改组改制、降低实体经济企业成本、化解过剩产能、促进企业转型升级等工作有机结合、协同推进。

二、主要途径

(一) 积极推进企业兼并重组

1. 鼓励跨地区、跨所有制兼并重组。支持通过兼并重组培育优质企业。进一步打破地方保护、区域封锁，鼓励企业跨地区开展兼并重组。推动混合所有制改革，鼓励国有企业通过出让股份、增资扩股、合资合作等方式引入民营资本。加快垄断行业改革，向民营资本开放垄断行业的竞争性业务领域。

2. 推动重点行业兼并重组。发挥好产业政策的引导作用，鼓励产能过剩行业企业加大兼并重组力度，加快"僵尸企业"退出，有效化解过剩产能，实现市场出清。加大对产业集中度不高、同质化竞争突出行业或产业的联合重组，加强资源整合，发展规模经济，实施减员增效，提高综合竞争力。

3. 引导企业业务结构重组。引导企业精益化经营，突出主业，优化产业链布局，克服盲目扩张粗放经营。通过出售转让非主业或低收益业务回收资金、减少债务和支出，降低企业资金低效占用，提高企业运营效率和经营效益。

4. 加大对企业兼并重组的金融支持。通过并购贷款等措施，支持符合条件的企业开展并购重组。允许符合条件的企业通过发行优先股、可转换债券等方式筹集兼并重组资金。进一步创新融资方式，满足企业兼并重组不同阶段的融资需求。鼓励各类投资者通过股权投资基金、创业投资基金、产业投资基金等形式参与企业兼并重组。

（二）完善现代企业制度强化自我约束

5. 建立和完善现代企业制度。建立健全现代企业制度、完善公司治理结构，对企业负债行为建立权责明确、制衡有效的决策执行监督机制，加强企业自身财务杠杆约束，合理安排债务融资规模，有效控制企业杠杆率，形成合理资产负债结构。

6. 明确企业降杠杆的主体责任。企业是降杠杆的第一责任主体。强化企业管理层资产负债管理责任，合理设计激励约束制度，处理好企业长期发展和短期业绩的关系，树立审慎经营观念，防止激进经营过度负债。落实企业股东责任，按照出资义务依法缴足出资，根据股权先于债权吸收损失原则承担必要的降杠杆成本。

7. 强化国有企业降杠杆的考核机制。各级国有资产管理部门应切实履行职责，积极推动国有企业降杠杆工作，将降杠杆纳入国有资产管理部门对国有企业的业绩考核体系。统筹运用政绩考核、人事任免、创新型试点政策倾斜等机制，调动地方各级人民政府和国有企业降杠杆的积极性。

（三）多措并举盘活企业存量资产

8. 分类清理企业存量资产。规范化清理资产，做好闲置存量资产相关尽职调查、资产清查、财产评估等工作，清退无效资产，实现人资分离，使资产达到可交易状态。

9. 采取多种方式盘活闲置资产。对土地、厂房、设备等闲置资产以及各类重资产，采取出售、转让、租赁、回租、招商合作等多种形式予以盘活，实现有效利用。引导企业进入产权交易市场，充分发挥产权交易市场价格发现、价值实现功能。

10. 加大存量资产整合力度。鼓励企业整合内部资源，将与主业相关的资产整合清理后并入主业板块，提高存量资产的利用水平，改善企业经营效益。

11. 有序开展企业资产证券化。按照"真实出售、破产隔离"原则，积极开展以企业应收账款、租赁债权等财产权利和基础设施、商业物业等不动产财产或财产权益为基础资产的资产证券化业务。支持房地产企业通过发展房地产信托投资基金向轻资产经营模式转型。

（四）多方式优化企业债务结构

12. 推动企业开展债务清理和债务整合。加大清欠力度，减少无效占用，加快资金周转，降低资产负债率。多措并举清理因担保圈、债务链形成的三角债。加快清理以政府、大企业为源头的资金拖欠，推动开展中小企业应收账款融资。对发展前景良好、生产经营较为正常，有技术、有订单，但由于阶段性原因成为资金拖欠源头的企业，鼓励充分调动多方力量，在政策允许范围内，统筹运用盘活资产、发行债券和银行信贷等多种手段，予以必要支持。

13. 降低企业财务负担。加快公司信用类债券产品创新，丰富债券品种，推动企业在风险可控的前提下利用债券市场提高直接融资比重，优化企业债务结构。鼓励企业加强资金集中管理，支持符合条件的企业设立财务公司，加强内部资金融通，提高企业资金使用效率。通过大力发展政府支持的担保机构等措施，提高企业信用等级，降低融资成本。

（五）有序开展市场化银行债权转股权

14. 以市场化法治化方式开展债转股。由银行、实施机构和企业依据国家政策导向自主协商确定转股对象、转股债权以及转股价格和条件，实施机构市场化筹集债转股所需资金，并多渠道、多方式实现股权市场化退出。

15. 以促进优胜劣汰为目的开展市场化债转股。鼓励面向发展前景良好但遇到暂时困难的优质企业开展市场化债转股，严禁将"僵尸企业"、失信企业和不符合国家产业政策的企业作为市场化债转股对象。

16. 鼓励多类型实施机构参与开展市场化债转股。除国家另有规定外，银行不得直接将债权转为股权。银行将债权转为股权应通过向实施机构转让债权、由实施机构将债权转为对象企业股权的方式实现。鼓励金融资产管理公司、保险资产管理机构、国有资本投资运营公司等多种类型实施机构参与开展市场化债转股；支持银行充分利用现有符合条件的所属机构，或允许申请设立符合规定的新机构开展市场化债转股；鼓励实施机构引入社会资本，发展混合所有制，增强资本实力。

（六）依法依规实施企业破产

17. 建立健全依法破产的体制机制。充分发挥企业破产在解决债务矛盾、公平保障各方权利、优化资源配置等方面的重要作用。完善破产清算司法解释和司法政策。健全破产管理人制度。探索建立关联企业合并破产制度。细化工作流程规则，切实解决破产程序中的违法执行问题。支持法院建立专门清算与破产审判庭，积极支持优化法官配备并加强专业培训，强化破产司法能力建设。规范和引导律师事务所、会计师事务所等中介机构依法履职，增强破产清算服务能力。

18. 因企制宜实施企业破产清算、重整与和解。对于扭亏无望、已失去生存发展前景的"僵尸企业"，要破除障碍，依司法程序进行破产清算，全面清查破产企业财产，清偿破产企业债务并注销破产企业法人资格，妥善安置人员。对符合破产条件但仍有发展前景的企业，支持债权人和企业按照法院破产重整程序或自主协商对企业进行债务重组。鼓励企业与债权人依据破产和解程序达成和解协议，实施和解。在企业破产过程中，切实发挥债权人委员会作用，保护各类债权人和企业职工合法权益。

19. 健全企业破产配套制度。政府与法院依法依规加强企业破产工作沟通协调，解决破产程序启动难问题，做好破产企业职工安置和权益保障、企业互保联保和民间融资风险化解、维护社会稳定等各方面工作。加快完善清算后工商登记注销等配套政策。

（七）积极发展股权融资

20. 加快健全和完善多层次股权市场。加快完善全国中小企业股份转让系统，健全小额、快速、灵活、多元的投融资体制。研究全国中小企业股份转让系统挂牌公司转板创业板相关制度。规范发展服务中小微企业的区域性股权市场。支持区域性股权市场运营模式和服务方式创新，强化融资功能。

21. 推动交易所市场平稳健康发展。进一步发展壮大证券交易所主板，深入发展中小企业板，深化创业板改革，加强发行、退市、交易等基础性制度建设，切实加强市场监管，依法保护投资者权益，支持符合条件的企业在证券交易所市场发行股票进行股权融资。

22. 创新和丰富股权融资工具。大力发展私募股权投资基金，促进创业投资。创新财政资金使用方式，发挥产业投资基金的引导作用。规范发展各类股权类受托管理资金。在有效监管的前提下，探索运用股债结合、投贷联动和夹层融资工具。

23. 拓宽股权融资资金来源。鼓励保险资金、年金、基本养老保险基金等长期性资金按相关规定进行股权投资。有序引导储蓄转化为股本投资。积极有效引进国外直接投资和国外创业投资资金。

三、营造良好的市场与政策环境

24. 落实和完善降杠杆财税支持政策。发挥积极的财政政策作用，落实并完善企业兼并重组、破产清算、资产证券化、债转股和银行不良资产核销等相关税收政策。根据需要，采取适当财政支持方式激励引导降杠杆。

25. 提高银行不良资产核销和处置能力。拓宽不良资产市场转让渠道，探索扩大银行不良资产受让主体，强化不良资产处置市场竞争。加大力度落实不良资产转让政策，支持银行向金融资产管理公司打包转让不良资产。推动银行不良资产证券化。多渠道补充银行核心和非核心资本，提高损失吸收能力。

26. 加强市场主体信用约束。建立相关企业和机构及其法定代表人、高级管理人员的信用记录，并纳入全国信用信息共享平台。构建参与各方失信行为联合惩戒机制，依据相关法律法规严格追究恶意逃废债和国有资产流失等违法违规单位及相关人员责任。

27. 强化金融机构授信约束。银行业金融机构应通过建立债权人委员会、联合授信等机制，完善客户信息共享，综合确定企业授信额度，并可通过合同约定等方式，避免过度授信，防止企业杠杆率超出合理水平。对授信银行超过一定数量、授信金额超过一定规模的企业原则上以银团联合方式发放贷款，有效限制对高杠杆企业贷款。

28．健全投资者适当性管理制度。合理确定投资者参与降杠杆的资格与条件。鼓励具有丰富企业管理经验或专业投资分析能力，并有相应风险承受力的机构投资者参与企业市场化降杠杆。完善个人投资者适当性管理制度，依法建立合格个人投资者识别风险和自担风险的信用承诺制度，防止不合格个人投资者投资降杠杆相关金融产品和超出能力承担风险。

29．切实减轻企业社会负担。完善减轻企业非债务负担配套政策，落实已出台的各项清理规范涉企行政性、事业性收费以及具有强制垄断性的经营服务收费、行业协会涉企收费政策。加大对企业在降杠杆过程中剥离相关社会负担和辅业资产的政策支持力度。

30．稳妥做好重组企业的职工分流安置工作。各级人民政府要高度重视降杠杆过程中的职工安置，充分发挥企业主体作用，多措并举做好职工安置工作。鼓励企业充分挖掘内部潜力，通过协商薪酬、转岗培训等方式，稳定现有工作岗位。支持企业依靠现有场地、设施、技术开辟新的就业岗位。对不裁员或少裁员的企业，按规定由失业保险实施稳岗补贴政策。依法妥善处理职工劳动关系，稳妥接续社会保险关系，按规定落实社会保险待遇。积极做好再就业帮扶，落实就业扶持政策，加大职业培训力度，提供公共就业服务，对就业困难人员按规定实施公益性岗位托底安置。

31．落实产业升级配套政策。进一步落实重点行业产业转型升级和化解过剩产能的配套支持措施，加大对重点企业兼并重组和产业整合的支持力度，发挥产业投资基金作用，吸引社会资本参与，实行市场化运作，推动重点行业破局性、战略性重组，实现产业链整合及产业融合，通过资源重新配置降低企业杠杆率，进一步提升优质企业竞争力。

32．严密监测和有效防范风险。加强政策协调，强化信息沟通与研判预警，提高防范风险的预见性、有效性，严密监控降杠杆可能导致的股市、汇市、债市等金融市场风险，防止风险跨市场传染。填补监管空白与漏洞，实现监管全覆盖，完善风险处置预案，严守不发生系统性风险的底线。

33．规范履行相关程序。在降杠杆过程中，涉及政府管理事项的，要严格履行相关核准或备案程序，严禁违法违规操作。为适应开展降杠杆工作的需要，有关部门和单位应进一步明确、规范和简化相关程序，提高行政效率。

34. 更好发挥政府作用。政府在降杠杆工作中的职责是制定规则，完善政策，适当引导，依法监督，维护公平竞争的市场秩序，保持社会稳定，做好职工合法权益保护等社会保障兜底工作，确保降杠杆在市场化、法治化轨道上平稳有序推进。政府在引导降杠杆过程中，要依法依规、遵循规律、规范行为，不干预降杠杆工作中各市场主体的相关决策和具体事务。同时，各级人民政府要切实履行好国有企业出资人职责，在国有企业降杠杆决策中依照法律法规和公司章程行使国有股东权利。

国家发展改革委、人民银行、财政部、银监会等相关部门和单位要建立积极稳妥降低企业杠杆率部际联席会议制度，加强综合协调指导，完善配套措施，组织先行先试，统筹推进各项工作。及时了解新情况，研究、解决降杠杆过程中出现的新问题。通过多种方式，加强舆论引导，适时适度做好宣传报道和政策解读工作，回应社会关切，营造良好的舆论环境。及时归集、整理降杠杆相关信息并进行分析研究，适时开展降杠杆政策效果评估，重大问题及时向国务院报告。

附件：关于市场化银行债权转股权的指导意见

国务院
2016 年 9 月 22 日

附件

关于市场化银行债权转股权的指导意见

为贯彻落实中央经济工作会议精神和政府工作报告部署，切实降低企业杠杆率，增强经济中长期发展韧性，现就市场化银行债权转股权（以下简称债转股）提出以下指导意见。

一、重要意义

为有效落实供给侧结构性改革决策部署，支持有较好发展前景但遇到暂时困难的优质企业渡过难关，有必要采取市场化债转股等综合措施提升企业持续健康发展能力。在当前形势下对具备条件的企业开展市场化债转股，是稳增长、促改革、调结构、防风险的重要结合点，可以有效降低企业杠杆率，增强企业资本实力，防范企业债务风险；有利于帮助企业降本增效，增强竞争力，实现优胜劣汰；有利于推动企业股权多元化，促进企业改组改制，完善现代企业制度；有利于加快多层次资本市场建设，提高直接融资比重，优化融资结构。

随着社会主义市场经济体制的逐步完善，当前具有开展市场化债转股的较好条件。公司法、证券法、企业破产法、公司注册资本登记管理规定等法律法规已较为完备，为开展市场化债转股提供了重要制度保障；银行、金融资产管理公司和有关企业治理结构更加完善，在资产处置、企业重组和资本市场业务方面积累了丰富经验，为开展债转股提供了市场化的主体条件。

二、总体要求

全面贯彻党的十八大和十八届三中、四中、五中全会精神，认真落实中央经济工作会议和政府工作报告部署，**遵循法治化原则、按照市场化方式有序开展银行债权转股权，紧密结合深化企业改革，切实降低企业杠杆率，助推完善现代企业制度、实现降本增效，助推多层次资本市场建设、提高直接融资比重，助推供给侧结构性改革、增强企业竞争力和发展后劲。**

开展市场化债转股要遵循以下基本原则：

市场运作，政策引导。充分发挥市场在资源配置中的决定性作用，建立债转股的对象企业市场化选择、价格市场化定价、资金市场化筹集、股权市场化退出等长效机制，政府不强制企业、银行及其他机构参与债转股，不搞拉郎配。政府通过制定必要的引导政策，完善相关监管规则，依法加强监督，维护公平竞争的市场秩序，保持社会稳定，为市场化债转股营造良好环境。

遵循法治，防范风险。健全审慎监管规则，确保银行转股债权洁净转让、真实出售，有效实现风险隔离，防止企业风险向金融机构转移。依法依规有序开展市场化债转股，政府和市场主体都应依法行事。加强社会信用体系建设，防范道德风险，严厉打击逃废债行为，防止应由市场主体承担的责任不合理地转嫁给政府或其他相关主体。明确政府责任范围，政府不承担损失的兜底责任。

重在改革，协同推进。开展市场化债转股要与深化企业改革、降低实体经济企业成本、化解过剩产能和企业兼并重组等工作有机结合、协同推进。债转股企业要同步建立现代企业制度、完善公司治理结构、强化激励约束机制、提升管理水平和创新能力，为长期持续健康发展奠定基础。

三、实施方式

（一）明确适用企业和债权范围

市场化债转股对象企业由各相关市场主体依据国家政策导向自主协商确定。

市场化债转股对象企业应当具备以下条件：发展前景较好，具有可行的企业改革计划和脱困安排；主要生产装备、产品、能力符合国家产业发展方向，技术先进，产品有市场，环保和安全生产达标；信用状况较好，无故意违约、转移资产等不良信用记录。

鼓励面向发展前景良好但遇到暂时困难的优质企业开展市场化债转股，包括：因行业周期性波动导致困难但仍有望逆转的企业；因高负债而财务负担过重的成长型企业，特别是战略性新兴产业领域的成长型企业；高负债居于产能过剩行业前列的关键性企业以及关系国家安全的战略性企业。

禁止将下列情形的企业作为市场化债转股对象：扭亏无望、已失去生存发展前景的"僵尸企业"；有恶意逃废债行为的企业；债权债务关系复杂且不明晰的企业；有可能助长过剩产能扩张和增加库存的企业。

转股债权范围以银行对企业发放贷款形成的债权为主，适当考虑其他类型债权。转股债权质量类型由债权人、企业和实施机构自主协商确定。

（二）通过实施机构开展市场化债转股

除国家另有规定外，银行不得直接将债权转为股权。银行将债权转为股权，应通过向实施机构转让债权、由实施机构将债权转为对象企业股权的方式实现。

鼓励金融资产管理公司、保险资产管理机构、国有资本投资运营公司等多种类型实施机构参与开展市场化债转股；支持银行充分利用现有符合条件的所属机构，或允许申请设立符合规定的新机构开展市场化债转股；鼓励实施机构引入社会资本，发展混合所有制，增强资本实力。

鼓励银行向非本行所属实施机构转让债权实施转股，支持不同银行通过所属实施机构交叉实施市场化债转股。银行所属实施机构面向本行债权开展市场化债转股应当符合相关监管要求。

鼓励各类实施机构公开、公平、公正竞争开展市场化债转股，支持各类实施机构之间以及实施机构与私募股权投资基金等股权投资机构之间开展合作。

（三）自主协商确定市场化债转股价格和条件

银行、企业和实施机构自主协商确定债权转让、转股价格和条件。对于涉及多个债权人的，可以由最大债权人或主动发起市场化债转股的债权人牵头成立债权人委员会进行协调。

经批准，允许参考股票二级市场交易价格确定国有上市公司转股价格，允许参考竞争性市场报价或其他公允价格确定国有非上市公司转股价格。为适应开展市场化债转股工作的需要，应进一步明确、规范国有资产转让相关程序。

完善优先股发行政策，允许通过协商并经法定程序把债权转换为优先股，依法合理确定优先股股东权益。

（四）市场化筹集债转股资金

债转股所需资金由实施机构充分利用各种市场化方式和渠道筹集，鼓励实施机构依法依规面向社会投资者募集资金，特别是可用于股本投资的资金，包括各类受托管理的资金。支持符合条件的实施机构发行专项用于市场化债转股的金融债券，探索发行用于市场化债转股的企业债券，并适当简化审批程序。

（五）规范履行股权变更等相关程序

债转股企业应依法进行公司设立或股东变更、董事会重组等，完成工商注册登记或变更登记手续。涉及上市公司增发股份的应履行证券监管部门规定的相关程序。

（六）依法依规落实和保护股东权利

市场化债转股实施后，要保障实施机构享有公司法规定的各项股东权利，在法律和公司章程规定范围内参与公司治理和企业重大经营决策，进行股权管理。

银行所属实施机构应确定在债转股企业中的合理持股份额，并根据公司法等法律法规要求承担有限责任。

（七）采取多种市场化方式实现股权退出

实施机构对股权有退出预期的，可与企业协商约定所持股权的退出方式。债转股企业为上市公司的，债转股股权可以依法转让退出，转让时应遵守限售期等证券监管规定。债转股企业为非上市公司的，鼓励利用并购、全国中小企业股份转让系统挂牌、区域性股权市场交易、证券交易所上市等渠道实现转让退出。

四、营造良好环境

（一）规范政府行为

在市场化债转股过程中，政府的职责是制定规则，完善政策，依法监督，维护公平竞争的市场秩序，保持社会稳定，做好职工合法权益保护等社会保障兜底工作，确保债转股在市场化、法治化轨道上平稳有序推进。

各级人民政府及其部门不干预债转股市场主体具体事务，不得确定具体转股企业，不得强行要求银行开展债转股，不得指定转股债权，不得干预债转股定价和条件设定，不得妨碍转股股东行使股东权利，不得干预债转股企业日常经营。同时，各级人民政府要切实履行好国有企业出资人职责，在国有企业债转股决策中依照法律法规和公司章程行使国有股东权利。

（二）推动企业改革

要把建立和完善现代企业制度作为开展市场化债转股的前提条件。通过市场化债转股推动企业改组改制，形成股权结构多元、股东行为规范、内部约束有效、运行高效灵活的经营机制，提高企业经营管理水平。

　　债转股企业要健全公司治理结构，合理安排董事会、监事会和高级管理层，建立权责对等、运转协调、制衡有效的决策执行监督机制。

（三）落实和完善相关政策

　　支持债转股企业所处行业加快重组与整合，加大对债转股企业剥离社会负担和辅业资产的支持力度，稳妥做好分流安置富余人员工作，为债转股企业发展创造更为有利的产业与市场环境。

　　符合条件的债转股企业可按规定享受企业重组相关税收优惠政策。根据需要，采取适当财政支持方式激励引导开展市场化债转股。

（四）强化约束机制

　　加强对市场化债转股相关主体的信用约束，建立债转股相关企业和机构及其法定代表人、高级管理人员的信用记录，并纳入全国信用信息共享平台。构建市场化债转股参与各方失信行为联合惩戒机制，依据相关法律法规严格追究违法违规单位及相关人员责任。

　　强化对债转股企业的财务杠杆约束，在债转股协议中，相关主体应对企业未来债务融资行为进行规范，共同制定合理的债务安排和融资规划，对资产负债率作出明确约定，防止企业杠杆率再次超出合理水平。

　　规范债转股企业和股东资产处置行为，严格禁止债转股企业任何股东特别是大股东掏空企业资产、随意占用和挪用企业财产等侵害其他股东权益的行为。防范债转股企业和实施机构可能存在的损害中小股东利益的不正当利益输送行为。

　　建立投资者适当性管理制度，对投资者参与市场化债转股设定适当资格与条件，鼓励具有丰富企业管理和重组经验的机构投资者参与市场化债转股。完善个人投资者适当性管理制度，依法建立合格个人投资者识别风险和自担风险的信用承诺制度，防止不合格个人投资者参与市场化债转股投资和超出能力承担风险。

（五）加强和改进服务与监督

　　各部门和单位要健全工作机制，加强协调配合，做好服务与监督工作。要按照分工抓紧完善相关政策，制定配套措施。要加强监督指导，及时研究新情况，解决市场化债转股实施中出现的新问题。加强政策宣传，做好解读、引导工作。

各地人民政府要营造良好的区域金融环境，支持债权人、实施机构、企业自主协商，维护公平竞争的市场秩序，保持社会稳定，做好相关工作

国家发展改革委、人民银行、财政部、银监会等相关部门和单位要指导银行、实施机构和企业试点先行，有序开展市场化债转股，防止一哄而起；加强全过程监督检查，及时归集、整理市场化债转股相关信息并进行分析研究，适时开展市场化债转股政策效果评估，重大问题及时向国务院报告。

中国银监会　发展改革委　工业和信息化部
关于钢铁煤炭行业化解过剩产能
金融债权债务问题的若干意见
（银监发〔2016〕51号）

各银监局，各省（区、市）发展改革部门、工业和信息化部门，各政策性银行、大型银行、股份制银行，邮储银行，外资银行，金融资产管理公司，其他会管金融机构：

　　为贯彻《国务院关于钢铁行业化解过剩产能实现脱困发展的意见》（国发〔2016〕6号）、《国务院关于煤炭行业化解过剩产能实现脱困发展的意见》（国发〔2016〕7号）精神，妥善处置化解过剩产能过程中的有关金融债权债务，根据《中华人民共和国银行业监督管理法》、《中华人民共和国商业银行法》等法律法规，现就钢铁煤炭行业化解过剩产能涉及金融债权债务问题提出以下意见：

　　一、支持钢铁煤炭企业合理资金需求。银行业金融机构要提高对钢铁煤炭行业在国民经济中支柱性、战略性地位的认识，认真贯彻落实区别对待、有扶有控的信贷政策。对技术设备先进、产品有竞争力、有市场的钢铁煤炭企业，银行业金融机构应当按照风险可控、商业可持续原则，继续给予信贷支持，不得抽贷、压贷、断贷。

　　二、加大对兼并重组钢铁煤炭企业的金融支持力度。鼓励符合条件的钢铁煤炭企业开展并购重组。支持银行业金融机构按照依法合规、自主决策、风险可控、商业可持续原则，对能产生整合效应的钢铁煤炭兼并重组项目采取银团贷款等方式，积极稳妥开展并购贷款业务。对符合并购贷款条件的兼并重组企业，并购交易价款中并购贷款所占比例上限可提高至70%。

三、鼓励银行业金融机构对主动去产能的钢铁煤炭困难企业进行贷款重组。对符合国家产业政策、主动去产能、具有持续经营能力、还款能力与还款意愿强、贷款到期后仍有融资需求、但暂时存在资金困难的钢铁煤炭企业，银行业金融机构在风险可控、商业可持续原则前提下，可以进行贷款重组，调整贷款结构，合理确定贷款期限，按照国家有关规定减免利息。

四、严控违规新增钢铁煤炭产能的信贷投放。对违规新增钢铁煤炭产能项目，银行业金融机构一律不得提供信贷支持；对违规新增产能的企业，停止贷款。

五、坚决停止对落后产能和"僵尸企业"的金融支持。对不符合国家产业政策规定的落后产能企业，或环保、能耗、质量、安全生产、技术等不达标且整改无望的企业，或已停产半停产、连年亏损、资不抵债、失去清偿能力的"僵尸企业"，以及有恶意逃废债行为的企业，银行业金融机构要坚决压缩、退出相关贷款。

六、推动组建债权人委员会，对困难钢铁煤炭企业实施债务重组。对符合国家产业政策，主动去产能、调结构、转型发展，产品或服务有市场，发展有前景的钢铁煤炭企业，银行业金融机构应当组建债权人委员会，按照市场化、法治化原则，通过调整贷款期限、利率、还款方式等措施，实施金融债务重组。银行业金融机构组建债权人委员会，应当按照银监会关于做好银行业金融机构债权人委员会有关工作的通知精神，开展自主重组、协议重组和协议并司法重组，支持暂时困难的钢铁煤炭企业发展。债券投资人可以加入债权人委员会，共同解决企业债务问题。切实做到稳定预期、稳定信贷、稳定支持，帮助企业渡过难关。

协调地方人民政府及相关部门采取有力措施，支持债权人委员会相关工作，共同解决企业债务重组等重大问题。

七、支持金融资产管理公司、地方资产管理公司等多类型实施机构对钢铁煤炭企业开展市场化债转股。对资产负债率较高、在国民经济中占重要地位、具备发展潜力的钢铁煤炭骨干企业，支持金融资产管理公司、地方资产管理公司、银行现有符合条件的所属机构或设立的符合规定的新机构等多种类型实施机构按照国家法律法规和国家有关规定，按照市场化、法治化的原则，开展债转股工作，依法行使股东权利，改进公司治理结构。

八、支持产业基金和股权投资基金投资钢铁煤炭骨干企业。引导社会资本参与钢铁煤炭企业的脱困发展，支持产业基金和股权投资基金特别是地方政府成立的产业基金和股权投资基金，投资入股产品有市场、发展有前景、但资产负债率较高的钢铁煤炭骨干企业，依法行使股东权利。

九、妥善处置钢铁煤炭企业集团的担保问题。对钢铁煤炭企业集团主动去产能、依法关闭破产子公司，履行担保责任确有困难的，由钢铁煤炭企业集团与银行业金融机构按照市场化、法治化、互惠互利的原则进行协商处理，妥善处置担保问题。

十、妥善处置涉及钢铁煤炭企业的不良资产。要按照市场化、法治化、互惠互利的原则，充分发挥金融资产管理公司和地方资产管理公司批量处置不良资产和综合性金融服务功能的积极作用。银行业金融机构要加大涉及钢铁煤炭企业不良资产的转让力度，鼓励银行业金融机构与资产管理公司创新合作处置模式，发挥好双方优势，通过合作处置，提升价值，实现银行业金融机构、资产管理公司与钢铁煤炭企业的共赢，维护经济金融秩序。

十一、依法维护涉及破产清算钢铁煤炭企业的金融债权。对严重资不抵债、不能清偿到期债务的"僵尸企业"，或不达标产能、落后产能、整体退出产能的企业，要依照《中华人民共和国企业破产法》等法律法规，建立债权人委员会，通过债务和解、破产重整、破产清算等方式，妥善处理企业债务，积极维护金融债权安全。

十二、依法打击逃废金融债务行为。钢铁煤炭去产能过程中，一些地区和企业借转型、转产之机悬空金融债务，或通过转移、出售企业有效资产逃废金融债务，或不尊重金融债权人的合法权益，组织破产逃废金融债务。各级银行业监督管理机构要组织银行业协会、银行业金融机构加强金融债权管理，及时制止逃废金融债务行为，并向地方政府报告；对于拒不纠正的企业，组织实施停止贷款、停止结算等制裁措施，纳入全国信用信息共享平台，通过失信惩戒机制实施联合惩戒，切实遏制逃废金融债务行为。

十三、加强主管部门、行业协会和企业与银行业金融机构的信息沟通。银行业金融机构在落实政策过程中，应加强与发展改革部门、工业和信息化部门等主管部门、行业协会和钢铁煤炭企业的沟通与交流，解决银政、银企信息不对称问题。各银监局应加强对银行业金融机构的指导和监督。

各级发展改革部门、工业和信息化部门等应及时公布行业发展情况、产业规划调整方案、"僵尸企业"、涉及淘汰落后和过剩产能企业和项目名单，帮助银行业金融机构落实好"有保有控"的差别化信贷政策。

各银监局、各省（区、市）发展改革部门、工业和信息化部门以及银行业金融机构在贯彻落实本意见过程中遇有问题应及时报告。银监会、发展改革委、工业和信息化部将适时组织对本意见执行情况的检查监督。

后 记 FINANCIAL DEBT RESTRUCTURING

　　2016 年 3 月份，银监会计划出台的企业金融债务重组有关政策，已经引起媒体的广泛关注，各界人士对政策的出台充满期待。大家知道，债务重组是一件很复杂的事情，需要国家政策的支持，也需要地方政府的支持和配合，而非银行业监督管理部门一个部门所能担当的事情，基于多项政策仍不明朗，出于审慎考虑，银监会未出台相关重组政策，但是以办公厅的名义发布了《关于做好银行业金融机构债权人委员会有关工作的通知》，对债权人委员会的有关工作进行了规范，对企业金融债务重组的原则、方式、方法、流程等核心内容做出了规定，这无疑是对开展企业金融债务重组工作的一个有力政策支持。

　　随着经济下行和去产能政策的推进，需要重组的企业越来越多，准备债务重组的企业也遇到了这样或者那样的问题，债务重组工作难以推进。在这种情况下，如何有效地指导困难企业的债务重组工作，成为我们一直思索的问题。

　　基于上述思考，催生了我们编写这本书的想法。经再三考量，我们决定做一次尝试。以中国企业债务现状为出发点，通过查阅历史资料，学习国外的先进经验，总结国内的重组案例，全景式地对企业金融债务重组进行详细介绍和分析，本书点出了银行和企业开展债务重组工作的难点，提出了有效的指导建议，介绍了几起债务重组的典型案例，列举了开展债务重组所需要掌握的法律法规和相关政策文件。我们相信，本书对参与债务重组的银行、资产管理公司、政府相关部门和企业都有一定的指导价值。当然，受能力所限，书稿仍存在很多不足之处，希望读者朋友批评指正。但不可否认，本书对解决当前困难企业的财务危机，推动金融债务重组工作，支持实体经济发展，维护金融债权安全意义十分重大。

书稿之完成，我们也不敢贪全功为己有，很大程度上是大家齐心协力的结果。借此机会，在本书编写过程中，我们要感谢中国农业银行的求夏雨、王希迎、沙涛；感谢中国银行的周冰，中信银行的文建秀，光大银行的刘俊文，民生银行的陈恒；感谢中国银行业协会的卜祥瑞；感谢大成律师事务所谢晓静律师、于晓庆律师的细心梳理和积极参与；感谢国厚金融资产管理公司张学朋的参与；感谢高璇、张湘珩两位同学的辛勤劳动；感谢中景恒基的张定开；感谢中国铁物集团的申兆军、廖家生，是你们为本书的顺利出版提供了很好的素材和意见。我们要衷心地感谢中国市场出版社，没有他们的大力支持，本书不可能及时出版面世。

编者

2016 年 10 月

[1] 牛锡明，丛林. 中国企业债务危机与重组 [M]. 北京：中国金融出版社，2009.

[2] 邵宁，熊志军，杨永萍. 国有企业改革实录 [M]. 北京：经济科学出版社，2014.

[3] 恽铭庆. 金融不良资产处置 [M]. 北京：中国财政经济出版社，2001.

[4] 周放生. 国企债务重组 [M]. 北京：北京大学出版社，2003.

[5] 许胜锋. 困境企业的退出与再生之路：破产清算与重整实务研究 [M]. 北京：人民法院出版社，2011.

[6] 案例编写组. 东方十年经典案例 [M]. 北京：经济科学出版社，2009.